新时期的教育公平问题研究

张金芳 ◎ 著

中国水利水电出版社

www.waterpub.com.cn

·北京·

内 容 提 要

本书立足当前,从历史与现实、本土与外域、理论与实践、宏观与微观多个角度系统论述我国教育公平的实践问题及相关政策。

本书在教育公平概述的基础之上,详细地对教育公平的产生与发展、实践探索、教育公平与教学效率、教育公平与政府责任、推进基础教育公平的策略、优质公平视域下的小班化教育研究等内容进行了阐述。

本书不仅重点突出、结构清晰、论述科学严谨,而且具有较强的系统性、理论性、指导性和针对性,对当前中国教育公平问题研究有重要的指导作用。

图书在版编目(CIP)数据

新时期的教育公平问题研究 / 张金芳著. —北京:
中国水利水电出版社,2017.10 (2024.1重印)
ISBN 978-7-5170-5976-9

Ⅰ.①新… Ⅱ.①张… Ⅲ.①教育－公平原则－研究
－中国 Ⅳ.①G52

中国版本图书馆 CIP 数据核字(2017)第 258217 号

书　　名	新时期的教育公平问题研究　XINSHIQI DE JIAOYU GONGPING WENTI YANJIU	
作　　者	张金芳　著	
出版发行	中国水利水电出版社	
	(北京市海淀区玉渊潭南路 1 号 D 座 100038)	
	网址:www.waterpub.com.cn	
	E-mail:sales@waterpub.com.cn	
	电话:(010)68367658(营销中心)	
经　　售	北京科水图书销售中心(零售)	
	电话:(010)88383994、63202643、68545874	
	全国各地新华书店和相关出版物销售网点	
排　　版	北京亚吉飞数码科技有限公司	
印　　刷	三河市天润建兴印务有限公司	
规　　格	170mm×240mm　16 开本　16 印张　207 千字	
版　　次	2018 年 9 月第 1 版　2024 年 1 月第 2 次印刷	
印　　数	0001—2000 册	
定　　价	72.00 元	

前　言

　　在教育资源和教育机会总量不断扩充和提高的前提下,公平地对待每个公民的受教育机会,提升教育质量水平,不仅在充分地开发本国人力资源、广泛提高劳动力素质方面具有极为重要的意义,同时也是一个国家在全球化时代抢占有利的发展位置之必要战略准备。毋庸置疑,教育公平是实现全民教育的必由之路,而重视"有质量的教育公平"成为世界各国和地区教育发展的共同趋势,也成为我国社会各界特别是教育界关注的焦点。"人人有学上""人人上好学",是当前人民群众对教育公平的强烈呼声。

　　实现教育公平,直接关系到社会公平的实现,也直接关系到我国社会主义和谐社会的建设。随着我国经济的高速发展和社会事业建设的不断深化,教育的改革和发展也在不断深入。《国家中长期教育改革和发展规划纲要(2010—2020)》中明确提出要"把促进公平作为国家基本教育政策",充分显示了党和国家对教育公平问题的关注和重视。在2016年两会的政府工作报告中,李克强总理更是明确提出,要"发展更高质量更加公平的教育"。2016年6月,备受社会各界关注的新修订的《中华人民共和国教育法》正式施行。然而从实际情况来看,近年来,教育资源的分配和配置上的不公平已成为"社会事实",东西部差距、城乡差距、阶层差距、学校之间的差距问题十分突出,人们强烈地感受到新的教育不公平,普遍反映"上学难,上学贵",我国要实现教育公平仍任重道远。而在这些问题中,尤其值得注意的便是"超级中学",它是教育资源公平配置的反面教材,其显著特征是在校师生人数不断增多,积聚了当地和周边地区一流的师生资源,瓜分著名高校自主招生名额,学生常年大比例考入一流高校。这些庞然大物垄断一个城市甚至一个省份最优秀的教师和学生,以追求升学率为直接目标,加剧教育资源分配严重失衡现象,造成事实上的教育不公,导致一流大学生源被"超级中学"垄断,重点高校中农村学生比例不断下降。为进一步全面、系统、深入地分析我国教育公平化问题,作者撰写了《新时期的教育公平问题研究》一书。

本书共分九章,第一章为教育公平概述,主要阐述了教育公平的一般概念。第二章为教育公平的产生与发展,分析了教育公平的思想源流、历史流变。第三章为教育公平的实践探索,从国内外两方面对教育公平的实践进行了探索。第四章为教育公平实践中的问题,主要分析了教育资源配置公平问题和教育政策制定公平问题,并研究了我国学校教育公平的影响因素。第五章为"超级中学"引发的教育公平问题,主要围绕"超级中学"分析教育公平。第六章为教育公平与教学效率,在探讨公平与效率在教育学上的一致性的基础上,对教育供给中公平与效率的状况进行了分析,并研究了义务教育和高中教育阶段的效率与公平。第七章为教育公平与政府责任,探讨了政府在教育公平中的责任。第八章为推进基础教育公平的策略,提出的策略主要包括改进教育政策、加强教师制度建设、教育公平问题的消弭与补偿、推进阳光教育。第九章为优质公平视域下的小班化教育研究,对小班化教育公平进行了研究。总体来说,本书从我国国情出发,紧紧围绕当前我国教育公平问题展开论述,内容全面、系统、科学,结构清晰明确,尤其是进一步强化了我国教育公平问题意识,侧重提升对教育公平研究的针对性,并尽力扩大教育公平问题分析的视野。希望本书的出版能够为专家学者探讨我国教育公平问题提供有益的帮助,为教育部门的科学决策提供参考,从而更好地促进我国教育的健康发展。

本书在撰写过程中参阅了许多有关教育公平的研究著作和相关的调查报告,也引用了许多专家和学者的研究成果,在这里一并表示衷心的感谢。由于时间仓促,作者水平有限,书中难免存在错误与疏漏,恳请各位专家、学者不吝批评指正,欢迎广大读者多提宝贵意见,以便本书日后的修改与完善。

作 者
2017 年 6 月

目 录

第一章 教育公平概述

在人类历史上,教育公平问题是一个延续了数千年的永恒话题。自从人类社会出现教育以来,教育公平问题就一直以各种形式存在于社会中,并对人们的生活产生着影响。新时期,中国社会经济、政治、文化全方位转型,从而带来了新的教育公平问题,有的是社会病态的体现,有的是社会进步的结果。在各种力量的干扰和推动中,滋生着教育公平新的发展契机。而要了解教育公平,首先要了解教育公平的基础理论,本章即从教育公平的含义、教育公平与社会公平、教育公平的类型与特征,以及教育公平的指标体系四个方面对其进行论述。

第一节 教育公平的含义

一、公平的概念

公平,属于伦理范畴,体现了一种价值判断。按照最一般的理解就是不偏袒、处理事情合情合理。通常公平与公正、平等等词紧密相连,但公平并不等于平等。公平在汉语中,《辞海》的注解为"公平即公正"。《汉语大词典》中的定义是"公正而不偏袒"。中国社会科学院语言研究所词典编辑室编的《现代汉语词典》对"公平"一词的定义是:"处理事情合情合理,不偏袒哪一方面。"在英文中,公平是"justice""fairness",而平等是"equality"。公平与平等又存在着密切联系,平等是公平的载体,公平是对某事物是否平等的一种价值判断。公平兼有对公正的追求和对平等的向往,公平需要以平等为基础的公正。从公平理论发展的历史来看,平等是公平的核心,公正是公平的内在要求,公平是平等与公平的统一体。我们也可以说公平是公正围绕平等上下波动,或用一个通俗的说法来理解这三个概念,即在情理法上,平等是"理",公正是"法",公平是"情"。

公平是现代社会的基础,有了公平,才能有个人合法权益的保障和主体性的充分发挥。法律体系作为一种最具权威性的价值与规范体系,实现公平更是其最终的理想目标。

二、教育公平的基本内涵

在知识经济时代,教育对一个国家或民族来说,起着关键性的作用,它能推动一个国家或民族政治、经济、文化和社会的迅猛发展。对个人的成长来说,教育也有着至关重要的影响,它关系着个人的发展和生活质量。教育公平的关键,对百姓来说,是平等地享受公共教育资源;对政府米说,是合理地分配公共教育资源。其基本内涵包括以下几点。

(一)人人享有平等受教育的机会

法律上受教育的平等权利是教育公平的基础,但它还是一种形式上的平等。平等享有公共教育资源是在制度和政策上人人享有平等受教育的机会。教育机会是最核心也是最重要的教育资源,它意味着一个人接受某种类型和阶段教育的可能性。

(二)法律上人人享有同样的受教育权

公民在法律面前一律平等既是公民享有的宪法权利,也是对国家各项工作特别是制度建设、法制建设的宪法原则。人人享受平等的教育权利是这一权利在教育上的体现。这既是现代公民的基本政治权利,也是构成现代社会普遍人权的一个重要组成部分。

(三)人人平等地享有公共教育资源

平等地享有公共教育资源是在教育过程中人人平等地享有公共教育物质资源,人人受到平等的教育对待。这就包括由政府通过财政拨款的方式所支持和提供的教育经费、课程资源、师资条件、教学设备、信息技术支持，等等；包括学校和教师对于每个学生的态度和给予每个学生的时间、奖励，等等，这些资源是公共教育事业发展和青少年素质形成的重要社会条件，是公民或儿童教育权利实现所指向的实际内容。

（四）公共教育资源向社会弱势群体倾斜

人人平等享有公共教育资源要求现阶段公共教育资源配置向社会弱势群体倾斜。平等享有公共教育资源需要建立弱势群体补偿制度，对弱势群体和个人给予一定的倾斜保护，使他们真正得到平等参与、平等发展。没有这种保护措施，他们就不能正常享有教育机会和教育资源。对弱势群体的倾斜或补偿制度是社会正义和以人为本的合理要求。

（五）反对教育特权

教育公平的实现要求反对各种形式的教育特权。形形色色的教育特权是威胁与破坏教育公平、引发社会舆论公平性抱怨的现实因素，其实质是要求公共教育资源的分配违背公平正义的原则，按照权力大小、财富多少或关系远近来分配，以满足个别人或少数强势利益集团的特殊教育需求。因此，从思想上、制度上、社会舆论上加快教育民主化进程，旗帜鲜明地反对和有效遏制教育特权、预防教育腐败成为维护和实现教育公平的必然要求。

教育公平问题已经成为一个世界各国政府和人民所关心的重要问题。与教育公平的理念与宗旨相违背的是，我国目前在现实生活中存在着诸多教育不公平的现状，如城乡教育的不公平、优势群体与弱势群体教育的不公平，等等。建立教育公平法律保障体系，通过立法与执法的手段最大可能地消除社会上种种教育不公平的现象，是教育公平法理研究意义所在。

第二节　教育公平与社会公平

　　教育公平与社会公平互为基础、相互制约、相互促进。公平是共同发展、共同富裕和共同幸福，其追求目标、理论基础、评价标准和实践方式不同，形成的社会公平、教育公平及其相互关系也不同。平等与效率持续相互促进的教育公平不仅是教育本身各个层面的相互促进，也是教育公平与社会公平的相互促进。

一、教育公平与社会公平的本质联系

　　公平首先是公平的目标和标准问题，然后才是公平的制度、原则和评价问题。一切社会都追求公平、正义和公正，一切道德、经济和政治原则都是为了对社会和个人发展有益，但什么样的目标、制度和原则对社会和个人发展有益，不同社会有不同的认识，因此对公平也有不同的理解。"在希腊人和罗马人那里，人们的不平等的作用比任何平等要大得多。"[①]"希腊人和罗马人的公平认为奴隶制度是公平的；1789 年资产者的公平要求废除封建制度，因为据说它不公平。"[②]古代中国的"三纲五常"和"男尊女卑"等人伦关系，在现代人看来既不平等，也不公平，但古代人认为这种不平等才是公平的。现代人认为"男女平等"对男对女都是公平的，但又不能把它说成"男女公平"。

　　社会平等都是相对的，其水平是随着社会发展而不断提高的。平等是为了每个人的平均、同等或者均等发展和富足，而不是为了每个人的平均、同等或者均等平庸和贫困。平等的标准、制度、原则、规范，都必须有利于调动每个人劳动的积极性、创造性和提高每个人的劳动效率。公平是有效率的平等，未必是平等

---

　　① ［德］马克思，恩格斯. 马克思恩格斯选集（第 3 卷）［M］. 中共中央编译局，译. 北京：人民出版社，1995：444.
　　② ［德］马克思，恩格斯. 马克思恩格斯选集（第 3 卷）［M］. 中共中央编译局，译. 北京：人民出版社，1995：212.

地有效率。但任何社会无论采取什么标准，要想不断发展就要保证基本的平等和效率，就要持续提高平等和效率水平。没有基本平等就没有平等，没有人的尊严，也不可能公平。没有基本效率就没有效率，没有发展，也没有平等和公平水平的不断提高。许多道德两难选择的重要根源就是没有基本平等的生存保障。

公平的平等和效率两大要素在经济、道德和政治领域有不同含义。道德、政治领域平等的本质是人格、权利、义务的平等，其效率，确切地说是利益或好处，是相对广泛和隐含的。经济和教育领域的平等不仅如此，还有劳动、知识、能力的平等，其效率或利益是相对具体和显现的。人格、权利、义务的平等和公平与劳动、知识、能力的平等和公平并不能相互取代。一个人有劳动能力而不尊重劳动，不劳而获、铺张浪费，因此说他不道德是公平的。一个人愿意劳动，尊重劳动，勤俭节约，但能力有限，劳动成果很少，因此说他不道德就是不公平的。无论是否愿意劳动，多劳多得，少劳少得，不劳不得就是公平的，否则就是不公平的。

社会公平与教育公平互为基础、相互制约、相互促进，社会平等、公平的基本理念、目标和原则决定教育平等、公平的基本理念、目标和原则。教育公平是最基本、最重要的社会公平。社会不公平和教育不公平既有教育原因，也有社会原因。实现社会公平和教育公平既要实现它们本身的公平，也要通过实现社会公平促进教育公平，通过实现教育公平促进社会公平。任何公平、正义都具有时代特征和标准，都应该与同时代的社会政治经济文化发展相适应，教育公平及其平等和效率也应该与社会公平及其平等和效率相一致。无论是低于还是超越社会整体发展水平的公平最终都将损害真正的公平。教育平等与教育效率至少可能形成高水平平等和高水平效率、低水平平等和低水平效率、高水平平等和低水平效率、低水平平等和高水平效率四种状态。最理想的状态是第一种状态，也就是教育的公平状态，其他三种状态都是教育的不公平状态，或不理想的公平状态。

二、道德公平与教育公平的相互制约和促进

道德公平与教育公平相互制约、相互促进,不同的社会道德公平理论和实践形成不同的教育公平理论和实践,不同的教育公平理论和实践通过影响人的公平思想观念和提高人的能力,形成、体现、强化和改变不同的社会道德公平理论和实践。

道德的理想多于现实,但现实是道德的基础。道德理想与道德现实经常处于矛盾之中。教育公平的本质特征、道德理想、制度安排和行为方式的精髓和核心就是使道德理想与道德现实有效结合,使道德理想最大限度地彰显为道德现实,使道德现实最大限度地趋向道德理想。

仁者爱人是孔子思想的核心,但从孔子思想的具体论述看,仁者不仅不是同等或者平等地爱每一个人,而且会根据不同人的不同特点、角色和身份爱每一个人,而被爱的人也要守护其本分才能值得人爱。孔子的教育平等和公平道德理想是"有教无类",但其教育实践则具有明显不平等的"唯上智与下愚不移"和"生而知之者,上也;学而知之者,次也;困而学之,又其次也;困而不学,民斯为下矣"的等级性。这种思想经过长期发展,后来形成的"性三品"教育理论和教育实践更是一种聪明者不用教、愚笨者不可教、只有中等人才可接受教育的不平等的教育理论和教育实践。现代社会,在中小学教育普及、高等教育大众化情况下,绝大多数人的基本受教育权利都得到了平等的保证,因此完全可以说,现代教育是平等的。但由于经济和管理等原因,不同的人在接受基本平等教育的基础上又存在很大差异,不同学校间的教育教学在保证基本质量基础上也存在一定差异,因此现代教育也不完全平等。无论是在效率低下状况下强调提高效率,还是在过分追求效率使贫富差距太大影响平等状况下强调平等,都应保持平等和效率的平衡和相互促进。形成教育平等和教育效率相互促进的良好关系状态,就必须形成尊重知识、尊重人才的风气,强调分数面前人人平等的教育公平;就必须推进公共服务均等化的教育平等,避免教育资源分配的两极分化。

　　道德的终极关怀是善。追求崇高的道德理想是扶贫帮困、慈善仁爱的理论基础,追求互利和双赢是在劳动和能力面前人人平等的理论基础。整个社会的道德主流追求,对教育公平具有决定性作用。作为公平的正义、公正和作为正义、公正的公平既有互利性,更有仁爱性,应该是互利和仁爱结合的共利。如果整个社会的道德主流追求是仁爱崇高、价值理性,处境不利人群的生活、教育等就会受到更多关注。如果整个社会的道德主流追求是互利、双赢和工具性,处境不利人群的生活、教育等就很难受到应有关注,结果就是有能力的人获得更多利益。缺少仁爱的公平很难保证处境不利人群得到更多关注和发展,很难实现社会、教育公平和共同发展、共同富裕。

三、教育公平与经济公平的相互制约和促进

　　教育投资是最有效的、一本万利的投资。个人的贫富不是天生的,是由个人努力和社会帮助、良好制度等形成的。富人和穷人在智力上是平等的,历史上许多贫困家庭子女通过接受教育,为国家、民族做出重大贡献,因此改变了自己命运的例子不可胜数。国家强盛、社会公平也不是先天的,是由全体人民的努力、良好社会和教育制度形成的,而如何看待教育的性质和教育公平的本质又是设计和选择良好教育制度和教育方式的关键。

　　教育既具有投资和劳动性质,又具有消费和享受性质。对教育是投资、劳动、消费与享受看法不同,对教育公平的理解也不同。如果把教育看作享受,就必须根据伦理原则,保证每一个人的受教育权利,否则就是不平等和不公平。如果把教育看作投资、劳动和消费,就必须遵循经济规律、价值规律,根据劳动能力和劳动成果分配教育资源。如果把教育投资、劳动、消费看作经济行为,分数面前人人平等就是教育公平。知识、能力和标志知识能力水平的分数不能买卖,但教育的投资性已说明教育具有可买卖性和一定的商品性和产业性、市场性。教育设施的建设水平既依赖于经济实力,也是投资水平的表现。而从道德角度讲,扶贫帮困是正义、公平的,教育资源面前人人平等是公平的,适者生

存、优胜劣汰是不公平、不公正的。教育平等与教育效率相互持续促进的教育公平实质也是道德公平和经济公平的紧密结合。

经济公平是社会公平和教育公平的基础,经济不公平,社会和教育就很难公平。经济不平等,社会和教育就很难平等。经济没效率,教育的效率也很难体现。教育适应和促进经济发展或者与经济社会均衡发展是教育发展的基本规律。但教育适应和促进整个国家经济社会发展与适应和促进不同地区经济社会发展往往存在矛盾。由于不同地区经济社会发展本身不均衡,如果教育与不同地区经济社会均衡发展了,就可能导致不同地区的教育发展的不均衡,就可能形成有平等无效率和有效率无平等的教育。反过来,如果教育均衡于整个国家经济社会发展,就既可能超越欠发达地区经济支付教育经费的实力和容纳人才的空间,也可能滞后于发达地区经济支付教育经费的实力和容纳人才的空间。因此,实现教育公平、培育精英和大众化相结合的高等教育必须均衡教育适应和促进整个国家经济社会发展与适应和促进不同地区经济社会发展的关系。以不平等的方式在经济上更多地关照和促进落后地区经济和教育的发展才是公平的。

四、教育公平与政治公平的相互制约和促进

古代政治和现代政治、私有制政治和公有制政治、阶级政治和公民政治有治理国家的不同目标、制度和方式。阶级政治的首要任务是维护政权和社会稳定,公民政治的永恒主题是平衡稳定与发展、平等民主与效率效益的关系。没有稳定就谈不上平等和效率,就不能发展。但有了稳定也未必就能实现平等,提高效率。稳定有贫困、强权的稳定,有富足、民主的稳定。有快速发展又比较平等的稳定,有快速发展而两极分化比较严重不平等的稳定,也有发展缓慢而比较平等和很不平等的稳定。亨廷顿研究说明,国民识字率对社会稳定有重要作用。"识字率在 10% 的 6 个国家有 3 个国家不稳定,占 50%。识字率在 10%~25% 的 12 个国家有 10 个国家不稳定,占 83.3%。识字率在 25%~60% 的 23 个国家有 22 个不稳定,占 95.6%,识字率在 60%~90% 的 15 个国家

有 12 个国家不稳定,占 80％。识字率高于 90％的 23 个国家有 5 个国家不稳定,只占 21％。"①

教育对形成平等、民主与效率、发展之间相互促进、持续不断提高水平的关系状态的公平政治具有重要作用。教育质量标准和评价方式、教学方式,从现实看是具体教育管理问题,但从长远看就是政治和社会问题。例如,应试教育导致的高分低能与素质教育倡导的培养创新精神和实践能力的方向,都从根本上影响国家的长远发展。从现实看,教育投资、教育资源分配和就业问题是具体社会和教育管理问题,但从长远看也是政治问题。如果不同群体和阶层间或者不同地区之间的教育投资、教育普及程度和教育质量形成明显差距,必然导致穷人更穷、富人更富,最终形成影响社会稳定的政治问题。但如果不考虑人的发展潜能和教育效率问题,平均分配教育资源,结果也会延缓国家的发展,这也是政治问题。

教育公平既是道德、经济和政治公平的体现,也是道德、经济和政治公平的催化剂。从经济角度说,经济实力强的地区的教育先行发展,但从道德和政治角度讲,处境不利人群更应受到特别关照。从提高效率的现实角度说,分数面前人人平等是合理的,但从分数面前人人平等的经济和政治根源讲,合理分配教育资源,实现教育公共服务的均等化才是合理的。人民满意的教育是平等有效、均等优质、质量高收费低、普及程度高、就业质量好的教育,但平等与有效、均等与优质、普及程度高与就业质量好、质高与价廉往往存在矛盾,政治必须在这些复杂关系和矛盾中不断博弈和寻找平衡。

教育公平既有机会、过程公平,又有结果公平,它们都不相互等同。从教育本身说,教育机会、过程公平决定教育结果公平。但是,教育机会、过程公平并不能保证教育结果的公平,如果不同地区经济和管理水平相差较大,教育就很难平等和公平。如果社会公平正义水平不高,评价、选拔和就业安排等存在许多制度和

① [美]塞缪尔·亨廷顿.变革社会中的政治秩序[M].李盛平、杨玉生,译.北京:华夏出版社,1988:44.

管理问题,教育公平水平也很难提高。实现教育公平既要建构教育本身的平等和效率相互促进的公平关系状态,也要建构社会管理、政治运行的平等和效率相互促进的公平关系状态。

第三节 教育公平的类型与特征

一、教育公平的类型

按照不同的分类标准,教育公平可以分为不同的类型,具体如下。

(一)按照阶段划分

按照教育的不同阶段划分,教育公平可分为起点公平、过程公平和结果公平。

1.起点公平

所谓起点公平,是指国家为每个社会成员提供相同的教育机会,提供相互之间进行学习竞赛的场所,制定相同的比赛规则,为每个社会成员获得良好的教育资源提供公平竞争的机会,实质就是要使人们具有相同或相似的竞争能力,但在具备起点公平的条件下,仍然会存在结果的差距。

2.过程公平

所谓过程公平,是指社会成员在接受教育过程中的待遇一致。在过程公平的实现中,通过相应的制度、政策等过程的公平继续体现和维护,包括教育资源和经费投放的公平、教学课程设置的公平、师生关系互动中的公平等。

3.结果公平

所谓结果公平,是指每个社会成员最终所获得的教育资源是公平的,其理想状态就是各人都获得份额相当的教育资源。例如,就高等教育机会而言,所谓的结果公平就是社会各阶层占有高等教育机会的相对数额与该阶层人口占社会总人口的相对数额保持或接近一致,如果二者差距较大就是结果的不公平。

（二）按照教育资源的配置主体划分

按照教育资源的配置主体划分,教育公平可分为宏观教育公平和微观教育公平。

1. 宏观教育公平

宏观教育公平是指国家、政府作为资源配置的主体,从全国发展的角度选择并配置教育资源。有学者认为,宏观教育公平包括教育权利的公平和教育机会的公平。其中,教育权利的公平最为重要,它是一切教育公平的基础。宏观层面的教育公平更多是外在的、形式的教育公平。

2. 微观教育公平

微观教育公平是指将学校作为资源配置的主体,由学校配置学生在学习过程中所需要的各种资源,尤其是指学校教师对学生的态度、处理学生和教师以及学生与学生之间的关系时所遵循的原则是否合理。有学者认为,微观层面的教育公平包括课程中的公平、教学中的公平和教育评价中的公平。微观层面中的教育公平是宏观教育公平的具体化,是内在的、实质的教育公平,体现了整个教育公平体系的教育学特征。

（三）按照学生拥有教育资源的情况划分

按照学生拥有教育资源的情况划分,教育公平可分为形式上的公平和事实上的公平。

1. 形式上的公平

形式上的公平是指从法律的角度规定了教育资源在学生之

间的公平分配,强调程序上的公平性,学生拥有公平的受教育的权利和受教育的机会。

2. 事实上的公平

事实上的公平主要是指学生事实上拥有的教育资源的数量和质量,即学生实际对教育资源的占有情况,它注重形式上、程序上的公平性,更注重事实上的公平性。

二、教育公平的特征

了解教育公平所具有的基本特征,有利于深刻地理解教育公平的特定内涵。一般而言,教育公平具有以下几点特征。

(一)历史性与继承性

从根本上说,公平的状态取决于社会生产力的发展水平和社会性质。因此,公平在任何时代都不是抽象的、静止的,而是具体的、发展的。正如恩格斯所指出的那样:"关于永恒的公平的现象,不仅因时因地而变,甚至也因人而异。一个人有一个人的理解。"教育公平也不例外。

从教育公平原则的发展来看,每个历史时期的思想家、教育家的思想,都是在前人思想的基础上得到发展的,有的站在批判、否定的角度上,有的站在吸取的角度上。不管如何,公平原则中有一条主线把不同时期的社会思想联结在一起,这条主线就是公平对社会稳定和发展所起的作用,历史上的思想家都把公平和社会的稳定、秩序紧密地联系在一起。

(二)理想性

在历史进程中,只要有不公平的现实存在,人们就会产生相应的公平观,并通过制定某种原则进行反映。教育公平作为人们对教育理想的追求,不仅包括教育公平的现实层面,而且还包括教育公平的理想层面。教育公平中的这种现实部分受到主客观条件的限制,虽然应当实现而暂时还不能实现;部分则是因为人们对教育公平总是有着更高层次的不懈追求,还有待于社会向更高阶段发展才能逐步实现。现实的教育公平,显然具有理想性,这也正是教育公平的魅力所在。

(三)相对性

教育公平是一个相对范畴,具有相对性。具体表现在以下两点。

第一,从教育公平反映的现实来看,由于社会制度不同,个人生活的外在条件不同以及个人的天赋不同,人与人之间的差异性总是客观存在的,所以绝对的公平是不可能的。

第二,从教育公平的功能来看,教育公平的观念主要是用来知道当时的社会实践,它的合理性也是相对的。例如,人们对基础教育阶段重点学校存与废的论争,如果按照人人都有均等的受教育权利而言,重点学校的存在无疑剥夺了部分学生平等的受教育权利。从这种意义上说,重点学校的存在是不公平的。如果从有限的教育资源充分利用的角度出发,重点学校的存在有利于少数杰出人才的培养,它的存在又是公平的。

(四)主观性

教育公平是一个主观价值判断范畴,具有主观性。其主观性主要表现为教育公平感,即对教育公平问题进行评价时所产生的一种心理感受。它与客观存在的教育公平问题,既具有一致性,又具有不对称性。教育公平感实际是公平感与不公平感的总称。客观存在的教育公平事实与主观心理预期完全吻合时,便产生公平感;不完全吻合,则产生不公平感。当然,在完全吻合与不完全吻合之间存在着一定的区间,从而使得公平感与不公平感都有一定的强度差异。

(五)客观性

教育公平是对社会现实的反映。教育公平尽管具有主观性的一面,但其反映的内容,也是一种不依人的主观意志为转移的客观存在,人们对教育公平的不同理解并不排斥教育公平关系的客观性。

第四节　教育公平的指标体系

对于世界各国而言,教育公平的实现需要一个漫长的过程。在各国建设教育公平的过程中,不能追求一步到位,应该注意其渐进性。在对一个国家或者地区进行教育公平问题的调查和研究时,必须有一个合理的衡量指标。下面就对教育公平的相关指标体系进行具体分析。

一、以人类发展为导向的教育公平指标

1966 年,联合国在纽约成立了联合国开发计划署(UNDP),并确立了"帮助发展中国家和地区加强经济和社会发展,向它们提供系统的、持续不断的援助,促进发展中国家的自力更生"的宗旨。联合国开发计划署是当前世界上最大的多边技术援助机构和联合国促进发展活动的中心协调组织。

联合国开发计划署指出,人类社会发展的首要目的就是要让人们过上他们所选择的生活,并且向他们提供进行这种选择的手段和机会。在现实社会生活中,各种机会不均等现象还是频繁出现,造成这种机会不均等现象的一个重要原因就是文化的排斥。在人类社会发展的过程中,文化自由是一个非常重要的部分。无论在任何时期,都要将社会发展的重心导向全民健康、教育等优先领域,要营造一个兼容并包、多元文化的社会。通过采取尊重多样性,承认文化差异的政策,即多元文化政策来建立更包容的社会,可以使拥有共同价值观和文化纽带的群体产生认同和归属感,具体需要增加不同群体的政治参与权,改善人们在教育、医疗等方面所享有的公共服务。

在各国发展教育事业的过程中,促进教育公平的政策对于纠正不平等状况有着至关重要的作用。这一观点也得到了大多数

学者的认同。在教育实践中,为了帮助一些弱势群体,一些国家经常会采用一些平权措施。在教育中进行平权,主要是为不同群体提供均等教育机会的行动,是以弱势群体成员为基础,对教育机会特别是高等教育机会进行分配。当某一社会群体在机会上的弱势是因文化排斥而产生时,尤其需要这种政策。要采取更多的措施,调整公共投资,将基本服务对象定为健康状况和教育水平较低的人群。但是,仅仅依靠公平增长的总体政策来消除这种群体不平等现象,需要花费很长的时间。因此,联合国开发计划署重点强调了在当今多样化世界中的文化自由,制定承认群体差异的多元文化政策,在教育领域尤其强调学校中的语言政策,用以解决历史上形成的根深蒂固的种种社会不公正现象。

(一)人类发展指数

人类发展指数(HDI)是 UNDP 用来衡量人类发展状况的一个综合指数,它从以下几个方面来衡量一个国家在人类发展的三个基本方面所取得的平均成就:健康长寿的生活(以出生时的预期寿命来衡量),知识(以成人识字率和初等、中等和高等学校的综合毛入学率来衡量),体面的生活水平[以人均 GDP 衡量,用购买力平价(PPP)美元计]。这个指数是用目前在全球都可获得的指标建构而成的。它并非单纯地衡量收入,而是综合考量了预期寿命、入学率、识字率和收入等方面,以便人们看到一国发展得更全面的情况。人类发展的概念比任何单个的综合指数所能衡量的内涵都更广泛,它提供了一个有力的收入替代工具来概略衡量人类福祉,清楚地展现了收入与人类福祉之间的区别,通过衡量在健康、教育和收入方面取得的平均成就,能够提供一国发展状况的更为完整的画面。

(二)增加教育支出

一个国家或地区对教育支出的多少,可以明确地反映出其政府对教育事业的重视程度。在联合国开发计划署对世界各国教育承诺的考察数据中,主要包括各国公共教育支出占 GDP 的百分比、公共教育支出占政府总支出的百分比、各级教育的公共支出占所有教育支出的百分比。从各国教育支出比较可以发现以下几点。

第一，不同人类发展水平国家的公共教育支出，无论是占GDP的百分比还是占政府支出的百分比，普遍都表现出一种上升的趋势。

第二，世界各国在对各级教育公共支出在不同级别的分配中，不同国家对学前和小学教育、中学教育、大学教育支出的比例存在一定的差异。

第三，除了低人类发展水平国家以外，高人类发展水平和中等人类发展水平国家的公共教育支出占GDP的百分比，都保持着较高的比率。

（三）识字率

个体的读写能力和入学状况的数据，是反映该国家或该地区受教育程度的一个具有代表性的指标。从识字率角度来看，常用来反映受教育情况的指标主要有成人识字率、青年识字率、净入学率等。其中，成人识字率是指15岁及以上的人口中能读并会写有关日常生活的简短用语的人所占的百分比。联合国开发计划署使用的相关数据主要是从世界各国每5年或每10年举行一次的全国人口普查中收集，或者从对家庭的调查中获得。在许多国家，初等教育已经实现了全国范围内的普及，如美国、德国、中国等国家。随着教育事业的发展，许多国家的人口普查或家庭调查已经不再对有关读写能力的统计数字进行搜集了。因此，联合国教科文组织的数据中就没有包含这部分的资料统计。

联合国开发计划署在对HDI进行计算时，通常将高人类发展水平国家的识字率按99.0%来进行计算，中等人类发展水平国家的识字率也大多保持在90%左右。相关统计数据表明，低人类发展水平国家的青年识字率和高、中等人类发展水平国家相距甚远。联合国开发计划署还提供了反映各国入学状况的小学净入学率、中学净入学率和读到五年级儿童的百分比。入学率是用初、中、高等学校的入学总人数除以官方规定的该级教育适龄总人口数所得出来的。

虽然联合国开发计划署把入学率看作是对国家或者地区教育程度进行衡量的代表性指标,但是它也同时表明,一个国家或地区的综合毛入学率并不能对其教育成果的质量进行充分的反映。即使在用来反映人民对教育机会的拥有程度时,入学率也很可能会对国家之间的重大差异产生一定的影响。除此之外,这个入学率也没有将一个国家在海外受教育的学生计算在内。

(四)性别发展指数

在人类社会中教育事业的发展过程中,教育失衡的一个常见现象表现为性别上的不平等,这个特点在一些发展中国家表现得尤为明显。在反映教育发展中的性别不平等时,虽然 HDI 可以对一个国家的平均成就进行衡量,但它并未将性别不平等的程度考虑到这些成就中。例如,当两个成人平均识字率同为 30% 的国家,其男女识字率之间就可能会表现出一定差异,其中可能一个国家的女性识字率为 28%,男性识字率为 32%,而另一个国家的女性识字率为 20%,男性识字率为 40%,这种性别差距上的不同不会在两个国家的 HDI 中体现出来。

二、基于投入、效率的教育公平指标

在当今国际上,世界银行集团是全球最大的发展援助资金来源。在 1944 年召开的世界首脑会议上,世界银行集团正式宣告成立,并迅速通过充足的经济资源、专业的工作人员和渊博的知识储备为许多发展中国家的发展提供帮助。除此之外,世界银行集团还从各个方面对发展中国家进行全面、深入的研究,如医疗卫生、人民生活水平、环境保护等方面,其研究成果为教育公平的发展提供重要的评定指标。其中,学校教育是世界银行集团的一个重点关注领域。各个国家也可以通过对世界银行集团研究所得的数据进行分析,对其国内的学校教育领域进行有针对性的监督,更为合理地配置其国内的教育资源。

由于各国之间的经济实力相差悬殊,这必然会对其教育、文化等社会事业的发展产生重大的影响。充分了解一个国家的经济发展状况,可以帮助我们更好地了解其国内学校教育发展的水平、相关政策、教育投入以及学校教育的公平性发展水平。

(一)教育投入

关于教育投入,世界银行常常用以下指标来进行衡量:每个学生的支出、用于教师津贴的支出、具备必需教学资格的小学教师比例、小学师生比例。

1.每个学生的支出

每个学生的支出,指的是当前公共教育支出除以不同年级的学生数占人均 GNI 的百分比。在这里具体分为三项:小学占人均 GNI 的百分比、中学占人均 GNI 的百分比及大学占人均 GNI 的百分比。相关调查显示,从人均水平来看,我国小学、中学阶段公共教育的投入比例明显低于发达国家,而在大学阶段的投入比例却比发达国家还要高,存在着经费分配结构的不合理现象。

2.用于教师津贴的支出

用于教师津贴的支出是指教师总薪水及其他收入占当前公共教育支出的百分比。受过良好培训、忠于职守的教师是教育的关键所在,但这需要相应的支出,尤其是当三分之二的教育支出都被用作教师补贴(工资及其他福利)时。这里,教师被定义为包括所有专职和兼职以及担任非教学工作的管理人员,各国报告标准并不完全相同。

3.具备必需教学资格的小学教师比例

具备必需教学资格的小学教师比例,指的是具备至少各国政府要求的在小学任教的最低教学资格的小学教师所占百分比。具备必需教学资格的教师所占比例可用于评价小学教师的素质,但它没有考虑教师在职业生涯和自学中获得的能力,也没有考虑诸如工作经历、教学方法和材料、教室条件等可能影响教学质量的因素。该指标是以最低资格标准为基础的。我们注意到除高收入国家以外，一些中上等收入国家如韩国，中下等收入国家如菲律宾，这一项指标都达到了100％，我国具备必需教学资格的小学教师比例为95％。

4. 小学师生比例

小学师生比例指的是入学小学生数除以小学教师（无论其承担何种教学任务）数之比。尽管各国师生比的可比性受教师的定义、教师是否承担非教学职责，以及各年级班级规模大小和教学时数不同的影响，师生比还是通常用于比较各国学校质量的有力数据之一。

（二）入学率

入学率是衡量受教育机会的重要指标之一。例如：判断一个国家的小学教育是否普及就意味着检验该国小学入学率是否能够达到100％。入学率中两个具体的指标还有助于监控普及小学教育这一国际发展目标所涉及的两个重要问题：其一，总入学率有助于评估一个教育系统是否有足够的能力满足普及小学教育的需要；其二，净入学率能够充分显示小学适龄儿童入学者与未入学者的比例，从而反映一个国家受教育机会的大小与是否均等的情况。

1. 总入学率

总入学率指的是不考虑年龄的总入学人数占与其所表明的教育层次相对应的年龄组人口的比例，以国际标准教育分类（ISCED）为基础。总入学率包括以下几项衡量指标：学前教育占相应年龄组的百分比；小学教育占相应年龄组的百分比；中学教育占相应年龄组的百分比及高等教育占相应年龄组的百分比。

学前教育是指主要目的在于把非常幼小的孩子引导到教学环境中的有组织施教的初级阶段，主要指学前儿童教育。小学教育向孩子们提供基本的读、写、算技能训练,同时使他们具备历史、地理、自然科学、社会科学、艺术和音乐等学科的基本知识。中学教育要在小学水平的基础上学完基础教育的必备知识,目的在于通过专业化的教师来提供更多的学科或以技能为导向的教学,为终生学习和人力开发打下基础。高等教育无论其能否使学生具备将来进行研究的资格,作为进入研究领域的最低条件,一般要求其在中学基础上成功地完成教育。

2.净入学率

净入学率是官方规定的学龄入学的人数与相应的官方学龄人口之比。净入学率目前有两项衡量指标:一是小学教育占相应年龄组的百分比,二是中学教育占相应年龄组的百分比。在我们选取的可参照样本中,日本和古巴保持了较高的小学教育净入学率,而巴西相对较低,与日本同年相比,差距达 20 多个百分点。这是因为在儿童受教育的过程中,常会有一些超龄或不足龄入学的情况,尤其当父母出于文化或经济的原因,没有让孩子按官方规定年龄上学时,情况更是如此。父母可能会通过高报孩子的年龄来让不足龄儿童进入小学,造成入学的年龄不准确。这些儿童被排除在年龄之外,官方统计无法对该情况是超龄、不足龄入学还是复读进行区别,从而在其他条件相同的情况下低估复读者或高估辍学者。因此,总入学率虽然能够展示教育系统中每一层次的教育能力,但是高入学率并不一定就能说明教育系统的成就,也无法显示超龄或不足龄入学的发生率。净入学率主要是通过排除超龄儿童来精确地反映学校系统的覆盖范围和效率的。总入学率和净入学率的差异也正好反映了这一点。

(三)教育效率

来自不同社会团体的儿童完成某一阶段完整学制的可能性,被视为教育过程平等的保障。据世界银行调查,在中等收入的发展中国家有 20%～30% 进入初等学校的学生无法完成初等教育的学业,在低收入国家能够完成学业的学生比例更低。在一些非常贫困的国家,由于高复读率和高辍学率的双重影响,初等教育完成率远低于50%。在这里,世界银行把教育效率作为衡量教育过程是否平等的重要指标,具体细化为四项:一年级新生入学率占同年龄组人口的百分比、读到五年级的人数占同年龄组人口的百分比、复读率、教育效率系数。

1.一年级新生入学率

一年级新生入学率,即符合官方规定的小学一年级入学年龄新生入学数,表示为占相应年龄段人口的百分比。低的新生入学率反映出这样一个事实:尽管在大多数国家里,至少在整个小学教育阶段,到学校接受教育是强制性的,但许多孩子还是没有在官方规定的年龄入学。之后每一年要测定的是升级率,有时也叫坚持就读率或持留率,是通过在单一年份最后达到学校教育的特定年级学生群体来度量的。升级率接近100%表明较高的持留水平和较低的辍学水平。学生可能因为各种原因选择辍学,包括成绩太差而失去信心、上学费用以及上学所花费时间的成本太高,等等。此外,学生向更高年级升级还可能受到教师、教室和教材等限制。因此,它衡量的是一个教育体系的吸引力和内在效率。

2.读到五年级的人数所占同龄组人口的百分比

世界银行提供的数据只给出了读到五年级而不是其他年级人群组的百分比。读到五年级的人数所占同龄组人口的百分比,指的是最终读到五年级的小学入学儿童所占的百分比。它描述了从入学到五年级时,有关学生持留或辍学的情况。一般认为,五年级的孩子应具有基本的识字和计算能力,这是使其能够继续学习所必备的能力。然而,该指标没有提供有关学习成果的信息,只能间接反映教育质量。评价学习成果需要确定其他一些标准,并对达到这些标准的情况加以衡量。一般来说,国家级的评价考察不会只是单个学生的成绩,而是整个教育系统或其中一部分的成就。

3.复读率

复读率是指与前一年在相同年级注册的学生人数占所有在该年级注册学生的比例。复读率通常也被用来衡量教育体系的内部效率。复读者不仅增加家庭和学校的教育成本,同时也消耗有限的校方资源。各国对复读和升级有不同的政策,有时复读者的数量因为学校容纳量的限制而受到人为控制。

4.效率系数

所谓学校教育效率系数,主要指的是在学校教育过程中,某个特定年龄组学生毕业所需要学年数的理想值(即不出现复读和辍学的情况)与得到同等数量毕业生所用实际学年数的比率。学校教育效率系数是学校教育系统中评定内部效率的一个综合指标,可以反映出复读和辍学对效率的共同影响。当此系数达到100%时,就说明接受学校教育的学生已经全部完成了学业,并且没有出现留级和辍学的现象;当此系数低于100%时,就说明学校的教育资源出现了一定程度的浪费。在不同的国家和地区,其效率系数的差别很大,在对世界范围内66个国家的效率系数研究中,其中40个国家的系数在70%以上。

(四)教育成果

很多国家的政府都收集了各自教育系统运行和发展的统计资料,如学生入学情况、师生比例、复读率以及群体升级率,等等。世界银行系统地收集了有关数据,为我们提供了重要的信息。基本的在校教育成果指的是根据既定标准测定学生基本识字和计算能力的提高。这里沿用的是以联合国教科文组织确立的国际认可的文盲率作为教育成果的衡量指标,主要有以下三项:成人文盲率、青年文盲率和预期受教育年数。

1.成人文盲率

成人文盲率指15岁或15岁以上不能从事简单的日常生活

读写的人口比例。

2.青年文盲率

青年文盲率指的是 15～24 岁人的文盲比例,这一范围能较好地把握一个正规教育系统的参与者的能力,正好是对初等教育过去十年里累计成果的测算,它显示了通过初等教育(或从未上过学)而未获得基本识字和计数能力的人口比例。青年文盲的原因可能是由于入学困难或在 5 年级前辍学,从而未获得基本的读写能力。我们对一些发展中国家的青年文盲率作了直观的比较,印度保持了较高的青年文盲率,而女性青年文盲率尤其远高于其他样本国家;巴西则是男性青年文盲率高于该国女性青年文盲率,其他国家青年文盲率男女比例相对均衡。

3.预期受教育年数

预期受教育年数指一个儿童预期接受正规教育的平均年数,包括大学教育和复读年数,是不同年龄小学、初中和高等教育入学率的总和。它是一个一般学龄儿童将接受在校教育的总年数的估计值,包括当前入学形式下所能获得的全部教育资源的总和的指标,或一个教育系统的总体发展水平的指标,也反映了教育的效率问题。

三、现代化进程中的教育公平新指标

现代化进程是指自 18 世纪至 21 世纪人类社会所发生的深刻变化。这些变化主要包括传统的社会、经济、政治、文明分别向现代的社会、经济、政治、文明转型的历史过程和相应的变化过程。下面主要对现代化进程中不同阶段中的教育公平指标进行分析。

(一)现代化进程的两个阶段

中国科学院中国现代化研究中心以世界现代化进程为对象作了分析,将 18 世纪到 21 世纪的世界现代化进程分为第一次和第二次现代化两个阶段。第一个阶段即第一次现代化,是以发展工业经济为特征的经典现代化;第二阶段即第二次现代化,则是以发展知识经济为特征的新现代化。第二次现代化理论不仅是一个现代化理论,而且也是一种人类文明理论,它与第一次现代化理论相结合,使现代化理论与人类文明理论形成了一个有机的整体。

1. 第一次现代化

第一次现代化指的是从农业社会向工业社会、从农业经济向工业经济、从农业文明向工业文明的转变过程。这一阶段的主要特点是工业化、专业化、城市化、福利化、流动化、民主化、法治化、分化和整合、理性化、世俗化、大众传播和普及初等教育,等等。在第一次现代化过程中,经济发展是第一位的,物质生产扩大物质生活空间,满足人类物质追求和经济安全,社会发展具有工业化趋同的倾向。

2. 第二次现代化

第二次现代化指的是从工业社会向知识社会、从工业经济向知识经济、从工业文明向知识文明的转变过程及其深刻变化。第二次现代化的主要特点是知识化、分散化、网络化、全球化、创新化、个性化、多样化、生态化、民主化、理性化、信息化和普及高等教育,等等。在第二次现代化过程中,生活质量是第一位的,知识和信息生产扩大精神生活空间,在保证物质生活需要的基础上,满足人类对幸福的追求和自我表现;物质生活质量趋同,精神和文化生活高度多样化。在同一个国家,第一次现代化奠定了第二次现代化的物质和社会基础;第二次现代化既是对第一次现代化的部分消除和"反向",也是对第一次现代化的部分继承和发展。还有一部分是新出现的,是两次现代化的协调发展,是一种综合现代化。

(二)第二次现代化指数

衡量一个国家或地区的现代化进程,依据什么样的标准对其进行衡量,这些都是中国现代化研究中心所致力的研究方向。经过大量的定性和定量研究,该中心制定了反映现代化程度的主要指标,即第二次现代化指数(SMI),并据此标准将世界上的131个参加评价的国家分成四个不同的组:发达国家、中等发达国家、初等发达国家和欠发达国家。发达国家指的是那些SMI指数大于80c的国家,中等发达国家指的是SMI指数在46c～79.9c的国家,初等发达国家指的是SMI指数在30c～45.9c的国家,欠发达国家指的是SMI指数小于30c的国家。对现代化总体水平调查结果表明,世界现代化的发展呈现出阶段性和不平衡性。

与世界平均值相比,我国和世界的整体差距正在缩小。但是由于我国地区现代化进程具有阶段性,尽管地区间第一次现代化的差距缩小了,第二次现代化的差距却在拉大,并且中国各地区现代化的不平衡性在增加。

(三)知识创新经费投入指标

知识创新经费投入(R&D/GNP的比例)也是一项很重要的指标。进入21世纪后,我国各地区知识创新经费投入指数明显表现出了发展严重不均衡的现象。近些年,我国政府通过一系列的政策调整,使得各地区知识创新经费投入表现出逐步提升的趋势。

(四)第二次现代化进程中教育公平的评价指标

在学者们对世界第二次现代化进程评价数据的调查分析中,中学普及率指数和大学普及率指数明显地体现出世界各国之间教育发展的差距,成为评价第二次现代化进程的重要指标之一。

由于我国实行的是九年义务教育制度,初中阶段属于义务教育的范畴,因此,这里评价中学普及率主要指的是对高中教育普及率的计算,其计算公式为:

高中教育普及率＝(地区普及高中教育的人口总数/地区人口总数)×100％

近年来,我国高中阶段教育取得了长足发展。2016年高中阶段教育毛入学率达到 87.5%，普及水平迈上了新台阶。但由于多方面原因，中西部贫困地区教育资源短缺，普及程度低，中等职业教育发展明显滞后。这些地区受经济发展水平和自然环境条件的制约，普及任务异常艰巨。同时，东部经济发达地区也存在许多薄弱环节，如普通高中教育与中等职业教育发展不协调，普通高中 56 人以上大班额比例接近四分之一，有的班额甚至超过 80 人。到 2020 年要实现普及高中阶段教育的目标，时间紧、任务重，必须组织实施攻坚。

高等教育的普及率计算公式与高中教育普及率相似，是以接受高等教育的人口总数除以总人口，再乘以百分数，得到的数据即为高等教育普及率。据 2016 年教育部发布的《中国高等教育质量报告》显示，2015 年高等教育毛入学率为 40%，与新中国成立时相比，高等教育毛入学率增长超过 150 倍，预计到 2019 年，将达到 50% 以上，进入高等教育普及化阶段。然而就大学普及率指数而言，我国与高收入国家的差距更为明显。我国的大学普及率不仅远低于高、中收入国家的平均水平，还远远低于世界平均水平。

综上所述，我们可以看出，我国学校的普及率还相对低下，这严重影响了我国学校教育，是造成教育不公平现象的主要原因。但是通过最近几年我国政府对于教育事业的高度重视，中学和大学的教育发展有了很大的改观，切实推进了我国教育的公平性。目前，我国正处于大力推进现代化事业的阶段，政府对教育事业极为重视。近一段时期内，我国中学和大学的发展状况取得了显著的成绩。

第二章　教育公平的产生与发展

教育公平是社会公平的起点和核心环节,是社会稳定的重要基石,是构建和谐社会必不可少的组成部分。促进教育公平,将有利于缓和社会矛盾,构建和谐社会。而从其发展上看,早在古时,人们便意识到了教育公平的重要性,产生了一些有关教育公平的思想。进入近现代社会以后,伴随着世界各国对教育公平认识的不断加深,各国在推行与实践教育公平方面的措施也愈加科学、细化。本章即从动态考察的角度,对教育公平的产生与发展进行研究。

第一节　教育公平问题的思想源流

有关"教育公平"问题的研究有着非常深远的学术源流。

一、西方有关教育公平的思想

(一)古代西方有关的教育公平思想

在西方教育思想史上,柏拉图曾最早倡导对大众实施初等义务教育。亚里士多德则进一步认为每个自由民都有权利接受教育,发展自己的潜能,由此提出要以法律形式来保证每个自由民的教育权利,无须考虑人们的天资。古希腊哲学家的教育思想是后来文艺复兴时期思想家们关于教育公平、教育权利思想的直接来源,并促进了西方国家教育权利平等理念的兴起。教育权利是一个政治概念,它与西方民主国家的理念和实践密切相关。在西方民主国家,教育权利平等成为教育民主的基石,即每个社会成员受教育的权利,不因其政治、经济、社会地位、信仰及性别的差异而有所不同,争取教育的机会平等成为实现这种权利的重要方式。

17～18世纪马丁·路德和加尔文的宗教改革运动促进了教育权利观念的兴起。他们所提倡和领导的、强调信仰平等的宗教改革运动,成为近代提出教育权利平等观念的前提。路德反对天主教将人的自由、平等交由教廷及牧师代管的天国,提出上帝面前人人平等,人人可以因研读圣经、自我忏悔而直接面对上帝,就此而言,教皇、主教、牧师与其他基督徒相比并无二致。因此,为了获得对上帝的信仰,人人必须接受教育,以便获得阅读《圣经》所必需的基本知识和技能,即所谓"因信得教,无须事功"。加尔文更是将这一主张扩大到更广泛的社会阶层,即认为每个儿童都有因信仰上帝而接受教育的权利。显然路德、加尔文的教育权利平等观念只是宗教平等的一种附属物,而近代启蒙思想家则从"天赋人权"的角度,将教育权利视为人的一种不可让渡的自然权利,从而开始将宗教的外衣从教育平等观念中剥离出去。

卢梭、爱尔维修、狄德罗等启蒙思想家都从不同的角度对教育权利进行了深入的论述。他们认为自然状态下的人是生而平等的,教育平等是一种基本的人权。例如,爱尔维修就认为,每个人的自然智力是相等的,人人都有认识真理的能力,人人均享有受教育的权利。到了资产阶级民主革命时期,特别是资产阶级立国制宪的时候,平等教育的权利更受重视,教育权利从一种理念上的自然权利,通过宪法的形式转化为一种公民的权利。因此,在资产阶级民主国家建立的时候,教育权利就作为天赋人权的一种而受到国家的保障,这也为西方国家公共教育制度奠定了思想基础。

(二)近现代西方有关的教育思想

马克思主义将教育权利提升到"人的解放""人的发展"的角度,并论述了教育平等的必要性。1866年马克思提出教育是"人类发展的正常条件",是每个公民的"真正利益"。恩格斯明确提出,应该由国家出资对一切儿童实行普遍教育,直到儿童成为独立的社会成员。在马克思、恩格斯看来,教育是每个公民都应拥有的一项平等权利,这种平等表现为每个人智力和能力发展上的平等,他们关于教育权利平等的观念同样对后来有关教育民主化的斗争和努力产生了深刻的影响。

教育社会学学科的兴起,主要源于教育民主化过程的深入和发展。在早期西方教育社会学的发展过程中,教育权利、教育民主化成为学者们开展研究的主导思想。在 20 世纪五六十年代,一些有影响的教育研究报告的宗旨就是揭示西方国家内部教育不平等的基本状况,如《科尔曼报告》《科尔曼报告》《普劳顿报告》等。这些报告出现以后,学者们开始意识到,必须将教育公平问题的研究与社会制度联系起来,才能找到突破教育不平等的研究出路。于是,从 60 年代后期开始,教育社会学界涌现了一大批关于教育公平与社会制度关系的研究,如詹姆斯·科尔曼的《教育机会均等》、科林斯的《文凭社会》等。

1958 年,拉尔夫·特纳发表的《赞助式与竞争式的社会流动与学校制度》再次引起人们的高度关注。霍普尔吸收了特纳关于教育选择两种模式的思想,进一步发展起了一个所谓的"教育制度分类的类型学",旨在比较发达工业社会中不同教育制度的差别。在这些研究中,人们关于"教育公平"的观念开始越来越明确和清晰起来。其中,对于教育公平或教育平等的界定比较著名的是托尔斯顿·胡森、詹姆斯·科尔曼与亨利·勒文的教育公平观。

托尔斯顿·胡森对教育平等进行了较为清晰的界定。他在《平等——学校和社会政策的目标》一文中将教育平等划分为三个层次,从某种程度上说是提出了三种解决的思路。一是起点均等论。它主要反映了一种保守主义机会均等观,这个假设的前提是认为人们具有不同的能力,个人的天赋能力与其所处的社会等级基本相符,社会应该由上等阶级的杰出人才来管理,教育的作用是挑选出精英人才。但其前提是保证起点均等,即在法律上保证人人都有读书受教育的权利。二是过程平等论。它主要体现了自由主义的均等观,认为每个儿童都具有一定的天赋和能力,教育的功能在于消除经济和社会的外部障碍,使每个人的天赋能力得到充分的发挥,并将每个人分配到与其能力相符的职业与地位之中。三是结果平等论。这种平等的观念追求受教育水平和学业成功的机会平等。胡森的这种清晰的划分思路对当代教育社会学关于教育平等问题的分析产生了重要的影响。

詹姆斯·科尔曼对教育公平的认识有了进一步的发展。他在1966年发表的著名《科尔曼报告》中就提出,要将社会环境的影响与教育机会均等的问题区分开来,完全的教育机会均等"只能消除所有校外的差异性才能实现",而这是无法实现的。后来他在1975年的一篇论文中指出,必须拒绝两种关于教育平等的一般认识,一种是教育平等是教育结果上的平等,另一种是教育平等是教育资源投入上的平等。他认为前一种教育平等的观点没有考虑环境对不同孩子的不同影响,而后一种观点只能导致谁也得不到教育。教育的真正目的应该是通过教育过程来降低环境因素对不同学生的不平等影响,从而减少这些因素对孩子未来的成年生活的影响。在科尔曼看来,教育平等,就应该是教育过程和教育结果的平等,即学业成绩的平等,并由此提出了四种教育公平观念,一是教育起点或入学机会的公平;二是教育过程的公平,即入学后得到的教育对待上的公平;三是教育结果公平,如不同文化群体接受相同教育后应得到相同的学业成绩分布;四是教育后就业机会的公平,即相同学业成绩的学生在就业时不因其他因素而影响其就业机会。

亨利·勒文在研究西欧教育机会与社会不平等时指出,评价教育机会平等应该有四个方面的标准:一是对于具有相同教育需求的人给予的受教育机会均等;二是来自不同社会背景的学生,获得教育的机会均等;三是教育结果的均等;四是教育对生活机会的影响是均等的。勒文批评了那种只注重社会结构因素对教育影响的倾向。他认为,阶级与性别是一个社会中固有的结构因素。教育扩展使劳工阶级的受教育面扩大了,但是与其他同等受教育程度的阶层相比,二战之后一段时期西欧经济的缓慢发展,却使那些受过教育的劳工阶级面临更大的失业危机。这种接受相同教育却获得不同生活机会的结果,势必影响未来的教育机会平等问题。

二、我国有关教育公平的思想

我国自古便产生了教育公平思想,其典型代表如伟大教育家孔子提出的"有教无类"思想。他开创私学,打破了历史上"学在官府"的局面,冲破了"礼不下庶人"(《礼记·曲礼》)的等级制度,推动了"学移民间",使更多的人受到教育,开创了教育公平理念的先河。孔子十分重视人的可塑性,他结合自己的人生经历,最早探讨了人性的问题,提出了"性相近也,习相远也"(《论语·阳货》)的人性思想,即人的天赋素质是相近的,个性差异是后天习染造成的,只要获得良好的学习条件,加上主观努力,都可以养成"君子"的品德。孔子以这种人性观为依据,提出了"有教无类"(《论语·卫灵公》)的主张,认为人人都可以受教育,只要能"自行束脩"(《论语·述而》)就要"来之不拒""诲人不倦"。这可谓是对教育公平追求的先声。

新中国成立以后,党和国家对教育公平问题十分重视,党的历代领导人关于教育公平的思想也为我国教育公平思想的不断提升与发展奠定了良好基础。例如,毛泽东早年就提倡平民教育,为民众争取受教育权而大声呼喊,他创办了工人夜校,在中国教育史上开启了专为劳苦大众办教育的先河;他成为马克思主义者以后,运用阶级分析的方法,深刻揭示劳动人民没文化的社会根源——是反动阶级的压迫和剥削造成的,他坚持把劳动人民的文化翻身作为人民解放事业的一项重要任务。土地革命时期,他在第二次全国工农兵代表大会上提出:"小孩子要读书,小学办起了没有呢?""一切这些群众生活上的问题,都应该把它摆到自己的议事日程上。应该讨论,应该决定,应该实行,应该检查。"抗日战争时期,他提出:"既然有敌人大家打,就应该有饭大家吃,有事大家做,有书大家读。"解放战争时期,毛泽东强调指出:"解放区的学校教育工作,必须恢复和发展。"可见,在革命战争时期,无论斗争形势怎样艰巨复杂,毛泽东心里都装着群众教育事业。新中国成立后,毛泽东提出"平民教育主义""教育要为工农大众服务"和"采取多种形式普及教育"的思想,坚持把普及义务教育作为一项大政方针,组织制定一系列重要文件保证普及义务教育有序开展,通过"两条腿走路"等办学形式大力普及义务教育。在毛泽东的亲切关怀和指导下,新中国普及教育事业发展迅速,人民群众接受各级各类教育的机会不断扩大。

改革开放的伟大设计师邓小平也十分关注教育公平,并提出"办教育一要普及二要提高""教育要更多地注意重点和提高方面"等方面的思想。邓小平深刻认识到社会主义建设与劳动者素质的内在关系,指出"我们的方针是,一要普及,二要提高,两者不能偏废。只普及不提高,科学文化不能很快进步,只提高不普及,也不能适应国家各方面的需要。社会主义建设需要有文化的劳动者,所有劳动者也都需要文化。教育普及了,群众的科学文化水平提高了,发明创造就会多起来。我们在任何时候都要坚持'两条腿走路',做到在普及基础上的提高和在提高指导下的普及。""文化大革命"以后,为了尽快恢复经济,邓小平又提出,教育"要更多地注意重点和提高方面。为了早出人才,师资、钱、材料都要用到重点和提高上。宁肯有一部分放慢一点,宁肯牺牲某一方面,也要用到重点上、提高上,不是平均用到普及上"。改革开放以后相当长的一段时间内,党和政府把教育的重心放在办"重点学校"、发展高等教育上,与邓小平以上这些思想是分不开的。

在毛泽东和邓小平之后,党的历届领导人都延续着关注教育公平的思想,持续推进我国教育公平的实施。例如,胡锦涛同志曾多次提出"教育是民族振兴的基石,教育公平是社会公平的重要基础";"坚持优先发展教育","要让孩子们上好学,办好人民满意的教育,提高全民族的素质"等。习近平指出,教育公平是社会公平的重要基础,要不断促进教育发展成果更多更公平惠及全体人民,以教育公平促进社会公平正义。要加强对基础教育的支持力度,办好学前教育,均衡发展九年义务教育,基本普及高中阶段教育。要优化教育资源配置,逐步缩小区域、城乡、校际差距,特别是要加大对革命老区、民族地区、边远地区、贫困地区基础教育的投入力度,保障贫困地区办学经费,健全家庭困难学生资助体系。这些都是当前我国教育公平实施的重要指导思想。

第二节　教育公平问题的历史流变

教育公平是一个历史范畴,它萌芽于古代社会,形成于资产阶级革命时期。随着时代的变迁,其含义不断丰富和拓展。在不同的历史时期,人们站在不同的立场,对教育公平有着各种不同的理解。但不可否认的是,教育公平的理论与实践总是与一定的统一性和普遍性联系在一起的。这种统一性和普遍性的特征恰恰是教育制度的基本形态。基于此,下面从教育制度的角度对教育公平的历史发展进行梳理。

一、教育前制度化时期的教育公平

原始社会没有学校教育系统,也不存在正式的教育实体,不具备构成教育制度的基本要素,因此原始社会的教育是一种原始形态的、尚未正式化的教育活动。尽管原始社会不存在正式教育制度,但在长期的亲族生活中还是逐渐积累了具有教育规则意义的自发惯例、习俗、规范、信仰和仪式。这意味着,即使在原始社会,教育活动中仍旧可以找到教育制度形态的要素。只要社会中有养育和教养的行为存在,那么在教育者和被教育者之间以及被教养者与其他社会成员之间的交往规则就同样具有教育制度的本质特征。

据考证,在母系氏族社会时期,曾出现过一种公共教育机构——"青年之家"。"青年之家"是原始社会全体成员的儿童都在里面受教育的一种原始社会制度的特殊机构。这也是学校最初的萌芽。当然,这与制度化时期统一性的教育制度有所区别。北京师范大学教授康永久先生将这一阶段的教育概括为教育"前制度化"阶段。

受原始社会政治、经济特征的影响,原始社会教育最大的特征是自发而且平等的,是以自然平等的社会关系为基础的。具体表现为以下两点。

第一,教育资源分配平等,教育资源的分配不是依据家庭所处的社会阶层,而是依据个人在群体生活中的处境。例如,在"青年之家"中,青少年们被统一集中起来,与成人分开,接受多方面的教育,包括从事未来劳动生活的训练和各种宗教仪式等,"以便履行氏族组织加在他们这个年龄群人们肩上的那些义务"。在原始社会,教育是整个氏族生存斗争的工具,而不是氏族中某一部分成员的特权,社会成员都平等接受一定的教育。直到原始社会末期,一些部落首领子弟开始受到特殊训练,教育不平等开始萌芽。

第二,教育者与受教育者地位平等。在带有教育色彩的实践活动中,人与人之间也许有不同的身份,一些人(如母亲、老人、成人、姐姐或具有特异体质的人)更多地充当教育者的角色,而另一些人(如儿童、神经脆弱需要更多抚慰的人)则更多地充当受教育者的角色,但他们之间仍然是平等的。教育者和受教育者的潜在区分不是根据个人在社会权力结构中的位置,而是依据个人对群体生活经验的需求程度和供给能力。

在这一阶段,由于没有阶级分化,教育权利方面的人为限制和不平等现象还没有出现,实行的是原始状态人人平等的教育权,体现了人际关系的平等性质,是一种原始状态的教育公平。但这种平等是建立在自然状态上的平等,在原始人类尚未产生不公平感以前,这种教育公平是无意识的。

二、教育制度化时期的教育公平

在教育发展历史中,正规化、系统化、独立的教育系统形成是人类文明的巨大飞跃。动态地、历时性地来看,教育制度化是教育实体形成以后,教育所经历的从"非制度化"到"制度化"演变的过程,以及随之产生的教育正式化、规范化、等级化、集权化乃至科层化的倾向。近代公共教育制度的形成标志着教育从非制度化到制度化的转折。基于此,教育制度化时期的教育公平演进可以划分为两个阶段,即公共教育制度建立以前和公共教育制度建立以后,这里对制度化时期的教育公平分析也从这两个方面进行。

(一)公共教育制度以前

公共教育制度建立以前,是基于传统身份等级的教育公平,下面分别对等级社会的教育公平和文艺复兴时期的教育公平进行具体分析。

1.等级社会的教育公平

随着原始社会的结束,人类社会逐渐进入奴隶社会和封建社会。虽然奴隶社会和封建社会在生产方式、经济基础、阶级结构等方面都有很大不同,但阶级都是以等级为基本表现形式的,阶级结构实际上构成一种等级结构。在等级制度的直接影响下,原始形态的教育公平被打破,而代之以建立在等级制度基础之上的某一特定等级的教育公平。

在奴隶社会,奴隶根本无权接受教育,只有奴隶主阶级和自由民才有受教育的权利。即使在奴隶阶级和自由民内部,教育权利也是按照等级严格划分的。古希腊的奴隶被认为是会说话的工具,根本没有入学的资格。而贵族学校——国家主办的体育馆依然存在。青年军事训练团也只有正式公民的后裔才能进入。而且随着外来民族的入侵,古希腊的民主精神在罗马时代末期就日渐萎缩了,取而代之的是一种等级森严的皇权制度和教阶制度下的学校等级制度。

到了封建社会,学校教育规模有所扩大,制度也比以前完备,但同奴隶社会一样,教育权利仍有严格的等级性和阶级性。现在最为人熟知的我国唐代的"六学二馆"制度,尽管它的建立比之前魏晋南北朝士族教育体制较为开放,但其依然浓厚的以身份决定入学资格的风气仍可看作学校之间等级制度的典范。因此,在奴隶社会和封建社会体现教育公平的受教育权完全是与社会等级相对应的。进入不同学校根据的不是个人的因素,而是家族的因素。

然而这种等级性制度并没有完全否定教育对社会公平的价值。相反,在当时的社会条件下,它被认为是实现社会公平的最强有力的手段之一。这在中国古代的取士制度中体现得最为真切。在取士制度中,个人的梦想得以保存,社会适应得以延传。

北京师范大学教授康永久先生认为,"个人凭借身份获取文化权利,初看起来很不平等,其实人的身份在古代社会中才是调剂社会不平等的最重要的药方。它把人的一切选择权利都交给命运去裁决。而且,就家族生活而言,个人在家族中的身份并非一成不变。因此,就这一点来说,它又是最公平的,几乎公平到了完全平等——平均的程度,为个人适应社会等级生活提供了一个最低风险的人生模型。"①

2. 文艺复兴时期的教育公平

在西方,从 14 世纪开始的文艺复兴运动,要求扩大教育对象,改进教育内容和方法。早期空想社会主义思想家莫尔在《乌托邦》中提出建立公共教育制度,让所有儿童都进入学校接受教育。

16 世纪,欧洲爆发宗教改革运动。恩格斯把宗教改革称为欧洲资产阶级反对封建主义的第一次大决战。最先发动这场运动的德国宗教领袖马丁·路德在建立新教的过程中,提出教育机会和权利人人平等的民主思想,主张实行普及性的强迫初等教育,并在宗教改革实践中大力发展学校教育,开创近代教育机会平等的民主化运动先河。

捷克教育家夸美纽斯在《大教学论》中提出"无例外地对每个人实施教育","教一切人一切知识"的主张,创立"班级授课制度"扩大了教育对象,使更多的人能够得到受教育的机会,并要求实施普及教育。

随着18世纪法国思想启蒙运动的兴起,启蒙思想家对没落的封建制度进行了猛烈的攻击,针对封建社会森严的等级制提出

---

① 华桦.教育公平新解[M].上海:上海社会科学院出版社,2010:58.

了天赋人权、自由、平等、博爱的口号。同时,他们还十分重视教育的作用,要求改革长期以来的经院式的教育制度,提倡用自然和科学的知识武装人们的头脑,适应资产阶级政治和经济的要求。

卢梭是18世纪法国著名的启蒙思想家,他对于封建社会严格的等级制度表现出强烈的不满。在1755年,他发表了著名的社会政治理论著作《论人类不平等的起源和基础》,深刻地揭露了封建等级制度下的社会不平等的现象,提出了"人民主权"的学说和建立资产阶级民主共和国的主张。卢梭关于教育公平的思想主要表现在他的另一本重要的教育著作《爱弥尔》一书中。在这本书中,卢梭发展了人生而平等的主张,提出"各种等级的人都是一样的"。由此,他提出一个人的教育应该适应他这个"人",而不应该依据等级、财产和职业的不同而进行教育。可以看出卢梭倡导的是一种人人平等,解放学生个性的教育。但需要注意的是,卢梭在美化儿童自然人性、制造一个人性的乌托邦的同时,还制造了一个社会的乌托邦。也正是从这两个乌托邦出发,他倡导一种充满着浪漫主义情调的教育自治制度。这种对浪漫生活的向往体现了卢梭的教育制度的平民主义情结。

在封建等级制度尚未破灭的历史条件下,卢梭所幻想的教育公平找不到得以实践的舞台,只好寄希望于虚构的教育制度,甚至不惜倒退向原始自然平等状态的社会中。这一时期教育家们的教育公平观都表现出对理想公平的过度憧憬以及非理性的狂热追求,这些或许正是反对教育不平等而矫枉过正的产物。

但是,卢梭的这种追求平等的思想对于欧洲的资产阶级革命以及美国的《独立宣言》和法国的《人权宣言》都产生了深刻的影响,平等自由成为西方教育思想中的"基本原则"。

(二)公共教育制度以后

虽然教育很早就出现了,但教育服务和面向大众的历史并不长。在国民教育体系和制度建立之前,教育从未受到普遍的关注,也不存在以大众为受教育对象来衡量的教育公平。

19世纪早期,欧洲各国国民体系的形成标志着西方资本主义国家现代学校教育的开始。随着学校教育体制的建立,教育开始受到普遍地、全国性地关注。这种关注涉及社会的每一个人,而没有阶级之分。教育以不可逆转之势,被认为是正规的、系统的学校教育的同义词,而学校教育本身也成为国家的一个基本特征。于是,国民教育体系成为教育发展史上的一道分水岭。它标志着大众教育时代的到来和扫盲事业的发展,同时也成为"国家办学"的源头。这一体系逐渐在20世纪各个现代国家教育发展中取得主导地位。所带来的教育改变表现在教育得到国家支持,教育体制更加规范、系统。随着公立学校逐渐取得领导地位,政府加强了对教育的影响。

专门的教育体制的建立和正规教育及职业教育培训的垄断地位的确立,意味着学校教育、社会和国家三者关系的一次变革。其最大的特征是教育的公共化。在此之前,学校只允许社会中特定的人入学,可以说是"私立教育"。可以说,现代学校教育实行的是"普遍主义",而现代社会以前的学校教育是"个别主义"。因此,教育制度第一次自觉承担起了实践教育公平的历史使命。这一时期的教育公平具体包括以下几点内容。

1. 教育权利平等

资本主义社会虽然也是以私有制和剥削为基础的阶级社会,但与奴隶社会和封建社会的社会等级制度不同,它从法律上根本废除了社会特权制度,在资本主义社会初期,"人人都有平等的受教育机会"第一次在法律上得到认可。与奴隶社会和封建社会的等级教育相比,这一法律规定无疑具有重要的进步意义。但是在资本主义社会初期,生产力发展水平和学校规模都不足以实现普遍的、平等的受教育权利,国家也无力普及教育,同时由于学校收费过高,因而平等的受教育权利只有对资产阶级才具有实际意义,而广大劳动人民根本无法真正享受这一权利。随着资本主义经济的不断发展,人民教育民主化意识的不断高涨,对实质上的教育公平,教育机会均等的要求也不断高涨。

2.教育入学机会均等

美国人贺拉斯·曼是一位为教育机会均等而奋斗一生的教育家。在他看来受教育是每个人的绝对权利,应该使每个儿童都受到免费的教育。为了实现这样一种免费的教育,他特别重视公立学校建立,把普及公立学校看作是实现教育机会公平的重要措施。因此,贺拉斯·曼把他的一生都献给了他所追求的公共教育事业。

贺拉斯·曼的这种教育思想和建立公立学校教育制度的实践,为促进美国教育机会公平的历史进程,尤其是普及义务教育,奠定了最初的也是最重要的基础。英法日等各国也相继于19世纪70年代以后开始较大规模地实施了普及义务教育制度。第二次世界大战以前,各国着力于推行初等教育的普及,第二次世界大战以后,人民争取民主和受教育机会平等的觉悟大大提高,加之发展经济文化的必然需要,各国纷纷走上了废除双轨制和中等教育普及的道路。

3.教育过程平等

19世纪末以后,资本主义经济有了较大发展,各个主要资本主义国家都基本上普及了中等义务教育,高等教育的入学率也居领先地位,但是,这种入学机会形式上的均等却掩盖了更为深刻的教育过程中的机会不均等和取得事业成功的机会不均等。例如,在英国还存在着教育制度的双轨制,资产阶级和贵族子弟在"预备学校、公学、大学"这些教育系统学习,这些学校师资、设备条件优越,学费昂贵,学生在学校里受到优质的教育,培养的是未来的统治者。而劳动人民子弟则进入公立的初等学校、综合中学和大学以外的高等教育机构学习。这类学校设备简陋,师资条件差,教育质量低,培养的是熟练工人和一般技术人才。在实行单轨制教育制度的美国,劳动人民的子弟通常进入公立小学、中学。而富家子弟则凭着金钱,常常选择私立的寄宿学校和名牌大学。由于这两类学校在师资条件、设备条件等方面的巨大差异,在教育过程中教育质量差别较大,毕业后就业成功机会不同。在资本主义社会中,教育公平问题已从过去的入学机会均等要求演变为受教育过程中的机会均等。综合化学校运动是这一时期实现过程平等的最重要的努力之一。

1957年,科南特出版了调查报告《今日美国中学》。报告对进步主义教育时期形成的教育机会均等思想和综合中学进行了充分的肯定。教育机会均等与美国"民主、自由、平等"的观念相一致,早已深入人心,难以改变。同时,机会均等使大多数人享受了受教育权。综合中学是为了满足所有青年受教育的需要而开设的中学,既开设了学术课程、普通公民课程,又开设职业课程,是教育机会均等的体现。然而,科南特认为统一严格的学术标准不符合教育机会均等的传统,同时不利于多种人才的培养,不符合国情需要。应该在综合中学中进行能力分组,加强天才教育。科南特的报告可以视为对统一课程的公立学校教育公平的质疑。

将共同的知识教给所有的学生曾经是公立学校最完美理想的表述。然而,随着综合中学受到攻击、统一课程失败,这种理想在第二次世界大战后的公立学校改革中破灭了。为满足所有学生需要而设计的统一课程并没有平等地提供给所有学生。事实上,大多数学校的校长们实际上是根据学生的情况调整课程。

教育过程平等的关键问题集中体现在课程到底是应该统一还是分化上,这成为教育改革的核心问题,也是教育公平的核心问题。从理论上设想,可以建立统一的学前教育系统或学校教育系统,以便不加歧视和没有其他限制地对所有儿童一视同仁。在实践上,有很多国家也的确如此尝试过。事实证明,这种制度无论在资本主义国家还是在社会主义国家中,都未必能够使成年人之间取得完全平等,甚至未必能够使他们之间更加平等。但无论如何,教育过程平等是实现教育机会均等的重要组成部分已然成为国际社会的共识。

4.教育结果平等

在现代教育公平理论中,美国的科尔曼和瑞典的胡森的观点最具有代表性。他们都是以"教育机会均等"这一概念来论述教育公平的。科尔曼认为"教育机会均等"这一概念可以归纳为四种含义。

第一,在前工业社会中,家庭是生产单位,并承担着社会福利和教育的职责。教育面前机会均等,在当时并不是一个问题。

第二,在工业社会中教育机会均等发展到面向人民群众子女的、基础的、义务的、公款帮助的教育。

第三,欧洲的自由主义者和社会主义者着眼于能够建立为所有儿童提供同样机会的教育系统,也就是说,不论其社会出身,人人都能够不受限制地根据机会均等的原则受到教育。

第四,在自由主义的理论中,教育机会均等被理解为受教育结果或学业成绩的均等。

胡森则分别对"平等"和"机会"进行界说。他认为"平等"有三种含义。

第一,指每个人都不受任何歧视地开始其学习生涯的机会。

第二,以平等为基础对待不同的人种和社会出身的人。

第三,促使学业成就的机会平等。

尽管两个人对教育机会均等的理解不完全相同,但是从两者的观点来看,教育机会均等的概念在西方发达国家已经不再仅仅限于所有人都享有入学机会的权利这样一种低水平的目标了,而是已经发展到追求教育效果均等这一高度上来。

三、教育后制度化时期的教育公平

后制度化是基于市场经济、民主政治的以个人自由和权利平等为核心的自主性教育制度的建构过程。这一时期,教育制度将是以个人自由以及人与人之间的权利平等为基础,以确保教育中的个人自由和权利平等以方便个人有效谋取自己的教育利益为特色的教育制度,这种教育制度不是一种按照单一的自由标准建构起来的单一制度,而是一种多元化的制度安排。其核心是确保个体对教育的选择权和教育过程中的自主权,包括某种程度的"弃权/退出的自由"。

在教育后制度化时期,教育的自由和自主是教育制度强调的核心。教育公平不再囿于制度化框架下的起点、过程、结果平等,而是以个人自主教育权利的平等为指向。但这种设想不但不否定教育制度,而且以制度创新为保障。这种与国外非制度化教育的舆论不同的见解,却是更符合我国的实际情况。努力通过健全和完善教育制度的合理性和公正性来推动和实现教育公平,而非轻言教育"非制度化"应当是我国相当长时间内的重要任务。在当前的教育实践中,突出自主和选择的教育公平在以下几方面有所体现。

(一)择校与教育公平

第二次世界大战后,教育公平实践将传统公立学校模式的功能发挥到了极致,这些实践的失败也在根本上否定了传统公立学校模式的教育公平,主要是它所强调的平等统一不仅没有实现,而且在新的历史条件下显得力不从心,从逻辑上讲,体现个人愿望和权利的教育选择是教育公平在新时期的必然体现。

择校运动兴起于20世纪60年代末,最初主要是针对教育内容、方式、项目的选择,后来逐渐发展为一种体制革命,突出经营者—学校与消费者—家长的关系,突出家长对学校的选择。欧洲的择校主要是在宗教和语言多元化形成的文化多元化的推动下进行的,文化的多元代表了社会对学校教育的多样化需求。美欧的择校主要是在重建公共教育体系,提高基础教育质量和人才素质的背景下产生的。在西方国家,选择表达了某种意义上的自由和权利。能够对各种各样的机会进行选择吸引着人们,因为选择在本质上代表了民主制度和市场经济的内核。

择校运动的思想基础非常复杂,但是最主要的有两个方面:以个人主义为核心的反主流文化运动和新自由主义思潮的兴起。作为反主流文化思潮之一的存在主义对择校有着较为深远的影响。过去人们认为教育机会均等是人权的一个组成部分,而机会均等应体现在对所有学生进行同样内容、方式、速度的教育和教学方面。存在主义认为这只是教育社会化功能的一种借口。真正机会均等的教育应当是能够促进无限多样的人性的充分自由发展的教育。同样内容、方式和速度的教育常常是以适应统治集团所需要的少数人而牺牲多数人为特征的。

　　新自由主义以自由放任为原则,强调以私有制为基础的市场机制对资源配置的自发作用,反对政府对经济活动的干预。它所强调的"竞争机会"与"自由选择"为择校运动提供了理论支撑。在西方教育择校走过了十几年的风风雨雨之后,20世纪末,中国的择校热逐渐浮出水面。我国义务教育阶段的"择校生"问题是伴随我国实行小学升初中取消考试、就近入学的政策而出现的。国家实行这项升学政策的初衷是很明确的,就是要打破学校和学生的身份界限,优化教育资源(如生源)配置,减轻学生过重的学习负担,实施素质教育,同时,大力加强基础薄弱学校建设。可是结果却走向了另一端,择校也被看作是这一政策的副产品并进一步推动了这种恶性循环。

　　随着择校风的愈演愈烈,近年来对这一问题的研究不断深入。我国择校背景与西方大为不同。在我国,择校只是一种自发的现象,不是一种教育制度。虽然政府的态度起初并不支持,尤其是反对公办教育择校,但在经济、文化、教育等非均衡发展的前提下,择校是义务教育发展过程中出现的必然趋势,是居民对高质量义务教育需求的一种反映,具有普遍性。需要认识到,合理的择校具有积极的意义和存在的必然性,不合理的择校则会进一步激化教育不均衡的现象。

(二)学习化社会

　　随着社会的发展,学校已不再是人们接受教育的唯一场所。1968年,美国教育家赫钦斯阐述了"学习化社会"的主张;1972年,加拿大安大略省中等后教育委员会发表了题为《学习化社会》的报告;1973年,美国卡内基高等教育委员会发表了题为《走向学习化社会》的报告。但真正下决心以创造学习化社会为核心来重建整个国家的全部教育系统,则始自20世纪80年代。在这方面,美国和日本最为突出。80年代,美国教育改革的中心目标就是"创造一个学习的社会","让每个人都有机会充分运用他们的头脑,从幼年到成年不断地学习,随着世界本身的变化而不断学习",而"青年时期的正规教育"被视为"入门终身学习必不可缺的基础"。80年代,日本教育改革的"最重要的课题"也是"统筹建立以向终身学习体系过渡为基轴的教育体系"①,家庭教育、初等与中等教育及高等教育均被要求"从终身学习的角度出发"加以重构。

在信息网络越来越发达的今天,职业流动越来越迅速,个人不可能一劳永逸地"完成"教育,教育也不再是学校的特权。因为学校教育制度自身的内在局限逐渐显露出来,与它的长处一道展示在世人面前,人们逐渐认识到社会生活本身的教育意义,认识到人的学习不应完全局限于学校的制度化框架下,认识到人的教育应当回归其根本——社会生活。

世界各国在经验中践行了学习化社会的公平意蕴,具体表现在以下几点。第一,教育是贯穿人生方方面面的,而非一个特定阶段的任务。这样就保证了教育机会的无限性与开放性。第二,学习与生活紧密结合,以促使每个人能够在最适当的时机和场所接受最适当的教育。第三,这是一种自主选择的教育。

(三)数字化公平

网络技术的发展使得网络教育成为教育的新渠道。正如许多学者所言,"网络教育能够为不能进入学校就学的人提供接受一定程度获取知识的机会,为'教育机会均等'提供了物质基础;网络教育有利于更好地发展人的个性,为实现合理的社会流动创造条件;网络教育为打破传统年龄和学制界限的终身教育打开方便之门,方便快捷地满足继续教育的要求,实现效率与公平的统一。"②这种公平以一种新形式——数字化公平出现在人们面前。为了实现数字化公平,学校教育将以更加灵活多样的形式出现。学校的中心任务不再是将静止的、固化的知识教给学生,而是要

---

① 瞿葆奎.教育学文集·日本教育改革[M].北京:人民教育出版社,1991:543.
② 柳丽娜.教育公平目标下网络教育的功过与对策[M].校长参考,2003(11).

教会学生"怎样学习",教会学生如何从一个被动的信息接收者变成一个主动获取者,怎样在大量的信息网中找到自己想要的东西,怎样发展不断接收和掌握新的知识和技能的能力。与此同时,学校技术变革也是推动数字化公平的关键。掌握新的技术是步入学习化社会的通行证。然而,正如网络教育不一定要在学校进行,也不限于用"学校"来进行一样,数字化公平的实现要动用社会的每一个部分来达成。

仅有观念、手段、技术的变革还不足以保证数字化公平的实现。数字化公平除了面临任何形式的"公平"都要遭遇的挑战之外,还伴随着新的负效应,具体表现为以下几点。

第一,数字化教育公平同样面临文化剥夺的现象。信息革命对全球的影响是巨大的,同时其负面产物——数字鸿沟也深深地影响着社会。工业时代遗留下来的被文化剥夺的群体,网络时代由于经济上无力负担高科技产品,依然处于被剥夺的地位。这决定了贫困儿童无法与富裕儿童站在同一起跑线上。随着全球经济的发展日益以知识为基础,这种信息富裕与信息贫困造成的鸿沟不但会继续存在,而且会使贫困国家变得更加边缘化。

第二,虽然在学习化社会,教育已经深入社会每一个角落,在一定程度上缓解了文化剥夺现象,但由于人的学习能力有限,学习能力的衰退只会日益拉大人们同不断更新、不断前进的社会之主流文化的差距。

第三,网络淡化了地域和文化差异,世界逐渐走向趋同。这种趋同实际上体现的是以美国为主导的西方文化的强权。先进的科技加上庞大的上网人数,决定了其掌握着绝大多数网络文化的资本。网络资本的享有者们正以惊人的速度向世界传播其价值观、世界观。在这种主流文化之下,英语成为世界通用的语言,具有独一无二的地位,其他语种所孕育的文化职能退而居其次。商务交往的方式必须按照国际惯例(少数国家制定的协议)进行,文化的差异充分体现在日常的学习、工作和生活之中。实现"数字化公平"只能在某一层面上,在已制定好的游戏规则的基础上实现。因此,互联网所宣扬的"数字化公平"也只是少数人的公平而已。

四、我国教育公平取得的成绩和存在的问题

(一)我国教育公平取得的成绩

我国的教育公平的产生与发展也有一定的历史进步。具体来看,在不同社会和时代追求公平的现实条件、理论依据、评价标准和实践策略、方式不同,形成的平等与效率关系组合的结构关系状态和公平水平也不同。总体而言,政治经济、文化教育的公平水平都是随着社会的文明进步而不断提高的。不同时代的教育普及程度大体可以反映不同时代的教育平等程度。在远古社会,不同人的生命尊严和生存条件、发展权利都不平等。在奴隶社会,即使奴隶主全部受到教育,根据斯巴达当时的人口比例,教育普及程度也只有10%。我们经常说,旧社会我国80%的劳苦大众不能接受教育。这也就是说,中国近代教育的普及率可能只有20%。然而在近现代社会,虽然由于不同人的生存条件、劳动能力和投入、成果不同,使得不同人的生命尊严、生命质量的不平等依然存在,但不同人的生命尊严、生存和发展权利、生命质量的基本保证或基本平等水平在不断提高。

现代化过程实际上既是公平水平不断提高的过程,也是效率水平不断提高的过程,是平等与效率持续相互促进的发展状态和过程。美国斯坦福大学教授、社会学家英格尔斯提出的现代化指标是:①人均国民生产总值(国民生产总值)3 000美元以上;②农业生产总值占国民生产总值的比重在12%～15%以下;③服务业产值占国民生产总值的比重在45%以上;④非农劳动力占总劳动力的比重在70%以上;⑤识字人口的比重为80%以上;⑥适龄青年中大学生的比重为10%～15%以上;⑦每名医生服务的人数为1 000人以下;⑧平均预期寿命为70岁以上;⑨婴儿自然死亡率在3%以下;⑩城市人口占总人口的比重为50%以上;⑪人口自

然增长率在 1％以下。① 其中与教育平等相关的是识字人口的比重在 80％以上,适龄青年中大学生的比重在 10％～15％。这个目标我国在 20 世纪末就已经实现了,21 世纪中国不仅识字人口的比重已达 95％以上,而且基本普及了 9 年义务教育,高等教育实现了大众化。

21 世纪初,我国学者提出的教育现代化指标是:①公共教育经费:每年教育经费在 100 亿美元以上,主要是政府投资。②公共教育经费占国民生产总产值的比重为 4.7％以上。③人均公共教育经费 100 美元。④留级生比例为 4％以下。⑤学前教育毛入学率为 60％。⑥小学净入学率为 95％以上。⑦中学净入学率为 90％以上。⑧预期的正规教育年数在 13 年以上。② 新中国成立以来,特别是改革开放近 40 年来,在这几项指标中,除了公共教育经费占国民生产总产值的比重为 4.7％以上没有达到外,其他指标都已达到或者超过这个标准。虽然整体发展水平和人均发展水平不等于某个人的发展水平,我国的社会经济和教育发展,距离现代化,特别是高水平的现代化还有相当差距,但就整体和人均而言,中国 21 世纪的教育平等水平比 20 世纪的教育平等水平也有了显著的进步。

(二)我国教育公平存在的问题

虽然就整体和人均水平而言,当代中国的教育平等水平不仅比古代、近代的教育平等水平有了划时代的进步,而且 21 世纪比 20 世纪也有了显著的进步。但东中西部不同地区、城乡不同地区和不同阶层、群体还存在着不平等现象,包括①城乡之间的教育不公平,城乡教育发展差距巨大。②区域之间的教育不公平,区域间在经费投入、办学条件、师资水平、高考录取等诸多方面都存在很大的差异。③性别之间的教育不公平。④学校之间的教育不公平,如同一区域内校际差距巨大。⑤不同群体之间的教育不

---

① 宏观经济研究院课题组.现代化标准研究[J].宏观经济研究,2000(4);中国社会科学院可持续发展战略研究组.中国现代化进程战略构想[M].北京:科学出版社,2002:195.

② 杨明.中国教育离现代化目标有多远[J].教育发展研究,2000(8).

公平,优势群体与弱势群体之间在接受教育上差距巨大。⑥学校教育教学与管理上的不公平,如班级座位安排方面,成绩好的同学被安排坐前面,成绩不好的坐后面;教师上课时,重点就是给前面的同学上课,至于后几排的学生,只要不影响课堂秩序,就是睡觉也无所谓;课堂教学中,优生得到更多的课堂互动机会,等等。可见,我国要实现教育公平还需要走很长的路。

当代中国教育不公平的重要根源既在于教育的低效率,也在于教育平等与教育效率不能有效相互促进。教育不平等显而易见,也容易测评,但教育效率低下则容易看见而不易测评,教育平等与教育效率相互促进的合理状态和相互促进的不理想甚至相互排斥的不合理状态及其导致的效果更加难以测评。中国教育效率不高有许多原因,不同的人从不同角度寻找其原因,但无论什么原因,中国教育效率不高则是基本事实。目前我国教育发展既存在由于教育资源配置不公平而导致不同地区教育发展不平衡、不同个人受教育权利和身心素质发展不平等的问题,也存在由于过分追求"应试教育"的分数面前人人平等的效率与公平而导致的国民创造性发挥不够、国家缺乏大师级人才等教育整体效率不高的问题。教育效率及其产生的社会效益和经济效益都是长远和整体的,而非眼前的和局部的。因此,必须站在国家发展的战略高度综合解决教育公平的目标、方式和制度设计、资源安排等问题,实现高水平的教育公平。

第三章　教育公平的实践探索

教育公平问题随着教育的产生而出现,并对人们的生活产生着影响。教育公平要求我们在实施教育时做到公道和正义,使每个社会成员可以享有同等的教育和受教育的权利。当代社会中,教育公平已经成为教育发展趋势的必然走向。本章主要对国内外在促进教育公平的实践情况进行探索,并分析我国教育公平的影响因素。

第一节　中国促进教育公平的实践探索

新中国成立以后,国家在发展教育过程中始终关注教育公平问题。尤其是近些年,党和政府以科学发展观为统领,提出要坚持教育优先发展,促进教育公平,逐步缩小城乡、区域教育发展差距,把大力发展教育事业,促进教育公平作为国家基本教育政策,为不断扩大人民群众接受良好教育的机会做出积极的努力,使得教育在原有的基础上取得了举世瞩目的成就。当然,实现教育公平是一个长期的过程,需要长期坚持不懈地努力。

一、促进义务教育均衡发展

在整个义务教育均衡发展过程中,最重要的是使薄弱的农村义务教育得到发展。进入 21 世纪以来,党中央、国务院把义务教育特别是农村义务教育摆在了优先发展的重要位置,农村义务教育成为新时期整个教育工作的重中之重。

1986 年 4 月 12 日,第六届全国人大四次会议通过了《中华人民共和国义务教育法》(以下简称《义务教育法》)。《义务教育法》的颁布实施,标志着我国义务教育走上了法制化轨道。2006 年

《义务教育法》的修订继续推动公共教育资源向农村、中西部地区、贫困地区、边疆地区、民族地区倾斜,极大地推进了教育公平的进程。2012 年,我国学龄儿童的净入学率从 1978 年的 95.5% 提高到了 99.85%,2012 年,初中阶段毛入学率为 102.1%,比 2011 年提升 2.0 个百分点。排在世界 9 个人口大国的前列,基本实现了"基本普及九年义务教育、基本扫除青壮年文盲"的目标。2015 年,我国小学净入学率为 99.8%,初中毛入学率为 103.5%。九年义务教育巩固率达到 92.6%,比 2009 年提高 1.8 个百分点。高中阶段教育入学机会进一步扩大,毛入学率达 86.5%,比 2009 年提高 7.3 个百分点。① 党和政府为促进义务教育均衡发展而进行了不懈的努力,具体可归为以下几点。

(一)政策和法律层面上的保障

2003 年我国召开了新中国成立以来第一次全国农村教育工作会议,确立了以农村义务教育为重点的教育发展战略,出台了新增教育经费主要用于农村的重大政策。2006 年新修订的《义务教育法》规定,"国务院和县级以上地方人民政府应当合理配置教育资源,促进义务教育均衡发展,改善薄弱学校的办学条件,并采取措施,保障农村地区、民族地区实施义务教育,保障家庭经济困难和残疾的适龄儿童、少年接受义务教育。"2008 年,国务院决定免除城市义务教育学生学杂费,切实保障进城务工人员随迁子女接受义务教育,中央财政给予适当奖补。从 2014 年起,各地教育部门启动义务教育免试就近入学改革。2015 年 11 月,国务院印发《关于进一步完善城乡义务教育经费保障机制的通知》,建立城乡统一、重在农村的义务教育经费保障机制。该文件同时决定实现"两免一补"和生均公用经费基准定额资金可随学生流动,即实行"钱随人走"政策。2016 年,中央确定全国义务教育学校生均公用经费基准定额为:中西部地区小学年生均 600 元、初中 800 元,东部地区小学年生均 650 元、初中 850 元。对城市义务教育学校

---

① 教育部长:中国教育居世界前列 小学净入学率达到 99.8%. http://365jia.cn/news/2015 -10-16/53E7EFE2F5812916.html. 2015-10-16.

(含民办学校)按照不低于基准定额的标准补助公用经费。这些规定都为促进我国义务教育的均衡发展提供了政策、法律层面上的保障。

(二)"两基"①和"普九"目标的基本实现

近年来,我国政府将完成西部地区"两基"攻坚任务确定为重大工作目标,在过去"贫困地区义务教育工程"和"中小学危房改造工程"的基础上,组织实施了"农村寄宿制学校建设工程",即从2004年起,用4年左右的时间,中央财政投入资金100亿元,帮助西部地区新建、改扩建一批以农村初中为主的寄宿制学校工程,为山区、边疆和少数民族地区的少年儿童入学提供保障。中西部地区、城乡之间义务教育资源配置的差异总体上小于经济差异,教育发展的政策取得了明显效果。2005年底,"西部地区410个'两基'攻坚县中已经有247个县实现'两基',2006年底西部地区又有近70个县实现'两基',全国'两基'人口覆盖率提高到98%,青壮年文盲率下降到3.58%。"②到2007年,西部"两基"基本完成,"两基"和"普九"目标的实现是入学机会的最大公平。

(三)农村义务教育经费保障机制的运行和完善

2004年,农村义务教育全国财政性拨款占农村义务教育经费总额的80.61%,彻底改变了长期以来农村义务教育由农民负担为主的状况。2007年财政部、教育部印发了《关于调整完善农村义务教育经费保障机制改革有关政策的通知》,决定从2007年起,在3年内全国财政将新增经费470亿元左右,用于调整完善农村义务教育经费保障机制改革有关政策。为深入贯彻党的十八大和十八届二中、三中、四中、五中全会精神,统筹城乡义务教育资源均衡配置,国务院于2015年12月印发《关于进一步完善城乡义务教育经费保障机制的通知》。该文件明确,从2016年春季学期开始,统一城乡义务教育学校生均公用经费基准定额。从

---

① 基本普及九年制义务教育和基本扫除青壮年文盲,即"普九"和"扫盲".
② 数据来自《教育部科技部介绍中国科技教育发展情况实录》,人民网,2007－10－16.

2017 年春季学期开始,统一城乡义务教育学生"两免一补"政策。以后年度根据实际情况,适时完善相关政策措施。

(四)采取积极措施改善少数民族教育、女童教育、特殊教育

近年来,我国政府采取积极措施,民族地区"两基"攻坚取得新进展。女童受教育权利得到保障,2005 年全国小学男童和女童的入学率差距下降到 0.02 个百分点。尤其值得注意的是,我国政府对特殊教育的经费投入有了较大幅度增加,设立了专项补助,并开始走上依法治教的轨道。2007 年,特殊教育在校生已达 41 万人。2012 年,特殊教育学校已达到 1 853 所,比 2011 年又增加 86 所。全国共招收特殊教育学生 6.57 万人,比上年增加 1 613 人;在校生 37.88 万人。《2015 年全国教育事业发展统计公报》显示,2015 年,全国共有特殊教育学校 2053 所,比上年增加 53 所;特殊教育学校共有专任教师 5.03 万人,比上年增加 0.22 万人。此外,还有大量在普通学校从事随班就读教学的教师参与特殊教育工作。目前,全国各地已建立了一批特殊教育师资培养、培训机构,一些高等师范学校还设立了特殊教育专业。

(五)加快发展农村现代远程教育

现代信息技术和远程教育技术的发展,为我国加快农村教育的发展,缩小城乡教育差距,实现城乡优质教育资源共享提供了可能。2003 年,国务院召开了全国农村教育工作会议,明确提出实施农村中小学现代远程教育工程,并在西部 12 个省(自治区、直辖市)和新疆生产建设兵团的农村地区开展了先行试点。2005 年,农村中小学现代远程教育工程全面实施,向农村小学教学点约 510 万名小学生提供优质教育教学资源,有效地解决了我国广大农村地区教育教学资源匮乏、师资短缺等问题,促进城乡教育的协调发展,体现教育公平。党的十七大报告进一步指出,"鼓励和规范社会力量兴办教育,发展远程教育和继续教育,建设全民学习、终身学习的学习型社会",并指出"在全国农村普遍开展党员干部现代远程教育"。借助部委重大项目的有力推动,2010 年

底,覆盖全国农村的现代远程教育网络体系基本建成,基本解决了现代远程教育"进村"的问题。

(六)大力加强农村教师队伍建设

2006年初教育部印发《关于大力推进城镇教师支援农村教育工作的意见》,出台了一系列措施,包括组织大中城市中小学教师到农村任教,组织县域以内城镇中小学教师定期到农村任教,组织高校毕业生志愿支教等多种形式的支教活动。从2007年秋季起,教育部直属师范大学实行师范生免费教育。2014年,国家进一步提出要在各省自治区、直辖市推广师范生免费制度,这将对缓解长期困扰农村教师队伍建设的突出问题,提高农村教师队伍的整体素质,解决教育质量公平问题,发挥重要作用。

二、大幅度提高高中入学率

"十五"至"十二五"是我国高中教育发展最快的时期。为满足我国社会经济发展的迫切需要,适应九年义务教育基本普及和高等教育的快速发展,高中教育坚持改革,规模迅速扩大。义务教育基本普及后我国教育事业整体发展格局中的"高中瓶颈"现象得到缓解。

(一)全国高中教育发展基本情况

1995年以来,各地不断加大政府投入,广泛吸引社会力量参与办学,积极发展高中教育,使我国高中教育得到了快速发展。2005年,全国普通高中学校数达到16 092所,招生规模达到877.73万人,在校学生数达到2 409.09万人。2007年高中阶段招生达到1 650万,比2006年增加31.15万;中职招生810万,比2006年增加了62万;普通高中招生840万。2012年,全国高中阶段教育(包括普通高中、成人高中、中等职业学校)共有学校26 868所;招生1 598.74万人;在校学生4 595.28万人。高中阶段毛入学率85.0%,比2011年提高1.0个百分点。这一时期,高中教育发展既坚持扩大办学规模,又注重走内涵发展的道路,办学效益不断提高。

高中教育经费有了较大增长,全国生均教育经费增幅巨大,为更多的学生提供了接受高中教育的机会。2004年,全国高中教育经费总投入908.38亿元。其中,高中生均教育经费由1994年的1 542.29元增加到3 983.47元;高中生均公用经费由1994年的474.77元增加到1 585.66元。2015年,全国教育经费总投入为36 129.19亿元,比上年的32 806.46亿元增长10.13%。

高中教师队伍不断优化,高级职称教师数以及学历达标率大幅提高。一方面,一大批年轻的学历层次较高的教师被充实到高中教师队伍中,在一定程度上缓解了高中教师数量的不足;另一方面,从"九五"开始加强了高中教师的培训力度,提高高中教师队伍的整体素质。

我国高中阶段毛入学率大幅度提高,为人民群众提供更多接受普通高中教育的机会。2007年毛入学率达到66%,比2006年提高6.2个百分点。2006年,全国高中阶段教育招生增长率超过10%的省份除海南外,都为中西部的省份,贵州省的高中阶段招生增长率超过15%。2012年,高中阶段毛入学率已达85.0%。2016年高中阶段教育毛入学率达到87.5%。

高中教育的快速发展为我国提高人口的受教育水平,推动高等教育发展进入大众化阶段奠定了基础。从每10万人口高中在校生数指标来看,我国高中阶段在校生从1 610人(1995年)提高到3 411人(2012年),提高了一倍还多。高中阶段学龄人口入学机会的不断增加,推动了我国高等教育的发展,对国民素质的提高起到了积极的促进作用。

(二)政府为促进高中教育发展做出的努力

国家在加大对高中教育投入的同时,还给予高中发展许多特殊的政策扶持。具体概括为以下五个方面。第一,引导重点学校通过扩建以及与其他学校合并的方式,扩大办学规模,发挥重点学校的教育优势。第二,允许并支持依托老校优势,高起点建设一批新校,使其在较短时间内达到较高的办学水平和教学质量。

第三，允许并支持某些学校改制，通过兼并、联合办学等布局调整和资源重组的方式，重点改造和建设一些基础相对薄弱的学校。第四，支持高中实施"三限政策"，将高中"择校"合法化。第五，中央财政支持、扩大全国的优质高中教育资源，有效地增加入学机会。

2002年12月28日，全国人大常委会通过了《中华人民共和国民办教育促进法》，这标志着我国民办教育发展开始走上法制化轨道。各级政府积极鼓励社会团体、企事业单位和私人举办高中教育，鼓励社会力量办学。在各级政府逐步加大高中教育投入的同时，在教育经费的构成中，非财政性教育经费的比例逐年提高，社会及私人投入占教育经费总投入的比例不断上升，多渠道筹措教育经费的格局正逐步完善。

三、持续增加高等教育入学机会

近年来，我国高等教育实现了历史性的跨越式发展，毛入学率不断提高，为高等教育机会公平提供了根本保证。随着大众化进程的加快，我国高等教育入学机会上的城乡差距也呈现出缩小的趋势。

（一）扩大高等教育规模

自1999年高校扩招以来，我国一直保持了高等教育招生规模的持续稳步增长，进一步提高了毛入学率和就学机会。2007年高等教育毛入学率达23%，全国各类高等教育在学人数达2 700万人。到了2012年，全国各类高等教育总规模达到3 325万人，高等教育毛入学率达到30%。全国普通高校（全日制）招生更高，达688.83万人。2015年在校生规模达3 700万人，位居世界第一；各类高校2 852所，位居世界第二；毛入学率40%，高于全球平均水平。2016年高等教育毛入学率达到42.7%，全国普通高校（全日制）本科招生748.61万人，专科招生211.23万人，全国普通高等学校和成人高等学校2 880所，比上年增加28所。其中，普通高等学校2596所（含独立学院266所），比上年增加36

所;成人高等学校 284 所,比上年减少 8 所。可见,我国高等教育已经站在了新的起点上。高等教育入学机会的城乡差距正在逐步缩小,从而有力地推动了我国高等教育机会均等。

(二)改革高考招生录取办法,实施"阳光工程"

为了促进招生录取过程中的公平、公正与公开,从 2005 年起,我国实施了高校招生录取的"阳光工程"。在入学上严格实行普通高校新生学籍电子注册制度,对游离于国家招生体制外、未经省级招办办理录取手续而擅自招收入校的各类学生,一律不予办理新生学籍电子注册。进一步加强成人高等教育和继续教育招生、办学的管理。规范并加强对中外合作办学招生秩序的管理,保障考生的公平竞争,规范了招生秩序。

(三)宏观调控部属高校招生计划

由于区域间经济和社会发展的不平衡,高等教育资源分布的地区差异,以及历史、地理的原因,部分省份学生入学机会仍相对偏少,人们对高等教育公平的呼声越来越高。解决高等教育入学机会的区域差距问题受到了党和国家的高度关注。

2007 年 10 月,党的十七大报告明确提出,教育是民族振兴的基石,教育公平是社会公平的重要基础。2012 年 11 月,党的十八大报告进一步提出"大力促进教育公平,合理配置教育资源,重点向农村、边远、贫困、民族地区倾斜,支持特殊教育,提高家庭经济困难学生资助水平,积极推动农民工子女平等接受教育"。

为落实中央要求,教育部会同国家发改委,采取了一系列宏观调控和政策引导措施:第一,改进和完善招生计划安排模式,利用招生计划综合测算数学模型分配各地招生计划,努力做到高等教育招生计划分配的科学、公平和透明。第二,在生源计划安排上,探索建立引导高教资源丰富的部分地区支持中西部地区的长效机制。第三,加强对公共教育资源分配的宏观调控,将招生计划增量部分向中西部高等教育欠发达且生源质量好、数量多的地区倾斜等。在具体做法上,教育部从 2008 年起,开始实施"支援中西部地区招生协作计划"（简称"协作计划"）。在"协作计划"的直接影响和引导带动下，2011年，中西部考生入学人数比2007年增加约52万人，8个"协作计划"受援省的高考录取率均超过60％，与全国平均水平的差距缩小到10个百分点左右。

2012年3月，为增加贫困地区学生接受高等教育的机会，教育部等五部门发出《关于实施面向贫困地区定向招生专项计划的通知》，决定自2012年起，"十二五"期间，每年在全国普通高校招生计划中专门安排1万名左右招生计划，专门面向集中连片特殊困难地区生源。

为进一步促进教育公平，2013年5月15日国务院召开会议，宣布提高重点高校招收农村学生比例。其中，实行扩大农村贫困地区定向招生专项计划（即"专项计划"），继续实施"支援中西部地区招生协作计划"（即"协作计划"），使更多优质高等教育资源惠及农村、边远、贫困、民族地区的农家子弟。

为扩大实施2013年农村贫困地区定向招生专项计划，教育部还召开座谈会，与部分"985工程"高校共同研究2013年提高农村贫困地区学生比例的措施，一些重点高校将采取扩大专项计划和借助本校"自强计划""圆梦计划"等措施提高农村贫困地区学生比例。

上述努力取得了一定成效，如各地普通高考录取率、每10万人口高等学校在校生等指标的区域差异有所减小；高等教育入学机会的城乡差距呈现缩小趋势，直属高校生源计划投放的合理性和公平性不断加强。

四、建立高校贫困生资助政策体系

随着高等学校招生规模的急剧扩大和收费制度改革的不断深化，高校贫困家庭学生资助问题成为公众广泛关注热点。在党中央、国务院的高度重视和关心下，经过教育部、财政部等有关部门的共同努力，我国已经初步建立起以奖学金（含国家奖学金）、学生贷款（含国家助学贷款）、勤工助学、困难补助和学费减免为主体的、多元化的资助经济困难学生的政策体系。2004年6月

28 日,新机制颁布实施后,实行贷款学生在校期间贷款利息全部由财政补贴、还款年限延长至毕业后 6 年。2006 年 9 月,初步启动国家助学贷款代偿机制。到了 2012 年,国家助学贷款再创历史新高。当年全国新增贷款审批人数 120 万人,比 2011 年增加 2.25 万人;新增审批金额 141.62 亿元,比 2011 年增加 8.78 亿元。生源地信用助学贷款成为主要模式。在国家开发银行等金融机构的大力支持和推动下,截至 2012 年底,全国共有 29 个省(自治区、直辖市和计划单列市)的 2 294 个区县开展了生源地信用助学贷款工作,全国区县覆盖率达到 79.2%。

2007 年正式建立起来的我国贫困生资助体系是一个完整的体系,是继实施农村义务教育免费制度之后又一个保证教育公平的重大举措。按照这个体系,以后每年用于家庭经济困难学生资助的经费,中央财政、地方财政以及学校支出加在一起超过 500 亿元;每年高等学校和中等职业学校受到资助的学生人数要超过 2000 万名,这个贫困生资助体系形成之后,可以保证所有家庭经济困难的学生都能够上得起大学或接受职业教育。

五、高度重视农民工子女教育问题

对于进城务工农民子女的教育问题,各级政府及其教育主管部门已做了大量的工作。早在 1996 年,原国家教委就制定印发了《城镇流动人口中适龄儿童少年就学办法(试行)》,1998 年 3 月,原国家教委和公安部发布的《流动儿童少年就学暂行办法》,允许招收流动儿童少年就学的全日制公办中小学收取"借读费"。2001 年《国务院关于基础教育改革与发展的决定》提出,以流入地政府管理为主,以全日制公办中小学为主,依法保障流动儿童少年接受义务教育的权利。

2003 年 9 月,国务院办公厅转发了教育部等六部委《关于进一步做好进城务工农民子女义务教育工作的意见》,首次将政策焦点对准农民工子女,规定由流入地人民政府负责进城务工农民子女接受义务教育工作,接收的学校以全日制公办中小学为主。

2006 年 6 月新修订的《中华人民共和国义务教育法》将进城

务工农民子女公平接受义务教育问题提上法律层面。各地政府和教育部门也陆续出台了一系列关于进城务工农民子女公平接受教育的法规、政策性文件。中央财政对进城务工农民随迁子女接受义务教育问题解决较好的省份给予适当奖励。据统计，2008—2012年中央财政共安排进城务工农民随迁子女奖励性补助资金158.3亿元，其中2012年为50.3亿元。各地将中央奖励资金主要用于补充接收农民工随迁子女的城市义务教育阶段学校公用经费和改善办学条件，重点向接收人数较多、条件薄弱的公办学校倾斜，同时扶持接收进城务工农民随迁子女的民办学校。2014年中央财政安排农民工随迁子女接受义务教育奖励资金99.62亿元，随迁子女在公办学校就学比例达到80%以上。目前，对符合当地政府接收条件的进城务工农民随迁子女，已全部免除学杂费，不收借读费，基本做到了"以流入地为主、公办学校为主"的要求，有力地促进了进城务工农民子女平等接受义务教育。

六、加强职业教育建设

在我国国民教育体系中，职业教育是与经济社会发展联系最密切的教育类型，是促进经济社会发展、实现教育公平的重要环节。新中国成立后，特别是改革开放以来，我国职业教育得到了较快的发展，取得了突出的成就。1980年国务院开始了中等教育结构的调整，突出职业教育在我国教育发展中的位置，大力推动职业教育的改革与发展。2006年，中央财政安排专项资金8亿元，设立中等职业教育国家助学金，资助标准为每生每年1 000元，当年资助约80万人。特别是党的十六大以来，党和政府把发展职业教育摆在突出位置，大力发展职业教育，通过组织实施一系列重大工程项目，加强职业教育基础能力建设，着力扩大中等职业教育招生规模。2007年中等职业学校招生超过800万人，在校生规模达到2 100万人，基本实现了中等职业教育与普通高中规模大体相当的目标。2012年，全国中等职业教育（包括普通中等专业学校、职业高中、技工学校和成人中等专业学校）共有学校

12 663 所。截至 2016 年末,全国职业学历教育中,中等职业教育在校生人数为 1 599.01 万人。

从 2009 年秋季开始,国家开始对农村中职学生和涉农专业学生实行免费,这一政策到了 2012 年又有新发展,国家决定从 2012 年秋季学期起,中职免学费范围扩大到所有农村学生、城市涉农专业学生和家庭经济困难学生;内蒙古、山西等 9 省市将免学费范围扩大到所有中职学生。2013 年 6 月,根据财政部、国家发展改革委、教育部、人力资源和社会保障部《关于扩大中等职业教育免学费政策范围进一步完善国家助学金制度的意见》,财政部、教育部、人力资源和社会保障部制定并下发《中等职业学校免学费补助资金管理办法》,明确了中等职业学校免学费补助资金适用范围及各地区分担比例。政府工作报告和“十三五”规划提出,要逐步推进中等职业教育免费。2016 年,我国中等职业教育免费率已经达到了 90%,有 20 多个省份已经全部实现了中职免费。可以说,我国中等职业教育免费已经是大势所趋。

第二节 国外促进教育公平的成功经验

在国外,以英国、美国、日本为代表的发达国家已经充分意识到教育公平的重要性,并在开展教育活动中大力推进教育公平实践,并取得了一定的成绩和经验。这些都可以为我国推行教育公平提供一定借鉴,因此,本节主要探讨英国、美国和日本在促进教育公平方面的成功经验。

一、英国促进教育公平的实践经验

早在 19 世纪,英国皇家委员会的若干调查报告中就有对教育公平的探讨,如 1870 年《英国初等教育法》的颁布、1918 年《费舍教育法》的实施都在一定程度上建立了为全民开放的“免费公立基础教育”,展现了教育机会的均等。但同时,英国当时的教育也存在不公平的现象,如学校教育体系中的“基础教育”以劳工阶级为主要对象,"中等教育"以中产阶级为服务对象实施教育,由于民众普遍得到入学的机会,这种为不同阶级提供的教育被认为是合理的。直到 20 世纪 20 年代,英国社会批评家及教育家理查德·汤尼在《为所有人提供的中等教育》一书,从恶劣的环境、特定的课程等多个方面揭示了基础学校的儿童并没有得到与其他儿童平等的教育机会这一现实,指出现实中存在的教育不公平,从而使得原来被普遍认为合理的观念正式受到挑战。此后,他又在《均等》一文中进一步指出,英国的教育组织从来就是与阶级相连的,教育机会与财富和社会地位也紧密联系,劳工子女在基础学校中并没有受到平等的教育,存在着"人才浪费"。此书的出版引起了社会对"社会公平和正义"与权利意识的关注,加上学者对"教育机会均等"的重视和社会主义政治人物的争论,20 世纪初期英国对"教育机会均等"问题的讨论从此开始。

在此之后,英国政府对教育机会均等问题进行了专门研究,并于 1926 年发表《青春期青少年的教育》的研究报告,建议:一方面通过设置奖学金为劳工阶级子女提供进入文法中学的机会;另一方面广泛设立"现代中学",并努力改善公立"初等教育"的条件,对所有通过"11 岁中学入学考试"的儿童,不论其出身,免费提供直至 16 岁为止的中等教育机会。英国所有儿童接受中等教育的权利逐渐得到保障。

20 世纪 50 年代,由于进入"文法中学"的激烈竞争,民众越来越关心选择的公平性问题。在"教育机会均等"概念的本质上,英国学者讨论的重点开始转向学校教育是否在"标准化"的形式下进行。早期偏重智商的"11 岁考试入学制度"的公平性受到了质疑。学者认为,学校应为所有学生提供共同的教育经验,每个人不但应有接受免费中等教育的权利,而且人人应有相同的机会接受共同的综合教育,竭力主张打破中等教育三分制,以改变劳工子女在学校受教育的不利地位和教育成效不佳的状况。六七十年代,工党执政时设立"综合中学"取代了三类中学并存的状况,以保证社会中下阶层子女也可进入像"文法中学"这样质量高、设备优越的学校,以体现教育机会均等,这一时期的"教育机会均等"在政治中被给予最高优先权。

20 世纪 60 年代以后,英国的一项研究《普洛登报告》发现:年龄越小的儿童受环境的影响越大,教育贫乏现象基本上不是贫困所造成的,而是受父母态度的影响,它比经济水准和社会阶层的影响更为重要,因此力倡"积极差别待遇",主张政府通过提供"学前教育",尽早扭转那些由家庭环境所造成的劣势。[①] 这使得英国民众对教育机会均等的关注由中等教育向学前教育阶段转移。同一时期另一位研究者牛津大学的贺尔西则在此基础上提出了政策性改革计划——"教育优先改革地区方案",强调教育资源的分配应优先考虑物质条件上较为欠缺或处于"文化贫乏"环境下的儿童,对"教育机会均等"内涵的关注,已由单一的入学机会扩大至使来自"社会—经济"背景不利的学生有得到补偿文化经验不足的机会。这一时期英国"教育机会均等"的衡量重点,也开始由教育资源的投入转向教育过程的产出,与美国学者科尔曼的研究不谋而合。当前,经过英国教育学家和民众的不断关注,英国的教育公平在教育机会均等方面的问题已经基本得到解决,目前英国的教育公平问题主要集中于高等教育方面。由于本书主要探讨的是基础教育阶段的教育公平,因此,这里便不再赘述。

二、美国促进教育公平的实践经验

美国自独立战争到南北战争后的一百多年里,美国曾广设"隔离"学校,这种为黑人提供"平等但是隔离"的学校公共设施和服务被法律所默认,民间几乎也没有任何公开的对抗。随着经济发展和民权运动的呼声日益高涨,种族问题与贫困问题成为美国20 世纪 60 年代最具爆炸性的问题。1964 年民权法案为解决公立学校种族隔离问题提供技术和财政支持,并要求取消种族隔离;1966 年 3 月,美国教育署公布了"学校反对种族隔离计划修订政策",其中涉及公立学校设施反隔离的措施,指出学校有责任在教师、专业人员等分配或再分配中纠正过去的歧视性行为。随着

---

① 杨莹.教育机会均等——教育社会学的探究[M].台北:师大书苑有限公司,1995:166.

美国社会对贫困家庭和贫困儿童的关注,美国政府提出"向贫困开战"的口号,提出补偿教育,试图通过对贫困家庭和少数民族家庭的幼儿进行早期补偿教育,使之得到平等的入学机会和未来就业机会。例如 1954 年的黑人儿童补偿计划、1956 年的更高视野计划等。

美国虽然在促进教育公平上做了一定的努力,但根据 1966 年科尔曼《教育机会均等的观念》调查报告结果显示"教育机会不均等"在美国仍显著地存在,原来单纯的补偿法案效果并不明显。例如,1965 年的由联邦政府资助、地方学区管理的儿童早期教育计划"发端计划"决意对处于贫困线以下家庭的 3～5 岁儿童,特别是黑人、印第安人以及因纽特人及有缺陷儿童家长提供众多的免费培训项目,使之积极参与计划,帮助他们最大限度地使用社区资源。还有免费午餐计划、双语教育计划、残疾儿童补偿计划,力争给每个儿童提供平等竞争和发展的机会,使他们有一个相对平等的起点和良好的入学准备。但由于资金不足,这一计划最终并没有得到有效实施。

20 世纪六七十年代,伴随着美国种族民权运动的兴起,民众要求在社会中所有文化都应该得到理解和尊重,反对"大熔炉"对其不平等的"同化"。联邦政府对于民众的要求采取了积极的措施,以调查报告、宏观目标的形式及战略法规来促进教育公平的进一步实现。1983 年《国家处在危机之中:教育改革势在必行》的报告通过对美国教育质量的调查指出,公平而又高质量的学校教育这个双重目标,对经济和社会有着深刻的含义。政府对优质教育质量的承诺,并不意味着要牺牲各种居民公平教育待遇,因此,"无论在原则上还是实际上,都不能允许一个屈从另一个",号召全民关注教育、关注教育质量,特别是教育公平和教育机会均等。老布什总统于 1991 年签发的《美国 2000 年教育战略》,提出迈向 21 世纪的全国 6 大教育目标。1993 年克林顿宣布《美国 2000 年教育目标法》,将其教育目标由 6 个增加到 8 个,成为美国著名的教育 8 大目标。这些目标的核心思想就是要全方位地提高教育质量和实现教育公平。1998 年副总统戈尔公布了以"对所有学生提出高标准"为口号的一项教育行动计划,主要针对处于弱势的青年群体和拉美裔的美国人,并给予 6 亿美元的教育资助。2003年小布什签署的《不让一个孩子落伍》法令,也旨在提高美国公立中小学教学质量,进一步促进公民享受平等教育权利。法令规定,各校必须缩短穷人与富人、白人与少数民族裔学生的分数差距,并扩大学生和家长对学校的选择权,促使学校之间均衡发展,以确保核心课程和智育教育的机会均等。此外,联邦政府还通过制定一些专门法律来保证并促进教育公平和教育机会均等的发展,如《国防教育法》《中小学教育法》《天才教育法》《成人教育法》等。

随着美国教育民主化的发展,美国的教育公平问题集中体现在接受高等教育的机会上,即进入竞争性大学的机会问题。弱势群体的学生因为录取标准高和学费高难以进入高选拔性大学,表现出这一阶段的教育不公平。考虑到本书所针对的重点是基础教育阶段的教育公平,因此,这里也不再作过多论述。

三、日本促进教育公平的实践经验

日本是一个单一民族国家,资源非常有限。为使国力强大,日本很早就开始重视教育的发展,致力于培养有良好教育基础和专门技术的国民。正是日本政府长期对义务教育给予强有力的支持,特别是第二次世界大战以后对基础教育的普及以及对城乡之间受教育机会均等的促进,为日本的国民素质提高和经济腾飞奠定了坚实的人力资源基础。

早在 1872 年,日本文部省就以太政官布告的形式颁布了日本近现代教育史上第一部教育法规——《学制》。该法规强调国民皆学,规定包括女子在内所有人都有学习的必要,"务期村无不学之户,户无不学之人",规定开办 8 年制的小学校。儿童 6 岁入学,接受 8 年普及义务教育。这样,全国统一的义务教育制度首次在日本建立。1901 年,日本社会民主党进一步提出了义务教育应该免费的主张,并应以实现"消除贵贱贫富的悬殊,增进全体人民的福祉"为最终目的,这在当时对促进教育平等具有重要的历史意义。

第二次世界大战以后,美国教育使节团在对战前的日本教育进行了全面诊断与批评后,于 1946 年向日本政府提交了《美国教育使节团报告书》,该报告中的精神体现出两个价值源泉——和平与民主的思想。报告中主张采用六三三学制,小学和初中为免费义务教育阶段,实行男女同校,这符合当时日本教育界和社会各界的民主改革愿望,从而促进了日本《教育基本法》的形成与实施。《教育基本法》规定,国立、公立、私立学校均属于国民,具有公共性,教师是为全体国民服务而不是为少数人服务。教育并不只限于学校教育,而是指国民在任何场合、任何时间内"均有学习的权利"。在该法第三条中,特别针对"教育机会均等"指出,所有的国民都应有按其能力享有受教育的平等机会,在受教育上不能因人种、信仰、性格、社会身份、经济地位、门第等的不同而有所差别;对虽有能力但经济困难者,采用奖学金方式给予帮助。第四条、第五条中则规定义务教育九年不收学费,男女同校接受教育。此外,日本还在颁布的《日本国宪法》第二十六条第二项规定中明确规定"义务教育实行全免费制",为义务教育无偿、免费的实施提供法律保障。

1951 年日本通过《关于向 1951 年入学的小学生提供教科书的法律》,开始了日本最早的教科书免费制度的尝试。后来又逐步加大力度,将教科书免费的范围由"经济困难的学生"扩大至"所有学生"。1963 年《关于义务教育各学校使用的教学用图书免费措施的法律》颁布,由小学低年级向初中扩展实行,到 1969 年实施了小学、初中阶段学校的学生全部免费使用教科书。在经济高速发展时期,日本为确保义务教育的普及和质量所实行的义务教育教科书免费制,成为日本在该时期的一大特色。

进入 21 世纪以后,日本中央教育审议会发表了题为《创造新时代的义务教育》的咨询报告,重申国家要从根本上保障义务教育的实施,具体包括三个问题:机会均等、保证质量和免费,进而确保国家和社会发展的根基不动摇,强调"特别是在现代社会中,充实面向全体国民的、没有地区差别的、保障基本水准的义务教育制度,对于防止社会阶层差别扩大、维护社会安定是不可缺少的"①。

　　另外,在实现教育公平的过程中,针对教育过程中的落后地区和弱势人群,日本的教育政策和教育立法也采取了许多特殊的有针对性的做法。1956 年日本制定了《关于国家援助就学困难儿童和学生的就学奖励的法律》,规定由国家在预算范围内援助因经济缘故而就学困难的儿童和学生,并同时制定了《关于国家援助就学困难儿童和学生的就学奖励的法律实行令》和《关于国家援助就学困难儿童和学生的就学奖励的法律实行规则》,具体保障该法律的实施。1954 年日本制定并于 1985 年修订了《偏僻地方教育振兴法》,规定了国家和地方公共团体为振兴偏僻地方的教育必须实施的各种措施,并制定了《偏僻地方教育振兴法施行令》和《偏僻地方教育振兴法施行规则》,以保障该法律的实施。此外,日本还专门制定了《孤岛振兴法》《大雪地带对策特别措施法》等特别给予落后地区教育财政支持的补偿性法规。

　　① 高峡.日本义务教育改革新动向——日本中央教育审议会 2005 年咨询报告的主旨及其启示[J].教育科学研究,2006(5).

第四章　教育公平实践中的问题

基础教育是现代公民的基本需求之一,也是构建人们的基本可行能力的最重要途径。因此,办好基础教育是极为重要的。而在这一过程中,要充分体现基础教育公平的价值取向,最大限度地缩小城乡、区域、学校之间的基础教育差距,以便所有的公民都能平等地接受基础教育。

第一节　教育资源配置公平问题

教育资源是人类社会资源之一,包括自有教育活动和教育历史以来,在长期的文明进化和教育实践中所创造积累的教育知识、教育经验、教育技能、教育资产、教育费用、教育制度、教育品牌、教育人格、教育理念、教育史籍、教育设施、教育市场、师资、生源以及教育领域内外人际关系的总和。教育资源对于国家和个人来说有着极其重要的作用。对于国家来说,教育资源是实现国家的社会经济发展目标所必需的劳动力培养与培训的基础性来源与保障;对于个人来说,教育资源是构建其基本生活能力的基础性手段,在现代社会可以说不受教育或受教育很少的人基本上被排斥在文明社会之外。此外,只有对教育资源进行公平配置(在全社会将教育资源中配置给基础教育的数量、质量与比例一定的前提下,政府或社会依据特定的规则将基础教育资源即一切人力资源、物力资源与财力资源,在基础教育各级次、各类别、各区域间以及在不同学校与受教育者之间进行公平配置),才能充分发挥教育资源的最大效益,切实实现基础教育公平。

一、基础教育资源配置公平的重要性

基础教育资源配置公平,是指在现代民主国家全体公民所享有的平等接受公平的教育资源配置的基础教育的权利。实现基础教育资源公平配置,是促进基础教育公平的实质内容与必要前提,也是提升基础教育公平的有效路径。具体来说,基础教育资源配置公平的重要性主要体现在以下两个方面。

(一)基础教育资源配置公平是公民的一项基本权利

人与人之间虽然生而不平等、能力不平等,但人本身是具有丰沛的恻隐之心的道德动物。在道德思维中,本质相同——即都是有思想、有情感、有需要的人,仅仅由于不同的出身或能力而获得差异性的结局,这就是不公平;尤其在基础教育资源配置方面,考虑到基础教育的重要性与必要性,公平性的诉求就更为强烈。因此,在道德上,任何人都有获得基础教育资源配置公平的权利。

进入现代社会,由于社会生产力的快速发展,政府与社会逐渐有了从法定权利维度保障公民获得公平的基础教育资源配置的经济能力。为了切实、真正保障基础教育资源配置公平这一道德权利,各国普遍采取立法的形式将这一权利由道德权利上升为法定权利。也就是说,基础教育资源配置公平是公民的一项基本权利。

(二)基础教育资源配置公平在根本上决定着基础教育公平

基础教育公平存在理想性、规范性与现实性三个维度:在理想性维度上,基础教育公平被界定为一种价值目标与价值理想本身,它为基础教育工作指明了努力方向;在规范性维度上,基础教育公平被视为依据公平价值对基础教育实践进行好坏优劣评价的基本依据;在现实性维度上,基础教育公平则明确提出了科学的、合理的物质基础与实现路径等现实问题。理想性、规范性与现实性之间相互依赖、相互依存,理想性与规范性维度必须以现实性维度为基本保障,现实性维度必须以理想性与规范性为基本前提。因此,基础教育资源配置无疑构成基础教育公平的必要条件,基础教育资源配置公平则成为基础教育公平的充分条件与实质内容。

(三)基础教育资源配置公平是考察国家教育公平的指标

公平的基础教育资源配置不仅究其本身而言就是教育公平的重要内容,而且也是教育公平的评价对象。大凡能够基本实现基础教育资源配置公平的国家,民众与舆论对该国教育的整体性评价也是公平的;反之,则往往导向对该国教育公平的整体性否定。

二、基础教育资源配置公平的评判

现代社会在教育资源,尤其是在基础教育资源的配置领域,往往反对传统社会的以权力大小、金钱多少以及能力高低作为获取基础教育资源多少的配置原则,而是采取更为复杂的一整套现代配置原则,以达到在现代社会中对基础教育领域资源配置公平的目标。因此,在评判基础教育资源配置是否公平合理时,必须借助于以下几条标准。

(一)基础教育资源配置均等

基础教育资源配置均等,主要是指保证同一区域内、学区内所有学校和学生实施基础教育财政公平。对于现代民主国家而言,各级政府财政资源是基础教育阶段最重要、也是最主要的来源。各级政府不仅是基础教育资源主要的提供方,也是各类教育资源配置的决策者与执行人。政府必须保证由纳税人税金所承担的基础教育资源在配置上的公平性,这种公平性的实质是基础教育资源配置面前人人平等;亦即,政府必须同等地对待同一学区、税区内的所有学校与所有学生,不允许出现厚此薄彼之不平等对待的做法。当然,对政府的上述要求也是由现代民主国家公民享受平等教育的权利所决定的,享有均等的基础教育资源配置是现代公民的一项基本道德与法定权利。

（二）基础教育资源逐渐从富裕地区流向贫困地区

政府在基础教育资源配置工作中，合理均衡富裕地区与贫困地区的资源无疑是一种公平诉求。就当代中国而言，所谓的富裕地区与贫困地区存在两种情形：一种情形是富裕的省份与贫困的省份。一般而言，东部沿海的省份较为富裕，中西部地区的省份相对贫困。这种省与省之间的基础教育资源配置任务主要由中央人民政府予以具体执行，但也不排除富裕省份与贫困省份自行以"结对子"形式予以帮扶。另一种情形是在各省份内部的富裕地区与贫困地区之间的资源配置，确保贫困地区也能公平地获得基础教育资源。

（三）基础教育财政中立

所谓基础教育财政中立标准，就是不能鼓励或纵容财政富裕地区的公民没有限制地享受更高、更多、更优质教育资源的教育，而经济条件相对匮乏地区的公民只能接受少量、劣质、不匹配的教育资源的教育。

总本质上来说，这一标准是要尽力保证区域内的每个学生平均享有的公共教育经费不能因其所在税区、学区的经济贫富程度而差异过大。这就要求政府在资源配置中，通过财政拨款等看得见的有效的调控手段，克服区域间的天然教育资源差异，从而保证不同区域，如城乡之间、贫富地区之间、发达与欠发达地区之间的学生都能获得均等的受教育机会，实现区域之间、区域内部教育资源配置公平，使基础教育阶段的学校等教育机构获得的教育资源逐步增加，让不同地区、不同学校教育经费资源的差距要逐步缩小。

（四）基础教育资源配置偏向特殊群体

这里所说的特殊群体，主要指的是弱势群体或特殊困难群体，如少数民族学生、偏远地区学生、边疆地区学生、特困贫困家庭学生、残障学生、进城务工人员随迁子女、农村留守儿童特别是留守女童等。作为社会主义国家,当代中国政府对特殊人群在基础教育资源配置上给予特殊照顾,完全符合公平之"差别对待"的原则。

三、当代中国基础教育资源配置公平的提出

(一)市场经济的快速发展呼吁基础教育资源配置公平

自改革开放以来,中国的资源配置方式已经有了质的飞跃,即由原来依靠政府计划手段向市场经济手段的巨大转型。这种由社会主义计划经济转型为充满活力与生机的现代市场经济,无疑从根本上带动了中国经济的腾飞,也是三十多年来中国经济奇迹的根本原因。当然,市场经济的运作逻辑与基本品格并非仅限制在经济领域,也会以其强大的制度与观念力量悄无声息地逐步渗透到我们社会生活的各个领域和层次,教育领域也不例外。

现代市场经济基本精神与模式的深刻介入在教育领域产生了重大的变化:就正面作用而言,积极推进了教育观念的公平化、教育政策的民主化以及教育制度的科学化,进而极大促进了当代中国教育事业的大发展与大提高;就负面作用而言,也产生了诸如教育产业化、教育商业化与教育产品化等观念与实践,这的确在很大程度上加剧了本来就存在的教育不公现象。在此形势下,越来越多的人呼吁对中国的基础教育资源进行公平配置。

(二)生源的逐渐萎缩要求基础教育资源配置公平

随着计划生育政策的广泛而有效的推广,我国人口出生率逐年下降,人口净出生数也开始有减少趋势。在当前,虽然国家全面放开了二胎政策,但人口的出生率并没有出现明显的上涨趋势。这样的人口出生状况,导致基础教育阶段适龄学生人数的减少,而且在今后基础教育阶段的生源仍然呈现出明显的萎缩趋势。

面对这一情况,基础教育资源只有重新进行合理配置,并确保配置的公平性,才有可能发挥出最大的效益。

（三）民办资源的介入要求基础教育资源配置公平

随着改革开放的实行与不断深入，我国民办基础教育经历了从无到有、从弱到强的过程。进入 21 世纪以来，各级政府对社会力量办学给予了更大的关注和支持。

民办教育的发展不断壮大，对于普及教育、提高国民素质以及吸纳社会资源等方面做出了一定的贡献，因此已成为我国社会主义教育事业的组成部分，是我国教育改革的宝贵成果，为我国教育体系注入了新的活力，在一定程度上缓解了教育经费不足的矛盾，满足了部分家长对选择性教育的需求，促进了教育资金的流动，推动了学校在教育质量和教育服务方面的竞争，有利于优质教育资源的形成。而且，当前的民办教育在数量和质量两方面都已经取得了相当的成绩，并得到了一定的认可，形成了一定的结构、层次和办学特色，逐渐成为我国基础教育的一个不可缺少的组成部分和必要的有益的补充。

但是，以市场为取向的民办教育，在发展过程中也暴露出不少问题，如盈利问题上的认识与实践有差异；审批方面存在不规范情况；民办学校内部管理体制不够完善，管理上问题较多；师资水平和教学质量参差不齐等。这些问题的出现，对民办基础教育造成了不少负面影响，同时也对整个基础教育发展造成了一定的负面影响，亟须国家立法规范，使民办基础教育得到有序、有效地发展。面对这些问题，必须尽快找出切实可行的解决办法，尽快出台相关配套政策，充分发挥民办教育在基础教育发展中重要的积极作用，使民办教育发挥出最大的作用。

四、当代中国基础教育资源配置公平的目标

当代中国基础教育资源公平配置就其目标来说，主要包括以下几方面的内容。

（一）当代中国基础教育资源配置公平的宏观目标

当代中国基础教育资源配置公平的宏观目标，主要体现为社

会尤其是政府应当实现基础教育资源在社会总资源与社会总教育资源中的份额的稳定合理增长。

特定国家的基础教育资源的多少与优劣,主要取决于两方面的因素,一是该国的总教育资源在国民生产总值中所占的比例;二是基础教育资源在总教育资源中所占的比例。这两者的比例越高,越有利于大幅提升基础教育资源在各类资源配置中的总量与质量,有利于基础教育阶段配置主体优化资源配置,实现基础教育资源配置公平。也就是说,教育资源总量增加是根本保证,基础教育资源所占份额提升是重要条件,两者相辅相成构成了基础教育资源公平配置的充分而必要的条件。

因此,在今后要切实促进基础教育资源配置公平,必须从以下两方面着手:一是逐步稳妥地提高国家财政性教育经费投入占国民生产总值(GNP/GDP)的比例;二是不断增加基础教育资源在教育总资源中所占的份额。

(二)当代中国基础教育资源配置公平的中观目标

当代中国基础教育资源配置公平的中观目标,包括两方面的内容:一是实现区域之间、城乡之间基础教育资源配置的公平;二是实现基础教育资源内部的不同类别之间配置的公平。

区域之间的公平主要体现为东部、中部与西部之间的区域公平与省际公平两方面。就东部、中部与西部三大区域之间的公平性配置而言,这三者之间的经济、社会发展水平存在的较大差异导致了基础教育资源配置的严重不公平。省与省之间的基础教育资源配置不公平,主要体现为不同的省在获得的基础教育资源方面有较大的差异。城乡之间基础教育资源配置不公平,主要体现在城市的基础教育资源明显要好于农村的基础教育资源。

就基础教育资源内部的不同类别之间的配置而言也存在较大的不公平。虽然类别之间的比较并非研究重点,正如郭雅娴所指出的,"教育资源的级次和类别配置并不是学术界讨论的热点,这在一定程度上可能是因为:同教育资源的区域配置相比,教育资源在各级各类教育之间的配置与人们生活的关系显得不那么直接,不如前者更容易引起普通民众和研究者的关注。"[①]但学界不关心的主题不代表就是不重要的,相反,基础教育资源配置在类别之间的不公平恰恰也构成了基础教育不公平的重要体现。

总体而言,基础教育包括学前教育、小学教育、初中教育和普通高中教育四个类型,其中小学教育与初中教育属于义务教育,是纯公共产品,学前教育与高中教育是准公共产品。考虑到高中教育的重要地位,可以说,基础教育类别之间的不公平主要就是是否公平对待高中教育这一主题。如何公平对待高中教育的实质是如何对高中教育进行准确、合理定位。众所周知,改革开放以前,高中教育在实质上是一种精英教育,社会上极少数初中毕业生才能够得到高中教育机会,高中教育的机会主要通过优秀的个人能力获得。改革开放以后,尤其是 20 世纪 90 年代以来,高中教育发展进入快车道,如今已然进入大众教育阶段,并正向着普及高中教育的方向迈进。

在 2010 年,中共中央、国务院颁发的《国家中长期教育改革和发展规划纲要(2010—2020 年)》明确提出"到 2020 年,普及高中阶段的教育"的目标,这就意味着我国高中教育由大众教育升格为普及教育的时间节点应该是 2020 年。既然高中教育已经由精英教育转型为大众教育并最终走向普及教育,那么高中教育资源就已经不是私人产品或准私人产品,至少应当定位为准公共产品或努力转变为纯公共产品。这就要求,一方面要提高政府在高中教育阶段的经费投入;另一方面应当努力提高高中教育资源在基础教育资源中所占的比例与份额,以实现与义务教育、学前教育之间的均衡。

(三)当代中国基础教育资源配置公平的微观目标

当代中国基础教育资源配置公平的微观目标,就是要实现基础教育资源配置的校际公平与人际公平。

---

① 郭雅娴.中国教育资源配置效率研究[M].北京:人民出版社,2012:19.

1. 基础教育资源配置的校际公平

就学校之间而言,主要目标是实现基础教育资源在重点学校与普通学校之间的公平配置。由于当代中国的教育总资源在整体上历来处于较为拮据的状态,或是为了打造教育领域的政绩工程与形象工程之考虑,或是为了在教育领域确立最高标准,政府、尤其是地方政府历来将最多、最优质的基础教育资源用于建立所谓的明星学校、重点学校或示范学校。这导致专项资金向重点学校作明显的倾斜已然成为基础教育的客观事实。直至今日,政府在配置基础教育资源时在政策上照顾所谓的重点与典型学校已然成为常态,这就导致了基础教育学校之间的严重不公平。

2. 基础教育资源配置的人际公平

追求人与人之间基础教育资源配置的实质是机会公平。当前,教育行政部门普遍认为,通过"划区就近入学"可以有效解决择校现象,事实上这在一定程度上也是一种限制弱势群体选择优质基础教育资源的举措。一方面,重点或示范中小学等优质资源本身就设立于城市的富人区或高档社区,而普通学校则一般设立于弱势群体居住的普通甚至低档社区,从而使得"划区就近入学"原则在实际上演变为以富裕或贫困标准划分优质与劣质基础教育资源的不公平做法;即便偶尔也有优质学校存在于相对贫困区域的现象,富裕阶层也可以通过给付相对高昂的"择校费"予以获得优质教育资源的机会,而对于贫困阶层而言,则不可想象。另一方面,对于人数众多的农民工子女而言,他们接受基础教育资源面临严重的不公平待遇。由于"划区就近入学"原则的存在使得入学机会主要依凭户口与户籍获得,但对于客居于城市的农民工子女而言显然没有户口,其结果只能依靠给付高昂的借读费予以解决;即便在一些省份宣布取消借读费的背景下,仍然普遍存在以各种名义向农民工子女收取各种费用的不公平现象。那些所谓的重点或示范基础教育等优质教育资源对农民工子女而言,更是难以想象。

总之,进行微观层面基础教育资源的公平配置必须从维护学校之间与人际公平之间公平等两方面同时着手,否则,将难以真正改变基础教育资源在微观层面配置不公的事实。

五、当代中国基础教育资源配置公平的现状

就当代中国来说,其在基础教育资源配置公平方面还未达到良好的效果。也就是说,当代中国基础教育资源的配置是不公平的,具体表现在以下几个方面。

(一)城乡基础教育资源分配不均衡

基础教育不公平的表现形态各异,但其中稳居首位的,无疑是城乡之间基础教育资源的差距。

我国正处于社会主义初级阶段,又是一个在政治、经济、社会等各方面都面临转型的时期,转型时期势必会产生许多问题,而作为关系到大至国计民生,小到个体发展的教育问题,尤其是城乡基础教育的公平问题,早已成为经济社会发展中的一个凸显的热点难点问题。从近年来的实际状况看,城乡基础教育之间的差距尽管不断缩小,但城乡基础教育学校办学水平和办学质量很不平衡,究其主要原因就是城乡资源配置不公、分配不均衡。

城乡基础教育资源分配不均衡,具体表现为以下几个方面:就城乡基础教育生均教育经费支出来看,城乡差距依然较大,城镇远远高于农村;就办学设备的配置而言,城乡差距依然较大;就生师比来看,教师配置状况虽然在一定程度上得到改善,但城乡差距依然存在。

(二)地区基础教育资源分配不均衡

就地区基础教育经费分配而言,地区之间很不平衡。我国幅员辽阔,东中西部经济社会发展水平很不平衡,折射到基础教育领域也就存在着教育资源分配的区域差异,就是同一省份有的差距也很大。而各地在教育资源配置上的不均衡,直接影响着学校办学条件的改善,影响着教育教学质量的整体提高,影响着基础

教育公平的实现程度。

地区基础教育资源分配的不均衡，主要原因是地区之间的经济发展有较大的差距。一方面，作为上层建筑的重要组成部分，教育的整体水平当然取决于该地区经济发展的程度，地区之间经济发展之差异也无疑会体现在教育发展方面的相应差距，这就使得由之决定的地区之间的教育差距构成了新时期我国基础教育阶段实现公平目标的巨大障碍。另一方面，我国对教育事业的管理模式历来遵循"分级办学、分级管理"之原则，其出发点是发挥各级政府的主观能动性，但事与愿违的是，这种政策在实践中往往导致中央政府将最大的教育财政经费投入高等教育领域，基础教育领域的投入则主要依靠地方财政、尤其是县级财政的支持。由此带来的结果便是，地方经济的发展程度与地方财政的充裕程度直接决定了该地区基础教育的发展水平。在其影响下，东部、中部与西部三大地区在经济发展上的不平衡性导致了三大地区间基础教育发展的巨大不平衡以及基础教育资源配置的不均衡。

（三）阶层基础教育资源分配不均衡

这里所说的阶层，指的是"特定阶级中因社会地位与财产状况等方面的不同抑或谋生手段上的差异而逐渐界分出来的不同的社会集团或团体"①。在当前，我国的社会被划分为十大阶层：第一阶层是国家社会管理阶层；第二阶层是经理阶层；第三阶层是私营企业主阶层；第四阶层是专业技术人员阶层；第五阶层是办事人员阶层；第六阶层是个体工商户阶层；第七阶层是商业服务人员阶层；第八阶层是产业工人阶层；第九阶层是农业劳动者阶层；第十阶层是城市无业、失业和半失业阶层。

一般而言，所处阶层不同，其享有的教育资源配置也不一样。这是因为，不同阶层的人其社会地位、经济实力、社会资源等都不同，其获取的教育资源与教育机会也就十分迥异，这种现象在基础教育领域则更为显著。在面临阶层之间的资源配置差异如此

---

① 封留才.理想与现实：当代中国基础教育资源公平配置研究[M].南京：南京大学出版社，2015：141.

悬殊的形势下,李克强总理在 2014 年全国人大政府工作报告中强调指出"全面改善贫困地区义务教育薄弱学校办学条件。贫困地区农村学生上重点高校人数要再增长 10% 以上,使更多农家子弟有升学机会"。也就是说,要在合理配置教育资源,下大力气阻断代际贫困,切实缩小阶层差距,构建和谐中国,让更多的寒门学子实现自己的教育梦、人生梦、中国梦。

在当前,我国社会与经济发展势头依然强劲,社会阶层之间固有的差距可能还会被进一步拉大。这种客观存在的社会分层与分化现象,对于基础教育、尤其是基础资源公平配置,无疑是一种严峻的挑战。

(四)校际基础教育资源分配不均衡

校际分配不公是基础教育在其发展过程中的产物,打着深深的历史烙印,也有着基础教育发展的阶段性特征。

当前,校际分配不均衡主要体现在城乡学校之间、公办与民办校之间以及重点与非重点校之间。在这里,着重分析一下重点校与非重点校之间基础教育资源分配的不均衡。

由于受 20 世纪城乡"二元经济结构"和经济发展水平的影响,国家及地方还不可能办好所有的学校,还不可能满足广大老百姓对教育资源的迫切要求,也不可能满足国家经济发展对人才培养的迫切需要,因而在 70 年代后期形成了重点学校制度,其目的是利用当时相对匮乏的基础教育资源,集中力量培养大批优秀的甚至是拔尖的人才,以期发挥示范作用,进而带动普通学校的快速发展。重点学校享受了特殊的、甚至是"保姆式"的教育政策,相较于其他普通学校,它们在师资力量、物质资源与财政资源等方面就能获得更多资源。同时,重点学校在师资配备、招生政策、职称评审、奖励表彰等方面,也享有各种特殊政策。这些都客观上导致普通学校始终处于不平等的竞争地位,而且重点学校的数量越多,优质教育资源的配置就会越不公平,其结果只能是普通学校被进一步的边缘化以及重点学校越发的强势。

六、基础教育财政投入公平问题

教育经费是教育教学活动开展、教育事业发展、教育公平实现的重要基础,没有经费,教育发展与教育公平就无从谈起。因此,在促进基础教育公平时,不能忽视基础教育财政投入公平问题。

(一)当代中国基础教育财政投入公平的现状

当代中国基础教育财政投入公平状况,与基础教育经费总量有着极为密切的关系。

基础教育经费总量是指一定时期内(通常取财政年度,即一年)一个国家或地区的各投资主体(包括政府、民间组织和个人)根据现代化大生产和社会发展的需要,向基础教育领域投入的人力、物力和财力的货币表现的综合,它反映了一定时期内一个国家或地区的基础教育投入的总体规模。它衡量的是一个国家或地区在一定时期内基础教育投入的绝对数量,其影响因素主要有经济发展水平、人口规模和素质、科技水平、产业结构、教育管理体制等。不过,若仅仅凭基础教育经费总量来判断一个国家或地区的基础教育财政投入规模和比例是否科学合理和适当是有失偏颇的。这是因为,在不同的时期,一个国家或地区的经济规模、社会形态、经济发展水平、经济结构和制度、技术水平等影响因子是不同的,一个变量无法表现整体的状况。鉴于这种状况,在实践中,往往将其与其他指标相结合,共同衡量。比如,采用相对量指标,即用基础教育经费总量占国内(民)生产总值的比重来反映一个国家或者地区的教育经费配置公平程度及教育发展水平。因其可比性,相对量指标也已经成为国际公认的评价一个国家或地区教育投入充足与否的重要工具。

基础教育经费总量占国内(民)生产总值的比例作为衡量一个国家或地区对教育的重视程度及基础教育发展程度的重要指标,关于比例的具体范围在当前并没有形成一致的观点。不过,可以确定的是基础教育经费总量在国民生产总值中所占的比例一般随着人均国民生产总值水平的提高而增长。也就是说，经济发展水平越高，社会越发达，人均国民生产总值越高，教育经费总量在国民生产总值中所占的比例也越重。此外，在经济发展的初级阶段或者低级阶段，基础教育经费总量的增长率一般高于国民生产总值的增长率，而且基础教育经费总量对国民生产总值的弹性系数大于1。此外，随着教育水平和人均国民生产总值水平的提高，基础教育投入超前增长的幅度将逐渐降低，并终将与经济同步增长。

自改革开放以来，我国逐步加大了对基础教育的扶持力度，基础教育经费总量逐年上升。尤其是进入21世纪，随着教育投资渠道的拓宽、民间资本进入的放开，基础教育经费来源广阔，其总量也实现了突飞猛进的提升。然而，基础教育经费总量仍然不可能在短时期内满足广大人民群众对基础教育阶段学校改善办学条件、提高教学质量的需求。

从基础教育经费总量上看，我国财政性教育经费投入情况基本上可以分为两个阶段：第一个阶段是党的十一届三中全会前的1952—1977年；第二个阶段是改革开放后的1978—2017年。前一阶段的财政性教育经费投入增长率波动较大，总体增长速度较慢，财政性教育经费占国内生产总值的比例较小。党的十一届三中全会后，随着改革开放的进一步深入，我国各级政府越来越重视教育特别是基础教育的发展，中央政府加强政策引导和义务教育立法工作，加强教育规划和推进改革的力度，提出了要赶超世界先进水平，必须从科学和教育入手把教育摆在优先发展的战略地位，切实推进科教兴国战略的实施，史无前例地加大教育投入，并要求各级政府将教育投入作为本级财政支出的重点，提出了三增长的具体目标，推动各地加大教育投入、增加教育经费总量。

在当前，随着政府教育发展理念的转变，我国财政性基础教育经费的数量出现了跨越式增长。这是我国政府重视基础教育、加大基础教育财政投入取得的重大成果。

然而，尽管我国基础教育经费的绝对量的增长速度非常迅速，但是从另一个角度看，按照国际上通用的衡量一国政府基础教育投入努力程度的指标,即国家财政性基础教育经费占国内生产总值的比重来考察,我国财政性基础教育经费的支出水平仍然长期处于一个较低的水平。这表明,我国基础教育财政性投入的配置还很不公平,很有必要对其进行一定的调整。

(二)当代中国基础教育财政投入结构与教育公平

随着党和国家教育方针的调整,教育优先发展的国家战略成为广泛共识,全面推进素质教育、深化基础教育课程改革成为基础教育发展的主旋律,打造"教育型政府"成为"服务型政府"追求的目标,因此,我国原有教育管理体制机制面临着巨大的挑战。从 20 世纪 80 年代以来,中央和地方关系逐步理顺,中央政府行政权力逐步规范,教育管理权力开始逐级下放,管理重心开始下移。在此影响下,我国基础教育行政管理体制拉开了全面改革的序幕,逐渐形成了"继续完善分级办学、分级管理的体制"。到了 90 年代,由于重心过度下移,财政责任过度下放,许多地区的农村学校实际上由乡或镇一级政府承担教育财政责任。也就是说,对基础教育的投入实际上演变成了"以乡为主"的管理体制。但是,这种基础教育管理体制引发了一系列的问题,如基础教育经费短缺、基础教育投入长期不足、很多农村地区的基础教育基本办学条件得不到保障等。同时,这种基础教育管理体制在很大程度上已经影响了我国基础教育的健康发展、快速发展、持续发展。因此,这种基础教育管理体制亟待进行有效的调整。

进入 21 世纪后,国务院在 2001 年颁布了《关于基础教育改革和发展的决定》,明确了 21 世纪基础教育改革发展的总目标,提出了农村义务教育持续健康发展是治本之策的根本要求,并指出了农村义务教育是"在国务院领导下,由地方政府负责、分级管理、以县为主的体制"。这一决定的颁布,确立了基础教育在中国特色社会主义现代化建设中的全局性、先导性、基础性的战略地位,进一步明确了党中央、国务院坚持基础教育优先发展的重大方针政策,至此"以县为主"的基础教育管理体制得以确立。

"以县为主"的基础教育管理体制改革,不仅仅是农村义务教育责任的转移,同时也是将教育投入主要由农民负担转移到由政府负担上来。也就是说,实行"以县为主"的基础教育管理体制,核心是基础教育投入主体以及基础教育投入机制的重要转变,要求县级政府合理统筹,增加教育投入。当然,"以县为主"的基础教育行政管理体制并不意味着所有的责任都由县一级政府承担,中央、省级和地市级政府要做好转移支付工作,确保基础教育投入的资金到位。只有这样,才能切实保证基础教育彻底摆脱由农民埋单、"以乡为主"的老路子,才能促使中央财政和地方各级财政逐步加大对基础教育经费的投入,以切实促进各地区基础教育的有效开展,促进基础教育公平的最终实现。

第二节 教育政策制定公平问题

对于基础教育公平而言,国内学者较普遍地认为,目前基础教育活动中的众多不公平问题,最终都可以还原为政策和制度问题。一是许多不公平问题本身就是由政策、制度缺失或不健全所造成的;二是许多基础教育公平问题最终都可以通过政策的实施和利用制度的创新与变迁来进行调节。由此可知,要想实现基础教育的公平,必须注重基础教育政策的公平。

一、基础教育政策的内涵

(一)基础教育政策的含义

所谓基础教育政策,就是政府或其他权威组织根据特定阶段的基础教育之实际情况,以特定的基础教育价值目标为具体指向,对各种基础教育资源与相关利益进行合理配置的各种规定的总和。更具体来说,基础教育政策包含以下几方面的含义。

第一,基础教育政策在实质上是一种基础教育资源的配置指引与基本规范,大凡基础教育资源的配置内容、配置对象、配置客体、配置依据、配置标准、配置水平、配置范围以及配置效果等,均由基础教育政策予以具体规定。

第二,公平是基础教育政策的价值目标与价值基点,现实与具体的基础教育资源配置必须始终以公平作为价值指针、基本归宿乃至评价依据。

第三,基础教育政策必须采用语言文字表现出政策文本,通过政策文本的形式清晰地界定教育资源的配置方式方法。

(二)基础教育政策的文本形式

基础教育政策的文本形式,具体来说有以下几种。

第一,国家法律、法规,主要包括宪法、法律、行政法规、地方法规、部门规章和地方政府规章。

第二,党的各级领导机关和国家机关联合或分别制定的各种纲领、决议、决定、通知、宣言、声明等文件。

第三,国家中央机关制定、发布的教育发展计划及远景规划、教育预算,以及对某些教育报告的批文、对教育法的解释、同外国签订的教育宣言、声明、条约、协议和协定、备忘录等。

第四,国家教育部门、地方政府的教育厅、教育局制定、发布的各种规章、发展战略和计划等。

第五,党和国家领导人在电视和报刊上发表的重要报告、讲话、文章和著作,党和国家的机关报刊所发表的重要社论和文章。

(三)基础教育政策的价值基点

基础教育政策的价值基点,从根本上来说就是公平。公平之所以能够成为基础教育政策的价值基点,原因有以下几方面。

1.基础教育政策的制定者与执行者本身处于公平位置

在现代民主政治生活中,基础教育政策的制定者虽然多元却也无外乎执政党、代议机构与政府三类。在当代中国,中国共产党作为执政党在实际的权力系统中处于核心与重心地位。中国共产党不仅是工人阶级的先锋队,也是全国各族人民的先锋队,代表的是最大多数人民的利益。因此,由中国共产党直接制定或在中国共产党领导下制定的基础教育政策当然代表了最大多数人民的最大利益。换言之,凡是由中国共产党领导制定或直接制定的基础教育政策具有最大意义上的公共性,也当然满足了最大程度的公平性之要求。

2.基础教育政策制定的适用对象决定了要突出公平的价值取向

基础教育政策的客体主要包括了学前教育、小学教育、初中教育、高中教育、中等职业教育、成人扫盲教育以及成人基础职业培训教育等类别。其中,小学教育与初中教育属于我国法定的"义务教育"范畴。义务教育的免费性、全民性与基础性等特性决定了其本身已然成为无竞争性与无排他性的纯公共产品,亦即,提供无差别、高质量、全民的、免费的义务教育已然成为政府的法定义务,也成为基础教育政策的基本目标。可见,基础教育政策中有关义务教育的政策必然具有公平价值取向。高中教育与中等职业教育也旨在为全体竞争者提供只能依靠其自身的业绩与能力就能获得教育机会的机会公平;机会公平,即机会面前人人平等是此类基础教育政策的价值诉求。成人扫盲教育与成人基础职业培训教育等的目的就是为了给受教育者以顺利参与政治活动、经济活动、文化活动与社会活动的"起点公平"。因此,有关这些教育的基础教育政策无疑具有公平意蕴。

3.基础教育政策的形成过程应当满足程序公平的需要

在现代民主国家,尤其是实行民主集中制的当代中国,基础教育政策的形成过程在程序上的公平性,主要是指制定目的、制定依据、制定过程、政策执行乃至政策评价均应符合程序公平原则。

制定基础教育政策的直接目的,应当是增强国民素质、提高综合国力,终极目的则是为了实现每个受教育者自由而全面的发展。

制定基础教育政策的文本依据是党和国家的方针政策以及宪法性文本,价值依据则是"公平优先,兼顾效率"。

　　基础教育政策制定过程的公平性主要体现为任何基础教育政策讨论协商与审议通过必须符合民主性、公开性与法定性要求。

　　政策执行是基础教育政策的最终走向,也是政策进入教育生活的主要方式,更是基础教育政策之制定目标得以真正实现的最为关键的环节,毕竟无执行便无政策。一般而言,各级政府及其教育行政主管部门是基础教育政策的执行部门。就此而言,基础教育政策执行的公平性主要体现为各执行主体严格地、准确地、一丝不苟地执行与落实政策。

　　政策评价是社会、公民与有关组织对政策本身及其政策执行效果进行好坏优劣的评定。一般而言,政策评价主体可分为公权力主体与私权力主体:前者主要是国家各级权力机关及相关部门;后者主要包括了社会媒体、社会组织以及公民个人。公平无论作为一种价值目标还是一种价值规范,在实践中均会成为评价基础教育政策好坏优劣的重要依据与准绳。

二、基础教育政策对教育公平的影响

　　基础教育政策是否公平,将对基础教育的公平产生重要的影响。而在当前,基础教育政策中存在一些因素影响了基础教育公平的实现,其中较为主要的有以下几个。

(一)重点学校制度

　　把学校、学生分成不同等级,"重点学校"享受特殊的、优先的教育政策,如选择生源、资源配置和师资力量分配的优先权。教育资源配置的人为倾斜,侵犯了所谓"差等生"的平等受教育权,违背了受教育质量公平的原则。

　　近年来,虽然我国教育政策有意识淡化重点学校与非重点学校之分,但又搞起"示范学校""省级(市级、区级)学校"等名目的学校,基础教育校际的差距依然存在。

（二）高考制度

我国现行的统一高考制度，具备了形式上的公平——分数面前的人人平等。但是，高考实际录取采取的是分省定额、划线录取的办法。也就是说，各地录取定额并非按考生数量平均分配，而是按各地高教资源的状况，以及优先照顾城市考生的准则进行。

这样的高考录取办法，导致了各地之间录取率、录取分数线的极大差异，并进一步加剧了地区和城乡之间原本已经存在的教育不平等，造成省际考生的"教育不公"。

（三）"就近入学"政策及相关配合政策

促进教育公平是"就近入学"政策的首要出发点，采取的手段是在教育资源分布不均衡的条件下，用行政手段强行制止个人教育选择行为。但是，在校际差距过大的情况下实行"就近入学"并不能体现公平，而且事实上，它也并不能从根本上杜绝个人的教育选择。有学者认为，"就近入学"政策颁布以来，不少家庭为了替子女选择理想的学校，到好学校所在社区购置房产，或者把原有的房产置换到这一社区。这样为了子女读书，他们不得不举家搬迁。如此不惜重金，只是为了获得满足"就近入学"政策的户口，这在同一个城市形成了直接、明显的教育户口歧视，严重损害了教育公平。

取消小学升初中的考试，是与"就近入学"政策相配合的一项政策。尽管在很多地方一些好学校仍然在通过考试的方式招收学生，但学生的考试成绩对于升学来说其意义还是比以前下降了，按片划区、就近入学的方式实际上弱化了学校之间的竞争，如果竞争有利于提高人力资本产出效率，那么升学之间竞争的减少就不利于生产效率的提高。进一步地，由于学校越来越强调素质教育，而作为影响人一生前途的高考并没有充分地与素质教育目标相契合，于是学校内部强调"减负"和素质教育，而家长和学生从学校外寻求校外辅导，学校的教师将部分精力转向校外，形成了由学生和在校老师,以及退休和辞职的教师,加上做家教的大学生共同组成的庞大的校外家教和补课市场。这个校外市场损害了基础教育追加投入的积极性,造成了大量资源的配置低效率。

在公立学校实行的强迫性的"电脑派位"制度,尤其是"电脑派位"的入学制度,也是与"就近入学"政策相配合的一项政策。虽然其初衷是为了缓解择校压力,体现义务教育阶段教育平等的原则,让每一个孩子都有相等的公平机会进入好的学校。但事实上,"电脑派位"无视学生个体条件的不同,机械平等,实质上有违真正的教育机会平等原则。此外,"电脑派位"制度在一些城市是用来分配跨地区择校生的入学资格的,而择校制度恰恰是与"就近入学"政策相矛盾的,是对义务教育入学刚性管理的挑战。

三、基础教育政策体现公平的关键

基础教育政策体现公平的关键,是突出优秀教师资源公平配置。教师是教育资源中最关键、最核心的首要资源,教师的素养与层次直接决定了教育的质量与层次,也直接决定了学生乃至整个民族的素质与层次;教师甚至从终极层面上直接决定了一个国家与民族的现状与走向;国与国之间竞争归根到底就是各国教师资源的竞争。因此,要高度重视教师资源的配置问题,特别是作为基础教育的重要组成部分的义务教育阶段教师资源的配置公平问题。可事实上,由于种种原因,教师资源、尤其是基础教育教师资源在区域之间、城乡之间以及学校之间的配置仍然存在较大的不公平现象。因此,建立与完善基础教育政策必须紧紧围绕实现基础教育资源公平配置这一关键问题展开,必须聚焦并解决在区域之间、城乡之间以及学校之间顽固存在的基础教育教师资源不公平配置的困境,制定出具有科学性、权威性以及系统性的基础教育教师资源的配置政策。具体而言,这一政策应涉及以下几方面的内容。

（一）建立健全相关政策来确保教师队伍的有效流动

区域、城乡与学校之间的师资差距在任何国家均会遇到,关键在于政府对此问题的态度:听之任之,则会固化乃至强化基础教育师资资源的不公平配置;积极应对,无疑会逐步优化师资结构,使得优质的师资也能为中西部、农村地区以及薄弱学校的学生群体所真正享有。因此,保障充足的优质师资向中西部、农村地区以及薄弱学校合理流动、有序流动、刚性流动,是实现当代中国基础教育阶段教师资源公平配置的重要基础和现实路径。事实上,通过建立教师流动制度政策是很多国家应对师资配置不公平时所能采取的有效方法。许多西方国家通过法律的形式规定了一名教师在同一所学校连续任教的时限,同样也对校长在同一所学校任职的期限做了刚性要求,并对教师、校长的流动作为制度进行考核。客观地讲,这些做法促进了教师资源的均衡配置、公平配置,有利于教师素质的迅速提高、整体提升,有利于学校之间的公平、合理竞争,更有利于学校的均衡发展、优质发展、高位发展。当然,世界各国成功的校长任期制、流动制是教师资源公平配置的一个核心环节,为我国推进教师校长交流提供了很好的借鉴,这一规定对于促进区域内部、城乡之间及地区之间教师资源的配置公平,对于整体提高基础教育教学质量十分有效。

就我国而言,应该根据我国的具体国情制定相应的、配套的政策与制度,具体可以从制定以下几个政策入手。

第一,完善教育部直属师范大学学生享受免费教育制度,明确要求免费师范生毕业后至少到中西部或农村地区工作3～5年的教师人事管理政策。之所以选择教育部直属高校,是因为这些高校的办学经费主要来自国家财政支持,国家财政的全民性决定了这些高校在实质上受惠于包括中西部与农村地区的全民;之所以选择师范类学生,是因为只有这些师范类学生才普遍更具有教书育人的志向、激情与能力,这些恰恰是获取较高的教育水平与较好的教学效果的关键;之所以将时间确定为3～5年,是因为时间太短、太仓促很难形成归属感,也很难产生稳定的教学秩序与较高的教学质量,时间太长既不利于吸引优秀人才支教也不利于稳定的免费师范生生源。

第二,建立省级教师管理中心、市级教师管理中心、县区教师管理中心,完成教师由"学校人"到"省内人""市内人""县(区)人"的转变,以达到打通区域之间、城乡之间与学校之间的人事阻隔。当今中国,由于人事制度的局限性,教师往往被视为某个特定学校的固有资源,而不是整个社会的资源。建立各级政府教师管理中心的目的就是要打破教师的"学校人"身份、确立教师"省(市、县区)内人"的身份,使得各级教育主管部门能够破除人事阻隔,统筹城乡与校际,从全省区域公平、城乡公平与校际公平的高度,对优质基础教育教师资源进行合理、公平的配置。

第三,将支教两年确定为教师晋级的前置程序。晋级对于任何教师而言意义都比较重大,就职称与声誉而言,能够得到很大的提升;就社会地位而言,也能得到较大改善;就工资待遇而言,也能在生活上有较大的改善空间。为了提高教师支教的积极性,政府应当将支教两年确定为教师晋级的前置程序,如此不仅满足了教师晋级的要求,也缓解了区域间、城乡间以及校际的师资不公平配置之困。

(二)建立健全相关政策来确保中西部地区以及广大农村地区基础教育教师的待遇

长期以来,由于财政相对匮乏,中西部地区与广大农村地区的基础教育教师的工资收入与福利水平相对而言一直非常低。许多教师之所以依然坚持,更多是基于作为教师的责任感与使命感,政府与社会也历来存在将至高无上的光荣称号与伦理标准强加于教师身上。问题是,对于大多数教师而言,当教师职业的道德感召力与岗位责任感遭遇捉襟见肘甚至难以为继的局促生活时,当丰满的理想砸向骨感的现实时,生存与发展才是第一位的。因此,有越来越多的教师从中西部涌向东部沿海地区,从农村地区涌向城市地区,从薄弱学校涌向优质学校,从而逐步导致中西部地区与农村地区的教师资源极度匮乏。

要切实改变这一现实,国家必须要确立中西部地区与农村地区基础教育教师工资与福利的底线标准。考虑到在这些地区工作的艰苦性与不便性,国家应当出台相关政策使得该地区基础教育阶段教师的工资与福利的底线标准应当满足两个要求:一是在同等级别条件下,教师工资与福利待遇底线水平应当适当高于公务员的平均水平;二是在同等级别下,中西部与农村基础教育阶段的教师工资与福利待遇的底线水平应当高于东部沿海城市地区的基础教育阶段教师的平均水平。

(三)建立健全相关政策来确保中西部地区以及广大农村地区基础教育教师的在职进修权利与机会

当今社会,政治、经济、文化、科技等发展一日千里,社会的巨大变迁也必然带来教育目标、教育标准以及教学内容、教学课程以及教学要求等方面的合理变化。客观而言,与东部沿海城市师资水平比较,中西部地区以及广大农村地区基础教育阶段的教师的学历层次、知识结构、思维能力以及综合素质等方面存在着一定的差距,加之地理与信息相对闭塞、专业交流不畅、教学模式的城市中心主义等原因,使得这种差距随着时间的推进不断被拉大。而教师的整体素质在很大程度上决定了教学的水平与学生发展的层次,长此以往,中西部与广大农村地区基础教育阶段的学生根本没有办法与东部沿海城市的学生展开公平竞争。

为了弱化甚至彻底解决这一困境,国家应当制定并完善相关政策,以保障中西部地区以及广大农村地区基础教育教师能够享受到较为系统与现实的在职进修权利与机会。也就是说,国家应制定面向中西部与农村地区基础教育领域教师的在职进修制度,应当满足目标多元、形式多样、联系教学以及政府保障四个要求。

目标多元是针对该区域与地区的教师情况的复杂性而提出的要求,具体应该包括补习、研修、技能(计算机、多媒体)、学历提升等目标。事实上,上述目标可能是该区域与地区基础教育阶段教师通过在职进修最希望达到的目标。

开展形式多样的在职进修,不仅有利于实现每个学校教学工作的有序、稳定展开,也有利于教师根据自身实际情况予以选择。一般而言,在职进修应当包括脱产进修与业余进修相结合、长期进修与短期进修相结合、校内进修与校外进修相配合、系统进修与专题进修相配合以及学习班与研讨班相配合等。

联系教学指的是无论是教师进修的基本目的还是确定具体的进修形式,均应服务并服从于教学这一根本目标;教学目标的确立、教学任务的设置、教学规划的制定、教学课程的安排、教学艺术的提高、教学效果的评价等课题,应当作为在职进修学习与研究的主要与重要内容。

政府保障包括两方面的内容:一方面是政府应当为教师在职进修提供充足的财力与政策支持;另一方面是政府也应通过废除"教师资格"终身制、缩短"教师资格证"的有效期限等政策激励甚至强制要求教师参与在职进修计划,以不断提高中西部地区和农村地区的师资层次与教学水平。

四、基础教育政策确保公平的保证

基础教育政策确保公平的保证,便是实现基础教育财政资源公平配置。优质的、充足的物力和财力是基础教育发展的物质基础,是基础教育良好办学条件的根本保证,也是评价基础教育政策完善与否、合理与否的重要指标。因此,在当前必须提高扶持性教育经费投入、加快促进教育公平步伐,切实矫正与完善基础教育政策,确保基础教育财力与物力在区域之间、城乡之间以及学校之间的公平配置。具体来说,可通过以下几个政策来确保基础教育公平的实现。

(一)建立健全基础教育管理政策

目前,我国教育管理体制的基本模式是分级办学、分级管理、以县为主。在此体制下,中央与省级财政主要担负高等教育的经费,县级政府主要负担基础教育经费。此种教育管理体制对于一些沿海发达地区的县级政府而言可能压力不大,但对于西部地区的县级政府显然出现"生命中不能承受如此之重"。按照我国现行的分税制模式,中央政府集中了 60％的财权和财力,却只承担 20％～30％的事权,地方政府仅拥有 40％的财力,却承担 70％～ 80％的事权。其中,占全国财政收入份额很小的县一级财政承担了事关国家整体利益的大部分支出。也就是说,在整体税收中占有最大份额的中央政府在基础教育投入方面仅占微弱的比例,而在税收收入中占有微弱比例的县级政府却要承担绝大部分基础教育财政经费。中央政府与县级政府在财权与事权方面的严重不均衡分割,决定了承担基础教育发展重任对于当代中国相当多的县一级政府而言都是一件难事与苦差。若非一些县自身的经济发展比较好,县政府税收比较充足,则很难真正负担基础教育的全部开支。而对于广大中西部的县级政府而言则相当困难,因为西部地区的县域经济发展本来就不甚理想,县级政府的财政收入本来就不甚充盈,在此背景下要拿出较多的财政经费去支持基础教育,往往心有余而力不足。于是,各区域之间的基础教育发展程度在某种程度上便演变为各县域经济与县级财政之间的大比拼:经济发展良好、财政收入较高的县,往往有机会提供优质的、充足的基础教育资源;那些经济较为落后、财政状况入不敷出的县,则只能提供较少的、低水平的基础教育资源。

因此,必须健全现阶段的教育管理体制,完善现阶段的基础教育管理政策。具体来说,可从以下两个方面着手。

第一,要提升基础教育责任主体的级别,实行由中央政府与省级政府视情况、按比例投入、由县级政府负责管理。之所以将中央政府与省级政府确立为投入主体,是因为中央政府与省级政府在当代中国的税收征收系统中处于主导地位,当代中国的税收制度决定了层级越高的政府财权越高、事权越低。因此,将中央政府与省级政府确立为基础教育财政支出责任主体能够保障充足的经费来源。同时,将中央政府确立为主要的责任主体,有利于统筹我国东部、中部与西部之间的教育资源配置,使得中央政府的基础教育投入能够做到"区别对待":对越是富裕发达的省份做到少投入,甚至不投入;对越是落后的省份则做到多投入,甚至完全投入。此外,中央政府与省级政府之所以"视情况"按比例投入,就是考虑到东部、中部与西部地区之间的社会经济文化发展不平衡。

第二,中央政府应当建立科学、合理与现实的基础教育最低投入标准。这一最低投入标准不仅有利于中央政府及地方各级政府在整体上对各级各类基础教育发展状况作比较客观的评估,也是其确定不同地区、不同类型基础教育投入比例的基本依据;更为重要的是,有了这一标准,基础教育资源在不同区域之间配置的不公平程度一定会逐步下降到最低限度。

(二)建立健全城乡一体政策

建立健全城乡一体政策,能够有效保障城乡之间基础教育财力与物力的公平配置。

由于"城乡二元结构"的存在以及较为现实的城市中心主义做法,基础教育财力与物力在城乡之间存在着明显的不公平配置。因此,保障城乡之间基础教育财力与物力资源的配置公平只能是"定量"层面却不能是"定性"层面,只能"改善"却不能"改变",除非能真正破除"城乡二元结构"以及改变城市中心主义的思维。不过,就"定量的""改善的"层面而言,中国政府对农村地区的基础教育资源的配置的确有了不少的进步之处。因此,自改革开放以来,经过三十多年的发展,农村地区基础教育财力与物力投入状况已经有了很大改善,但与城市相比依然甚为不足。

考虑到城乡之间的基础教育不公平主要属于省内范畴,因此应当建议确立"省级政府负责统筹监督—市级政府负责财政支出—县级政府负责落实执行"的基础教育管理体制。将基础教育统筹与监督的主体明确为省级政府主要是因为:省级政府能从省域之全局高度看待省内区域之间、城乡之间基础教育的发展水平与基础教育资源的配置情况,地市级、县级政府均因只关注自己的辖区而无力承担此责。将市级政府(包括地级市、省会城市、计划单列市)列为主要财政支出主体是因为,中国绝大多数地区实行"市管县"体制,即由城市领导农村,地市级政府领导县级政府。

（三）取消重点学校建设政策

20世纪90年代以来，在各地普及九年制义务教育任务初步完成的背景下，为了凸显所谓的基础教育政绩与教育形象工程，各地政府及其教育主管部门开始将关注重点由改造薄弱学校转变为打造优质学校，由此，在各地均涌现了一批又一批的"重点学校""明星学校""窗口学校"与"示范学校"。重点学校享受了特殊的教育政策，具有优秀生源、优秀师资的优先选择权、优质资源的优先配置权等。这些特权客观上强化了非重点学校与重点学校之间的差距，导致了学校之间严重的不平衡。

毫无疑问，在基础教育发展进程中，各地政府及其教育主管部门所实行的"重点学校"制度不仅严重损害了基础教育本身作为公共产品的公共性与全民性的特性，从而将基础教育变成了一种权贵阶层的"私器"，同时严重侵害了学校之间在基础教育资源配置方面公平性的权利，从而导致优质学校与薄弱学校之间的差距。

此外，将基础教育学校区分为少数的优质学校与绝大多数相对薄弱的学校，使得优质学校成为全社会最为重要且趋之若鹜的稀缺资源，进入优质学校学习成为所有家长及其适龄儿童的宏愿。在供给远远小于需求的背景下，优质学校的入学指标往往成为有关教育行政主管部门及其学校领导进行权钱交易、权情交换等寻租的对象，基础教育也就由"公器"沦落为"私器"了。可见，重点学校制度的存在无论对基础教育的持续健康发展，还是对公平配置基础教育资源，抑或对于整个国家与民族振兴大计而言，均是有百害而无一益的，必须予以坚决废除。

五、基础教育政策实现公平的核心

基础教育政策实现公平的核心，就是促进城乡教育资源的公平配置。由于我国幅员辽阔，东中西部之间，同一区域城乡之间的教育差距，尤其是义务教育差距十分明显。同时，随着城镇化的进行，义务教育将面临着不断增加的流动人口对公平教育和优质教育的双重期待,因而促进基础教育公平,实现基础教育资源公平配置任务还很艰巨。在当前,制定基础教育政策时还要特别注意促进城乡教育资源的公平配置。具体来说,可具体从以下几个方面着手。

(一)统筹基础教育的协调发展

1.统筹城镇化全局与基础教育发展

城镇化与基础教育发展是相互促进、相互制约的。一方面,城镇化促进了基础教育整体学校办学条件的改善、教育教学质量的提高和办学效益的提升,为基础教育长远发展奠定了坚实的基础。另一方面,基础教育发展对城镇化的推动作用十分明显,有效引导了人口流动,促进了城市经济发展,提高了城镇化质量,成为城镇化发展的绿色引擎。

2.统筹城镇教育和农村教育的发展

城镇教育和农村教育如鸟之双翼、车之双轮,要统筹考虑协同发展。办不好城镇教育,就很难有资源和经验支援和拉动农村教育,影响着基础教育整体水平的提升。办不好农村教育,就会不断拉大城乡差距,产生更多"教育移民",增加城镇安置压力,影响城镇化总体布局。

3.统筹全国基础教育水平与各区域基础教育发展的差异

就当前来说,我国的基础教育水平整体不平衡,地区差异很大。东、中、西部不同地区基础教育、尤其是义务教育普及和巩固程度不同,城镇化使这些差异更加明显。

到目前为止,全国还没有统一的基本办学标准。要有效缩小区域差距、城乡差距,实现全国协调发展,不能搞一刀切,要切实处理好全国步调与区域差异之间的关系。因此,制定的基础教育政策必须给予农村基础教育更多的政策倾斜、人力倾斜、资金倾斜和项目倾斜;必须实事求是地做好农村学校布局调整,保留必要的教学点,实现教育资源科学分布,方便学生就近上学,带动农村文化繁荣,增加农村生机活力的作用;必须统筹解决好农民工随迁子女问题和农村留守儿童问题,改善农村学校寄宿条件,优先满足留守儿童需要,使更多留守儿童就近上学;必须大力推进教育信息化,加快"三通两平台"和教学点全覆盖建设,使优质教育资源极其方便地越过艰苦地理条件阻隔传送到边远贫困地区,最快节奏地、最大限度地提高其义务教育质量;必须不断完善符合城镇化总体战略要求,包括基本办学条件、师资配备标准、经费保障水平在内的全国基本标准;必须做好提高农村薄弱地区教育水平的差异性规划;必须开展均衡发展义务教育试点工作,允许先行先试,及时总结推广;必须实施薄弱学校改造计划、初中工程、营养改善计划、特岗计划等一系列重大项目,着力倾斜和拉动义务教育特殊地区、特殊环节的发展,不断提升全国城镇化整体水平。

(二)促进城乡基础教育资源的均衡配置

要实现基础教育公平,加快缩小城乡、校际差距,必须均衡配置教育资源,均衡配置城乡师资,统一城乡编制标准,试点教师县管校用,扩大交流轮岗范围,落实激励推进举措,形成校长教师轮岗机制。统筹城乡教育规模,遵循就近入学原则,审慎开展撤点并校,控制城镇较大班额。统筹城乡办学条件,加强对农村学校支持力度,整体缩小与城镇学校的差距。积极探索基础教育服务新型城镇化的新举措、新路径,创建统筹有力、职责明晰、运行高效的服务新型城镇化的基础教育管理新机制、新体制。

(三)实行集团化办学

实行集团化办学是缩小区域内学校差距、加快基础教育特别是义务教育均衡发展步伐的有效途径。通过学校集团化,充分发挥名校的辐射带动作用,组建学校联盟,采取"名校＋弱校""名校＋农校""名校＋新校"等多种形式,探索多元化办学新模式,扩大优质教育资源覆盖面,实现教育资源高效整合,大幅度提高基础教育教学质量,促进城乡教育一体化发展,以最快速度和最佳效果缩小城乡基础教育学校办学条件、办学水平和办学质量的差距,实现教育公平与教育效率的双赢。

(四)实行学区化管理

实行学区化管理是基础教育资源配置机制的重要创新。要在各地探索实施学区化管理经验的基础上,按照地理位置相对就近、办学水平大致均衡、交通路况方便学生的原则,将小学和初中结合成片进行统筹管理,实施中小学有效衔接,实行学区内先进管理文化、优质师资、运动场地、设施设备等教育教学资源的共享,整体提升学区内所有学校的办学水平,促进教育教学质量的共同提高。

(五)合理进行指标生分配

逐步扩大优质高中指标生合理分配到学区内所有初中的比例是基础教育资源公平配置的关键举措。坚持公平政策导向,从根本上解除择校难题,推动社会和谐,实行优质高中指标生政策是推进均衡发展、缓解择校难、城乡一体的有力抓手。各地可采取按毕业人数平均分配、适度倾斜农村或城镇薄弱学校、逐步扩大比例、电脑辅助派位等方式方法合理确定指标生人数,均衡分配生源,充分调动区域内学校校长、教师办学的积极性,努力办好每一所学校。

(六)有效运用信息化手段

要以教育信息化推动教育现代化,通过信息化手段,克服时空限制,大力推进数字化校园建设,实施农村中小学现代远程教育工程,建设区域网络管理平台,实现城乡学校互联互通,全面提升教育教学质量,实现城乡义务教育的一体化发展,促进基础教育公平。要构建利用信息化手段将优质数字教育资源快速便捷地向农村和边远地区扩散,扩大优质教育资源覆盖面的有效机制。坚持应用驱动,自主开发特色应用软件,深化教育信息化应用。切实推动信息技术与教育教学的深度融合,促进教学方式的变革,使课堂教学更加高效,缩小城乡基础教育学校教育教学质量差距。

第三节 我国学校教育公平的影响因素

教育公平是人类千百年来追求的美好理想,它是社会公平、正义的具体体现。而从现实情况来看,由于各方面因素的影响,教育制度中的不平等正深刻而广泛地影响着人们的学习、生活和工作。要想彻底消除不平等现象,还给人们一个公平的教育,必须分析影响教育公平的因素。具体来看,对教育公平产生影响的因素主要包括以下几方面。

一、经济因素

教育与经济的关系是相互作用、相互制约的,经济差距是教育发展差异的根源。下面将影响教育公平发展的经济因素归为三类,即城乡之间的经济差距、地区之间的经济差距和家庭之间的经济差距。

(一)城乡之间的经济差距

城乡之间的二元结构包括经济的二元结构和社会的二元结构,其中二元经济结构对教育公平的影响最大。相关统计数据表明,一些落后的地区和农村,教育的普及率、学龄儿童的入学率、巩固率都比较低,相反辍学率较高,其重要原因在于农村或区域经济的落后。有的学者通过调查分析,把辍学的原因归为如下九类:超龄、弱智、成绩不佳、升学无望、父母影响、家庭困难、招工经商、学业负担重、其他。进行辍学和留级的调查,结果表明,因家庭困难而辍学的学生占较大的比重,成为仅次于成绩不佳的第二个影响因素。其他学者对农村中大量出现的流失辍学的调查不断显示,贫困是使许多人上不起学的主要原因之一。

（二）地区之间的经济差距

中国是世界上地区差异特征最显著的国家之一，经济发展的地域性特点特别突出。相关调查显示，中国地区差异比发达国家历史上出现过的最大值还要大，各地人均 GDP 相对差距呈扩大趋势，最富地区与最穷地区人均 GDP 相对差距出现扩大趋势，各地区人均 GDP 绝对差距进一步扩大。在这一背景下，各地的教育差距十分明显，而且最发达地区和最贫困地区之间的差距仍在加大。

（三）家庭之间的经济资本差距

有学者将经济资本、文化资本和社会资本作为划分不同社会阶层的标准。其中用"收入"来衡量经济资本。在以家庭为单位的教育机会竞争中，各种资本优势可能被集中调动起来，但各自作用于教育机会竞争的方式可能不尽相同。通过对不同城市中各级教育学费占各阶层收入的比重的分析发现，收入差距将明显影响各阶层对子代教育费用的负担能力，换言之，不同阶层负担子代教育的经济能力差异较大。经济资本占优的阶层可能为子代在基础教育阶段就抢占先机，从而为其进入大学或一流大学奠定了基础。例如，经济条件好的家庭可以为子女"择校"，从而享受到高质量的基础教育；也可以通过"高考移民"抢夺有利的地域资源，从而享受到优质的高等教育等。

二、教育制度

教育制度是一个国家各类教育机构有机构成的总体及其正常运行所需的种种规范或规定的综合。教育的发展经历了一个从非形式化教育到形式化教育，再到制度化教育的过程，这是教育不断进步的一个表现。教育制度本身是一个庞大的、复杂的系统，受各种因素的影响。

教育政策应当是教育制度的一部分，一般是由国家制定的、影响面比较广的那部分规范和规定。与教育制度相比，教育政策对教育的影响更为直接。整个教育制度是一个系统,而且是一个受多种因素影响的复杂的、多层次的系统,下面从影响较大的教育制度和教育政策出发,着重分析其对我国教育公平发展所产生的影响。

(一)"分级办学"的教育政策

针对农村基础教育,中央在 1985 年发出了《中共中央关于教育体制改革的决定》,确立了"分级办学"的教育制度,即"把发展基础教育的责任交给地方,有步骤地实行九年制义务教育。实行基础教育由地方负责、分级管理的原则"。在实践中基本上采用"县办高中,乡办初中,村办小学"的做法。在后来由国家教育委员会等发布的《关于实施〈义务教育法〉若干问题的意见》(1986 年9 月)中,进一步规定"农村中小学校舍建设投资,以乡、村自筹为主,地方人民政府对经济有困难的地方,酌情予以补助"。在发展过程中,"分级办学"的一些弊端显露出来,具体表现为以下几点。

第一,"分级办学"与地区经济发展的不均衡直接拉大了地区义务教育差距。国家将基础教育定位为"地方事业",地区之间义务教育差距存在的最大原因就是地区经济发展本身存在的差距,在"分级办学"制度下,这种经济差距转嫁到教育上,造成义务教育地区之间投入的差距从而引起数量和质量上的差距。有学者指出,义务教育财政责任的基层化,上级政府对经济落后地区的财政补助数量小,使得我国地区之间义务教育财政资源差距非常大,进而导致不同地区少年儿童所得到的教育资源很不平等。经济发达地区,政府和家庭有条件增加教育投入,改善教育教学条件,教育的发展又促进了经济的发展,而经济的发展又为教育提出了更高的要求,有力地促进了教育质量和水平的提高,从而形成良性循环。相反,经济不发达的中西部地区,政府和家庭教育投入量不足,学校的办学条件有限,接受教育的人数和教育的质量都偏低,这反过来又会制约经济的发展,造成恶性循环。

第二,"分级办学"使得城乡义务教育差距不断拉大。由于对义务教育的投资都落到了"地方"的肩上,而实践中农村义务教育资金的主要承担者变成了乡镇一级,据国务院发展研究中心的调查,乡镇负担了大部分的教育资金。对于财源稀缺的中国农村来说,要承担义务教育投资的大部分的确是很难的。即使是乡镇企业较为发达,财源较为充裕的农村,乡镇财政支出的一半以上也都用于义务教育。此外,农民还要为子女上学缴纳高额的学杂费,这些都远远超出了农民的负担能力,这也正是许多农村儿童失学、辍学的重要原因,更谈不上教育质量的提高。

第三,"分级办学"与"就近入学"是"流动儿童"接受义务教育的最大障碍。分级办学的义务教育财政管理体制给流动人口的子女带来了尴尬的局面:一方面,他们享受不到流出地政府的财政补贴;另一方面,他们又没有资格享受流入地政府的教育资源。因为在这个教育财政体制的影响下,适龄学童和少年的入学条件就非常明确,必须要有本地户口,如果没有本地户口,就必须交一笔数目可观的"寄读费"或"借读费",一般流动儿童的家庭都无法负担。除此以外,义务教育阶段,我国还在入学地区的学校安排上有特殊的规定,即"就近入学"的原则,即根据居住地,把孩子送入就近的学校。现实生活中,有能力的人,不受此原则的约束,但是没有能耐的人毕竟还是多数。同一地区,如果不属于"地段"上的学生,想要进该学校,也必须缴纳昂贵"赞助费"。这两个政策的实施,对在城里打工的农民造成了巨大的经济压力。

因此,分级办学政策不符合教育政策的公益性和针对性的标准,同时也不具备导向性,可能在某些方面的确具有协调性,但总体上仍然是不合理的。

(二)投资倒挂等投资制度

教育投资总量不足是造成我国教育事业发展缓慢的重要原因。有学者对教育投资状况进行了国际比较,发现虽然我国在教育经费的投入上持续增长,但教育经费总体上仍然严重不足,教育投入的水平并不能满足基本的需求;与发达国家比,我国教育公共支出所占全球的比重非常小,而负担的初等、中等、高等三级正规教育学生总数却占全球的比重较高。但是,目前更值得关注的是有限的教育资源投入结构的不合理。

从我国教育投资的现状来看,在教育投资比例配置中,我国初等教育投资的比例偏低。三级教育在校生生均教育经费的差距过大,基础教育投入方面严重不到位,政府把有限的教育经费大部分投入高等教育。王红博士通过比较世界各国教育经费在三级教育中的分配,得出的结论是:从我国三级教育的构成来看,我国属于"低重心",基础教育学生数量多、比重大,发展基础教育的任务重;高等教育在整个教育构成中占的比重低。与教育结构的"低重心"相比,我国的教育经费在三级教育中的分配结构显然表现出重心偏高的特点。从国际比较来看,三级教育经费分配结构呈现的一般趋势是随教育层次的提高而递减,整体结构呈宝塔形,与三级教育结构一致。而我国教育经费的分配结构相对于中国"低重心"型的教育结构显然不合理,同时由于基础教育对公共经费的依赖性高,其结果必然造成基础教育经费紧张,阻碍基础教育的普及和质量的提高。

同时,教育投资经费的使用构成不合理,人员经费过高,公用经费占的比重偏低。尤其是在基础教育,许多学校,尤其是农村中小学,除了发教职工工资外,所剩无几,严重影响了教学活动的正常进行和教育质量的提高。另外,教育投资方面各个地区之间也存在较大的差异。经济发达的地区和城市,教育投资比例分配很高,而经济落后的地区和农村教育投资严重不足,这必然导致地区间教育条件和教育结果的不同。在我国表现显著的是东部沿海地区和西部地区居民的各级各类学校生均教育经费的差距。

教育投资的结构不合理也影响了我国特殊教育的发展。在我国,作为社会弱势群体的特殊儿童的入学率还不到 80%,相应的各级政府和教育主管部门也将有限的教育资源过多地投向优势群体。

总体而言,我国教育投资在逐年递增,是符合教育政策的导向性和协调性标准的;但教育投资内部存在的"高重心"、地区差距、没有特别关注弱势群体等问题,均不符合教育政策的公益性和针对性标准;同时,教育经费使用构成的不合理、总量不足等问题,在一定程度上也削弱了教育投资政策的导向性和协调性。

(三)"重点学校"制度及其引发的"择校"现象

"文革"以后,为了尽快扭转"文革"期间造成的专门技术人才短缺的局面,国家恢复了高考制度,在教育投资有限的情况下,国家用有限的资源建立了"重点中小学校",以便适应"英才教育"的要求,为高等学校输送合格的生源,让"精英"得到尽可能好的教育。高考的竞争压力传递到基础教育,义务教育阶段的竞争性、选拔性考试得到社会、政府、学校和家长的共同认可,强化了"重点学校"制度。

随着我国经济的发展,"重点学校"制度难以适应义务教育普及和高等教育大众化的要求,"重点学校"制度显然也妨碍了教育的公平,不能确保所有的学生都能够获得质量相同或者基本相同的教育服务。而与此同时,在短时间内,政府无力建造一批跟"重点学校"办学条件相当的学校,满足所有的学生和家庭的需要。"重点学校"选拔学生或者学生择校的问题就必然出现。

目前我国的择校政策是:义务教育阶段的择校仅限于民办小学和初中,而且政府没有给予民办学校以财政补贴,择校费用全部由学生家庭承担。高中阶段教育虽然允许择校,但实行"三限"政策,即:限分数、限人数、限钱数。但在实际的操作过程中,具体存在的问题很多。

依据对教育政策合理性的判断标准,现阶段,重点学校制度既不具备公益性,不能促进教育公平,也不具备针对性,反而激化了教育矛盾。

(四)"就近入学"政策与"择校"

就近入学是现代许多国家在义务教育阶段推行的基本教育政策。其根本目的在于方便公民子女入学。我国自改革开放后,随着初中教育的普及,特别是《义务教育法》的颁布和实施,就近入学逐渐成为普及初中地区义务教育阶段的基本政策。国家教育行政部门多次发文,强调要在义务教育阶段坚持就近入学。但从实施情况来看,在广大农村,就近入学的政策推行得十分顺利,但在大中城市,这项政策在执行过程中则遇到了重重困难。大中城市的许多学生和家长却选择交费、"就远"入学。随之而来的就是"高收费""乱收费",愈演愈烈的择校热潮甚至培育了一个很不规范的"地下教育市场",为教育腐败提供了滋生的土壤。具体而言,我国之所以会出现择校、高收费现象,主要有以下几个原因。

第一,沉重的就业压力,求学潮是就业难在教育上的体现,择校问题从这个意义上讲就是择业。

第二,劳动就业制度的改革,凸显了教育在收入分配中的作用。正是因为教育在调节收入分配、促进社会流动(正向流动)方面功能的强化,使它成为老百姓"最不怕花钱""最舍得花钱"的地方。

第三,居民收入普遍提高,收入差距扩大,对教育的需求多元化。

第四,城市公用事业的改善,为"择校"创造了便利的交通条件。

第五,校际差距客观存在,优质教育资源短缺。结果就是"择校"问题成为义务教育特别是城市义务教育的难题,"就近入学"制度只是那些没有能力择校的人的无奈选择。

就近入学的本意是为了居民的方便,反而抑制了家长自由选择权,从实施的效果看,并没有在很大程度上缓解教育公平问题,因此并不符合教育政策的合理性。

(五)大学入学制度

高等教育资源是有限的,名牌大学的入学机会更是难得。选拔入学的前提是入学的机会少于实际的需要,在机会的分配中通过选拔体现社会效率的优先,在高等教育发达的国家主要表现为优质高等教育资源的供不应求。通常采用选拔的方式使最好的高等教育资源与最优秀的学生相结合,希望这些资源能发挥最大的社会效益。

在我国,高等教育采用的就是选拔入学的制度,对于这个制度本身,人们没有提出太多的非议,讨论比较多的是高考制度的配套政策,如选拔过程中的地域限定问题就是一个热点。我国高校招生一直是采取分省定额、划片招生的办法,各地录取定额也并不是按考生的数量平均分配,而是按各地高等教育资源的配置状况,因此出现了各地录取率和录取分数线的巨大差异。造成的必然后果,就是许多有能力的考生由于出生地域的限制而不能接受高等教育或优质的高等教育,相反,一些低能力者却因为地域优势而享受着本不该享受的高等教育或优质高等教育的"特权"。

因此,大学入学制度是地区间高等教育发展不公平的重要因素,没有起到教育政策应有的作用,不符合教育政策的合理化判定标准。

(六)高等学校成本补偿制度

一些学者对高等教育的机会均等进行调查发现,高等学校学生中来自低收入家庭学生的比重在下降,高等教育的机会呈现出越来越不倾向于贫困家庭的倾向。这其中的原因很多,但学费水平提高应当是首先考虑的原因。尤其对于那些低收入家庭,这一负担就可能成为其接受高等教育的主要障碍。高等教育从总量的、宏观的不均衡,转为隐性的、更深的层面。例如,城乡学生在高等教育系统的分布中,农村学生主要集中在相对薄弱的地方院校,主要分布于农林、军事、教育等收费较低的学科;低收入家庭在进行高等教育决策时选择收费更低的学校或选择不接受高等教育,这也是"教育中的阶层差距正在凸显"的主要原因,具有更多的文化资本、社会资本和经济资本的优势阶层子女得到越来越多的学习机会,较多地分布在重点学校和优势学科;同时,欠发达地区的学生在选择学校时,也不得不考虑是否上得起的问题,从而使其选择权受到一定的限制;而女大学生本身在劳动就业市场上就处于劣势,再加上高额的学费,接受高等教育的机会一定会随之减小。

尽管高等教育成本补偿制度也存在许多相关的问题需要尽快解决,但从总体上看,其符合教育政策的针对性、导向性、协调性标准,不仅与我国目前的教育和经济发展现状相吻合,同时也与我国目前优先发展基础教育,首先保障义务教育的"义务性"等政策不谋而合;但同时,需要相应的配套制度来缓解其对教育政策的公益性标准的损伤。

三、文化环境因素

影响教育公平的文化环境因素主要有文化传统、家庭的文化资本、民族文化。

(一)文化传统

落后的观念形态出现的文化因素,在很大程度上阻碍了受教育机会的均等,主要表现在重男轻女思想还十分普遍。虽然男女平等写入了宪法,妇女的受教育权有了保障,但长久沉积的民族文化糟粕,仍有很大市场,尤其在落后地区,这种腐朽思想表现得更加突出。同样处在穷困地区,为什么女孩的辍学率高于男孩,入学率低于男孩,就是这种思想支配的结果。同时,在性别角色中,家长普遍对女孩的期望值不如男孩高,这在城乡都有表现。这是长期以来人们对男女角色的不同定位所影响的,赋予男性以比较进取的角色,赋予女性以比较保守的角色;把男性与工作、事业、成就联系起来,把女性与家庭、感情、生活联系起来,期待男性承担社会性的职业角色,期待女性承担家庭性的职业角色。性别角色的刻板印象也直接影响着教师对男女生的不同期待。通常对男生的期待比对女生的期待高,而如果教师给予较低的期待就会给予较少的参与机会,较高的期待下则给予积极的鼓励,提供较多的参与机会。

(二)家庭的文化资本

有学者用"父母的受教育程度"来衡量家庭的文化资本。家庭文化资本优势一般主要用来提高子女的学业成绩和学术表现,从而促进其在考试制度这一形式公正的教育选择过程中产生优势。这方面研究的成果很多,得出的一致观点是:父母受教育程度高的家庭,其子女在升入重点学校或考入一流大学的机会要明显高于其他家庭。

此外,文化资本还可以通过营造学习氛围、提高子女的学业抱负、提高资料阅读写作方面的便利条件等间接地影响子女的受教育程度和受教育水平。

(三)民族文化

每个少数民族几乎都有自己的文化,其中最主要的是语言文化,语言因素是导致不同民族之间教育差距的主要原因,少数民族的学生存在语言障碍。具体来说,就是对学校的语言环境、文化环境的生疏。因为学校的语言环境更接近于汉族家庭的语言环境,学校所传递的文化知识是人类普遍的经验提炼和科学成果。于是,少数民族孩子上学伊始,就开始用母语学习人类共同的文化遗产和知识,同时还要学习使用汉语的意思和表述,在学习的过程中时刻在用两种语言和两种思维进行,因此需要很长时间才能用汉语掌握所学的文化知识。

少数民族家庭对孩子的影响也比较大,他们大都提供给孩子一种本民族的文化与习惯,孩子从小对异文化特别是汉文化了解不多,接触少。学校所要求的文化准备或文化资本缺乏,这是少数民族学生在学校学习过程中的不利因素之一。

宗教因素是导致一些少数民族女孩不能正常地完成学业或接受较高层次教育的重要因素。一些信奉伊斯兰教的少数民族地区,如西部一些回民聚居区,教民们很重视教规戒律,他们一般不愿意让 10 岁以上的女童上学。这不仅会导致少数民族中女性教育水平的落后,而且会使其子代的教育水平受到影响。

四、社会环境因素

影响教育公平的社会环境因素主要有城乡的二元社会结构、社会竞争、腐败等。

(一)城乡的二元社会结构

城乡的二元经济结构会影响到教育公平,城乡之间的二元社会结构也会影响到教育公平。例如,城乡两类户籍、两类劳动就业方式等。农村青年受户籍制度的限制不能流向城市,他们摆脱农村身份的唯一出路就是升学,当然还可能因受原籍限制,升学的农村青年仍有可能回到农村工作,而城市则不然,城市青年在升学、择业方面都优于农村。

(二)社会竞争

市场机制崇尚竞争、选择与权力分散,强势地区、强势学校和强势人群因此具有了某种"特权",在教育的竞争与教育的选择中,弱势地区、弱势学校和弱势人群会处于竞争的不利地位。不同地区、个人、学校在教育竞争中,资源与能力方面的差异往往直接导致了其行使教育权力的能力上产生差异。而且,由于总体资源的有限性,弱势地区和弱势学校会产生满足本地区与本辖区内教育需求的数量、质量标准偏低的情况,甚至造成不充分教育。尤其在义务教育阶段,强势学校与弱势学校之间的这种巨大差异实质上就意味着公平的丧失。

由于竞争和选择的存在,弱势地区、弱势学校的有限资源会不断流向强势地区和强势学校,这种恶性的流向势必造成未来更大的差异。

(三)腐败

阶层之间的差距不仅表现为经济资本差距和文化资本差距,还表现为社会资本的差距,有学者以"社会关系、政治、权利"来衡量社会资本。

在我国,由于"择校"等问题的体现,权利资本的优势不仅可以表现为为自己的子女争夺教育资源,即通过权利的运作直接为子女争取到较好的受教育机会,还表现为"权钱交易",即运用权力谋取经济上的利益,如重点中小学的"乱收费"问题。

五、信息环境因素

在信息社会里,不可忽视信息传递对教育公平的影响。有学者通过对"中国高等教育成本补偿"的研究发现,在决策过程中起作用的是决策者的预期。在教育收益和教育成本方面,现实状况和有关政策措施只有通过对人们的预期产生影响才能影响到人们的决策。因此,家庭和个人只有对有关的情况和政策有比较切实的了解后才会得到近乎现实的预期,也就是说,只有当家庭和个人掌握了足够多的政策信息,有关的措施才能影响人们的预期从而影响家庭和个人的决策。而对于农村和低收入家庭,特别是农村和边远山区的低收入家庭,由于各方面主客观因素的制约,对信息的掌握存在一定困难,有时候掌握的甚至是一些错误的信息,从而可能会对教育有不切实际的预期,进而做出错误的教育决策。例如,对于收费后的高等教育出台的相关学生资助政策,如果没有比较深刻的了解,就直接影响到家庭的高等教育决策,降低低收入家庭接受高等教育的热情。

总之,影响教育公平的因素是多维的,除了上述因素外,还包括一些其他因素,直接或间接地影响着教育的公平发展。随着社会的发展,教育也会不断发展和进步,影响教育公平的因素也会随之发生变化,现存的因素可能会有一部分消失,但也可能会出现新的因素,所以,应该说,教育公平问题可能会长期存在,只是不同的阶段表现出不同的特点。

第五章 "超级中学"引发的教育公平问题

高考的录取情况一直是全社会关注的热点问题。但近年来，各省"超级中学"现象越来越突出，其显著特征是，在校师生人数不断增多，有的规模以万计，积聚了当地和周边地区一流的师生资源，瓜分著名高校自主招生名额，学生常年大比例考入一流高校[①]。"超级中学"的崛起与不断膨胀导致高校中农村户籍学生的比重下降，省区间入学机会差异、高考录取中垄断国内一流高校生源的现象越来越凸显。这不仅破坏了教育的生态平衡，损害了教育公平，增加了安全隐患，还助长了应试教育和升学率评价。

第一节 "超级中学"概述

一、"超级中学"的定义

"超级中学"是具有超级大的办学规模、超级多的在校生、超级高的升学率的学校，其显著特征是不断增长的教师和学生的人数，聚集了当地甚至于周边地区的优秀师资力量和生源。它是普通高中教育应试倾向过度的产物，也是校际差距的表征和催化剂。

这类中学在高考中独占当地北大、清华录取名额，经常包揽省市文理科"状元"，具有超高的"北清率""状元率"，且屡次创造高考"神话"。由于应试成绩优越，在部分区域内形成了一定的"优秀学校"名誉，形成了一定的名牌效应，再加上一些地方政府

---

① 细数能够成为"超级中学"的硬指标［EB/OL］. http://edu.ifeng.com/news/detail_2013_11/19/31384081_0.shtml.

的支持,学校不断扩建,在校学生和招生数量也随之上升,表现出明显的学校人数多、学校规模大、以应试考试为中心的特点。"超级中学"的出现垄断了一个城市甚至一个省份最优秀的教师和学生,加剧了教育资源分配严重失衡现象,造成事实上的教育不公。

二、"超级中学"的类型

"超级中学"在发展的过程中,逐渐形成了以下几种主要类型。

(一)传统名校

传统名校构成了我国"超级中学"的主体部分,主要指的是受当地教育主管部门管辖且不包括大学附中、外国语学校、转制学校等在内的传统名校,如北京四中。据统计,2012年北京四中一本达线人数为600余人,上线比例居北京首位;2013年培养出了北京文科状元;2014年北京四中高考理科平均分达654.6分,600分以上人数占96.3%,一本达线率为99.4%,文科平均分643.2分,600分以上占比94%,一本达线率为100%。这些以北京四中为代表的传统名校对于我国基础教育、高等教育发展都具有重要的影响。

(二)应试教育名校

在应试教育名校中,最为典型的是衡水中学和毛坦厂中学。这类超级中学的规模巨大,动辄上万人,而且有较高的升学率。例如毛坦厂中学,2016年,该校本科达线人数连续三年突破10 000人大关,人数超过前两年。一本达线3700人,较上一年净增加600人。应届生一本率达52.06%,理科最高分676,全省排名134;文科最高分625,全省排名82;600分以上193人。2017年,该校本科达线人数连续4年突破10 000人大关,较上一年净增1 000余人,一本达线3761人,600分以上62人。毛坦厂中学应届一本达线率52.12%,本科达线率92.5%。由于本科上线率连年攀升,因此吸引了不少学生到来,成为著名的"高考工厂"。

此外,这类超级中学多产生于经济较为落后的中西部地区。

(三)大学附中

在"超级中学"中,大学附中是一种特殊存在,如中央民族大学附中,2015年该校620人参加高考,其中一本达线为570人,占高考人数的91.9%,其中50人预录北大、清华,同时在该校2015年招生中,来自新疆的为4人,西藏为5人,本应为西部少数民族做贡献的初衷却因迅速蹿升的"北清率"而逐渐淡漠。作为拥有办学资格的大学附中并不受当地教育主管部门管理而归所附属大学管辖,这就为大学附中巨型化发展提供了便利。此外,这类"超级中学"多集中在经济较为发达的省会城市。

(四)外国语学校

外国语学校以外语教学为特色,通常情况下外国语学校是当地的重点中学,设备精良、师资雄厚,且保送率、"北清率"、世界名校录取率居高不下。例如杭州外国语学校,高中阶段总人数为1 200人,每届学生400人左右,在2014年高考中,杭州外国语学校一本达线率为95.7%。

(五)转制高中

这类"超级中学"一般在条件较为优越的学校基础上发展而来,虽然部分"超级中学"属于民办性质,但大多数该系列中学是由公办学校转制而来的,转制学校并不是真正意义上的民办学校,而是依附民办学校的公有学校。这类学校通过吸纳社会雄厚资金、吸收先进教育理念、采用先进教育教学方法、加快优秀教师队伍建设、提高管理团队水平等方式,在多年发展与积淀的基础上一跃成为教育行业的优秀品牌。为实现规模经济,部分民办教育对品牌进行改造升级,以集团化、连锁化方式做大做强,成为民办教育领域的"超级中学"。

三、"超级中学"的发展趋势

当前,"超级中学"的发展呈现出以下几个鲜明的趋势。

(一)集团化发展明显

在当前,"超级中学"的发展呈现出极为明显的集团化发展趋势,即越来越多的"超级中学"在全国各地开办了为数不等的分校。"超级中学"采取"连锁店"方式办分校的举措在各地引起了积极效仿。比如,北京人大附中在北京先后建立了人大附中西山学校等多处分校,逐渐成为巨无霸学校;衡水中学在云南建立云南衡中、在四川建立四川衡中等。

"超级中学"在进行集团化发展时,基本上都得到了当地政府部门的支持,导致优质的师资力量、信息资源、学生资源、教学设施等越来越流向"超级中学"。这对于我国教育公平的实现来说是极为不利的。

(二)集群效应与孤岛效应并举

"超级中学"在发展的过程中,呈现出越来越明显的集群化现象,具体表现在以下两个方面。

第一,各省(区市)的"超级中学"大部分是各省(区市)办学悠久、师资力量雄厚的学校,基本是我国各省(区市)的"国字号"或"省字号"的名牌中学。

第二,"超级中学"主要集中在各省(区市)的省会城市,或是经济较为发达的大中型城市。

此外,由于应试教育盛行,在集群式超级中学之外开创了孤岛式"超级中学"的范例,如河北衡水中学、安徽毛坦厂中学等都是孤岛式"超级中学"的代表。

随着集群式与孤岛式并存的"超级中学"的不断发展,学校间存在的分层现象越来越明显,且教育的重心越来越倾向于"超级中学"。这对于普通中学以及在普通中学读书的学生来说是十分不公平的。

（三）超级高中与超级初中的衔接日趋闭合

初中毕业生对高中教育资源的争夺主要表现在对优质高中资源的争夺，集中体现在对"超级中学"的争夺。多项研究已表明，重点高中的生源主要来源于重点初中，即超级高中与超级初中的衔接日趋闭合。如果考察不同类型初中毕业生在高中的分布，这种"传递性"更为明显。

第二节 "超级中学"产生的原因

"超级中学"的产生不是一蹴而就的，有一个发展的过程，同时也是多方面原因共同作用的结果。具体来说，影响"超级中学"产生的原因主要有以下几个。

一、社会需求和社会期待是"超级中学"兴起的外部因素

随着我国的计划生育政策的落实和社会的发展进步，国民对教育愈来愈重视。家长对子女的期望迫切，把学生看作改变自己家族命运的寄托，而高考成为他们实现自身愿望的唯一实现途径。学生和家长迫切需要有一所升学率高、能保证他们进入名牌大学的学校。而有着良好教育教学资源的"超级中学"为他们提供了一个进入大学的良好平台。

当前，我国的择校处于自发状态，而这种行为又促成了超级中学的形成。随着社会和时代的发展，人民群众生活水平的提高，人们对于教育的需求日益增强，特别是近二十多年的计划生育政策导致家庭对子女的期望也越来越高，所有的重点都在如何为孩子的发展努力创造更好的条件。因此，越来越多的家长特别看重学校间的差别，并会通过自身的一些关系，为子女提供更为优秀的教育平台。

从全国范围来看，优质教育资源分布不均衡普遍存在。许多家长不惜加大投入送孩子上好学校，以追求更高质量的教育，或

是满足孩子特长发展的需要,期望避免校际差异带给孩子学习造成不良的影响。于是,不少地方重点学校或名校为迎合家长需求,吸引更多生源,开始对"规模办学""集团化办学"产生好感。

二、高考制度是"超级中学"兴起的根源

考试制度是当今社会选拔人才的一种手段,人们之所以选择考试制度,并不是这种制度完美无缺,而是没有比它更好的、更为客观公正的制度。中国历史上曾经试行过人才举荐制度,但是失败了。民谣说:"举秀才,不知书;察孝廉,父别居;高第良将怯如鸡,寒素清白浊如泥。"高考制度是高等学校选拔人才的手段,教育问题涉及千家万户的利益与期望,关系年轻一代的生命成长与精神发育。

我国的高考制度历经四十余年的发展已经深入人心,虽然也有一定的弊端,比如造成中小学严重的应试教育,在人才选择中唯分数论、一考定终身等,但统一的高考制度具有公平高效的特点,长期以来对高校选拔优秀学生、鼓励公平竞争、维护社会稳定起到了积极作用,相比其他制度而言,高考在最大程度上实现了教育的公平,为学生提供了公平竞争的机会。

三、政策因素是"超级中学"滋生的土壤

在超级中学发展过程中,政府制定了多方面的有关政策,大力推进高中学校办学规模。比如,1999 年《中共中央国务院关于深化教育改革全面推进素质教育的决定》提出,要进一步调整现有的教育体系结构,扩大高中阶段的教育规模。2001 年,《国务院关于基础教育改革与发展的决定》提出了"十五"期间我国高中阶段的入学率达到 60% 的目标。为此,国务院决定"支持已经普及九年义务教育的中西部农村地区发展高中阶段教育",要求"有步骤地在大城市和经济发达地区普及高中阶段教育。挖掘现有学校潜力并鼓励有条件的地区实行完全中学的高、初中分离,扩大高中规模"[①]。在《教育部 2003 年工作要点》提出"加快高中教育

---

① 国务院. 国务院关于基础教育改革与发展的决定[EB/OL]. http://www.npjy.com/newsInfo.aspx? pkId=496524.

发展步伐,扩大优质高中办学规模,鼓励有条件的地区普及高中阶段教育,支持发展民办高中,加强县城示范性高中建设"[①]。国家政策为教育行政部门扩大学校规模提供了直接的依据。近年来,政府和教育行政部门也将学校做大做强作为重要政绩。江西省宜春市在 2003—2005 年,耗资 2 亿多元人为合并建成的"超级中学"在 2012 年重新分开独立办学,充分暴露了"超级中学"现象背后存在的问题。

另外,高中阶段的教育不属于国家规定的义务教育,对高中教育缺少专门的立法,比如对于高中生的经费、学费等没有明确的法律规定,这使得"超级中学"能够收取高额费用,造成了"超级中学"的社会声誉和经济效益的双赢。

四、利益驱使是"超级中学"的动力

学校大力扩张背后映射逐利本性。在利益驱使下,"超级中学"凭借自身的规模优势,获得更大的社会和经济效益,满足政府对教育政绩的需求及社会对优质教育资源的需求。甚至有的教育行政部门给中学校长下达升学率的指标,完不成指标,一票否决。在这种利益的驱使下,"超级中学"正在变身为"超级企业",不断在城市建分校、建连锁学校,成立国际部,扩大招生规模,其背后是超级利益。以安徽省毛坦厂中学为例,在校生规模高达 1.7 万人。2013 年高考考生 11 222 人,一本达线 2503 人,占 22.3%,9312 人过本科线,达线率 82.3%……连续 4 年都保持如此水准;2013 年招 46 个复读班总计近 8 000 人,被网友封为"亚洲最大的高考机器""高考工厂""大学生加工厂"。毛坦厂中学的发展也带动了毛坦厂镇特殊的高考经济。在毛坦厂镇内拥有近万名前来陪读的家长,大量外来人口带动了经济的发展。

此外,名校可以通过扩建、改建和新建向国家财政申请拨款,这种层面的财政支出,既为政府扶持学校提出了名号,又满足了

---

① 教育部. 2003 年工作要点[EB/OL]. http://www.cutech.edu.cn/cn/zhxx/webinfo/2003/01/1180054679130449.htm.

这些重点院校通过不合理的手段来套取国家财政拨款的内在要求。结合两个主要原因,也就为"超级中学"的诞生提供了良好的孕育环境。

五、市场选择推动了"超级中学"的产生

随着我国社会主义市场经济的建设与发展,教育的发展也呈现出由市场选择的自由发展模式。从某一角度来说,由"名校"基础上发展壮大起来的"超级中学"是一种品牌,映射出学校在社会中享有的地位,是市场和群众选择的结果。

中小学教育是整个国民教育体系中的基础教育,提高基础教育的质量和水平直接影响其他层次教育的发展水平,影响着各级各类人才培养的质量。随着我国大力开展改革开放政策,在科教兴国、科技强国方针的指导下,中小学经济条件日益提高,九年制义务教育在全国范围内基本得到了普及,高中阶段教育正加快普及,广大人民群众子女上学难的问题已基本得到解决。在经济飞速发展的当今社会,人们对教育的需求日益增强。为满足广大人民群众子女不仅"有学上"而且"上好学"的要求,优化配置优质教育资源,扩大优质学校的办学规模便成为加快基础教育发展的必然之举。面对日益增长的优质教育需求,采取扩大办学规模的举措以增加供给是许多地方当局的选择。

六、教育产业化发展推动了"超级中学"的产生

教育产业化的概念首次提出是在 1999 年 6 月,其是将教育看作是一种产业,通过提高劳动生产率,推动经济的长远发展;通过对教育投入,促进教育经济的增长,对教育事业发展的功能和特性具有推动作用。

在教育产业化的概念提出后,我国创办了一些优质的公办小学、中学,但这些学校最后却升级为现在的"超级中学"。它们借以收取借读费、择校费、赞助费等之名,将本应该由政府承担的教育经费,最后却由社会和学生家长来担负,这也引起了一些民众的强烈不满。

在产业化发展的过程中,"超级中学"是靠着惊人的升学率来大量吸收择校生,通过高昂的择校费来提升办学条件和教师的待遇。但是由于学生太多,班级人数太大,学校必须要实施半军事化管理。其实这种大规模的办学模式存在着大量的安全隐患,而且由于班级人数过多,教师很难保证大部分学生的教学质量,很难做到因材施教。

第三节 "超级中学"存在的问题

"超级中学"的存在,是与义务教育的均衡平等原则相违背的,它的产生使应试教育更加激烈,严重影响了义务教育的均衡发展,给社会带来了极大的负面影响,直接影响了教育均衡发展。具体来看,"超级中学"主要存在以下几方面的问题。

一、形成教育垄断,破坏区域教育生态平衡

"超级中学"通过大肆垄断优秀生源,聚集优质教育资源,成为一家独大的"巨无霸",或称"教育航母""巨型学校"。为了满足自身发展需求,"超级中学"凭借自身优势制定各种优惠政策吸引基层优秀教师,对本地区优秀生源想方设法优先录取,并招收大量择校生,收取高额择校费。"超级中学"利用国家教育政策的漏洞大肆提高学生的学费,一方面"超级中学"制定诸如提供奖学金、免食宿等政策吸引优秀学生,另一方面利用优秀学生获取的高考佳绩来提高学校身价,对非优秀生收取高额的择校费。有调查称,一些"超级中学"单个入学指标被炒到数万元甚至十万元左右的"入门费",同时还要交数千元的学费。学生家长通过高额费用换取子女在质量高的公办学校接受优质教育的机会,而优质教育资源给学生提供了一个顺利进入大学的平台。有研究者指出,择校费制度是建立在金钱和分数的双重标准之上。以高收费为前提的择校对低收入阶层是不公平的,也不利于逐步走向普及的

高中教育的均衡发展①。

在这种情况下,使得薄弱学校办学规模日益萎缩,生源愈差,优秀教师流失,处境维艰。事实上,"超级中学"最直接的影响是挤压了其他中学的发展空间,使校际差距呈现出进一步扩大的趋势。是以牺牲大多数学校的利益和区域教育的协调发展为代价,形成对区域内教育资源的垄断,破坏了区域教育生态的平衡。

二、损害教育公平

"超级中学"大多集中在地级市或省会城市,优质高中重心过高、远离农村,必然会降低农村学生获得的机会。而同时清华、北大等名牌大学在部分"超级中学"有提前录取名额。据公开资料,2016年被清华北大录取超过100人的高中之一——衡水中学更是以139人的成绩稳居第一②。2017年,河北衡水中学被清华、北大录取人数达到了176人,其中清华大学录取人数为97人,北京大学录取人数为79人。除了河北衡水中学,北京的6所"超级中学"——人大附中、北京十一学校、北师大实验中学、北京四中、清华附中、北师大二中,这6所中学共录取了415名清华、北大学子。其中,清华、北大在北京市录取名额总共为639人,这6所中学录取人数达到了总人数的65%。不仅仅是高考录取,在自主招生选拔上,"超级中学"也占据很大的优势。全国共有1484名考生通过清华、北大自主招生考试,而北京地区共164位,浙江139位,湖南131位,湖北97位,江苏90位。而在各省市自主招生录取名单里,"超级中学"的人数占据着绝大多数。在保送生方面也是如此,2017年北京大学共223名保送生。从数据统计来看,这些保送名额大部分都是来自各省市的"超级中学"。例如,人大附中占据12席位,石家庄外国语学校8席位,南京外国语学校13人,郑州外国语学校12人,武汉外国语学校12人,华中师范大学

---

① 徐志勇,徐建平,黄立志.关于教育乱收费问题的县(市)教育局长问卷调查分析[J].教育理论与实践,2006(2).

② 新浪教育.2016年全国高中考入北大清华人数排名榜[EB/OL].http://edu.sina.com.cn/gaokao/2016-10-11/doc-ifxwrhpn9540098.shtml.

第一附属中学 10 人,长沙市长郡中学 10 人,雅礼中学 7 人,等等。清华大学也是如此,在 169 人保送名单中,南京外国语学校、长郡中学、雅礼中学、郑州外国语学校等"超级中学"占据了大多数。据不完全统计,2017 年"超级中学"考入清华、北大的人数超过 1500 人。比较著名的中学包括:郑州外国语学校 2017 年考入清北人数超过 55 人;郸城一中为 41 人;南京外国语学校为 40 人;长沙雅礼中学保送清华、北大人数达到了 17 人,获得自主招生降分录取人数为 78 人;山西大学附中清北录取 25 人;西工大附中 66 人;西安高新一中 78 人;东北师大附中 57 人等①。

这样的做法无疑会产生挤出效应:一是不同学校的学生进入一流大学的机会不均等,"超级中学"的学生进入一流大学的机会要远远超过一般学校;二是导致不同社会资本存量的家庭子女在接受教育机会上出现差异,社会资本拥有量高的家庭子女进入"超级中学"的机会要远远超过社会资本量低的家庭子女②。"超级中学"有悖于教育法规所规定的"教育机会均等"原则,这无疑加剧了教育的不公平。

同时,"超级中学"集中了较多的优质师资、优质生源,导致"超级中学"越来越强,一般高中则在竞争中处于越来越不利的地位。"超级中学"普遍班级规模过大,而班额过大,必然造成学校教育资源分配不平衡,同时也导致班级学生受教育过程的不公允,损害了学生受教育过程的公平,不利于学生的身心健康发展。

三、影响素质教育有效推进

要获得更好的职业,就必须进入更好的大学;要想进入精英大学享受优质的教育,就必须有较好的应试成绩,而应试成绩——不管是保送还是高考——则主要取决于中学教育的质量。但现实的状况是,高质量的教育资源集中在了"超级中学"和重点中学。那么,进入"超级中学"、重点中学就成为考上好大学必须

---

① 清华、北大录取名额正被 20 所超级中学垄断,高中就决定了大学?〔EB/OL〕. http://www.toutiao.com/a6448355681372340494.

② 习勇生."超级中学":普通高中校际差距的催化剂〔J〕. 中国教育学刊,2014(6).

把握的关键。在这一套逻辑的层层递进下,以应试作为筛选方式。

"超级中学"都十分重视应试教育,对素质教育则没有引起足够的重视。它们为市场化目标全力比拼升学率、"北清率",高调宣传"高考状元"等,导致学校和教师在教学中片面强调应试技巧,不以学生的全面发展为导向,忽略学生自主学习能力、创新能力等方面的培养。还有些"超级中学"甚至形成了严苛的"遵守纪律与惩罚"相结合的持续"训练"体系,严重制约了人才培养以及学生的自由发展。

四、影响学校育人功能充分发挥

"超级中学"的一个典型特征,就是人数众多。出于学校安全工作的考虑,"超级中学"一般采取严格的封闭的半军事化管理模式。比如,衡水中学的一名高一学生说:"每天5:30起床,5:45之前必须离开宿舍,拿着书到跑操地点集合。跑操结束后,所有班级必须跑步上楼早读,6:28,班里80多个人全部离开教室的时间设置可以用秒来计算(当然除去七八个不吃饭的),为的只是能吃到早饭,因为7点前要回到教室上自习。如果去晚了,在楼道堵5分钟,排队5分钟,来回7分钟,最多只能有3分钟早饭时间……在衡中生活了3个月,才明白什么是人间炼狱。"

大多数的"超级中学"正是通过这种严格的封闭式管理让学生尽可能把更多的时间用于学习,塑造他们的"集体主义"精神,也更多地起到防止校园事故的作用。而这样的学校管理模式,使得学校逐渐沦为缺乏人性的场所,学校的育人功能也逐渐搁浅。

五、影响因材施教有效实施

"超级中学"中一个班级上百人,教室被挤得满满当当,一个年级动辄三四十个班级,全校上万名学生……这是不少地方都存在的"超级中学"的现状。对于大班额的教学存在以下现状:第一,教学管理及设计、实施及仍以原小班方式。所谓面对全体,实际只重视了中、优学生,而产生了较多差生。第二,教师负担加重,作业批改量大,个别教育相对减弱。

与此同时,大班额的教学也存在以下主要困难:第一,学生人数多,作业量大;个体差异大,作业评阅难度大;教学定位困难,顾此失彼。第二,组织实施探究学习的教学过程难度大。如学生基础参差不齐,进程不一,增加了完成教学目标的困难。第三,全体与个体的关系难以把握,因材施教,个性发展的教学难以实现。第四,师生负担加重。虽然也有学者针对如何在大班额教学中贯彻因材施教的研究,但是在实际中面对大额的班级规模,在应试教育的背景下,教师在教学方面往往采取满堂灌的形式,所以教师在授课过程中难以照顾到每位学生的发展,因材施教成为空谈。由于教师完成本身教学任务就很吃力,对于关乎学生未来发展的职业规划、情感修养等方面将难以顾及,对于学生的因材施教更是难以实现。

六、存在安全隐患

国内外的一些研究和实践表明,超大规模和大班额使学校管理的难度加大。"超级中学"一般班级规模都很大。比如,《中国教育报》披露的安徽六安市毛坦厂中学,在校生规模已达1.7万人,该校很多班级满当当地安置了90个座位,教室的后门基本被堵死了。教室里的过道,也只有侧着身子才能勉强通过,难怪有同学说,这哪里是学校,分明是"集中营"。河南驻马店一中学平均每班120人,最大班额则高达160人。河南省淮阳中学加上分校师生,总人数已超过2万①。一个班级上百人,一个年级动辄三四十个班级,全校上万名学生……这是不少地方都存在的"超级中学"现状。

"超级中学"的规模和班额过大,一方面使得学校学生生均占地面积严重不足,学生活动空间相当有限,不利于学生的身体健康锻炼;其次由于人多空间小,教室空气质量差,严重危害了学生

---

① 黄建海. 是谁催生了超级中学 [EB/OL]. http://learning. sohu. com/20120710/n347805061. shtml.

的身体健康;再次,由于学生多,作业量大,教师的工作负担过重,没有更多的时间与学生进行情感交流,而学生学习压力大,其心理健康难以得到关注,对于教师来说不堪重负,自身的身心健康也得不到保障。另外,"超级中学"的规模和班额过大给学校的管理带来了新的挑战。合理的学校规模更有利于教师配备、学生成长和学校管理,更有利于提高学校教育教学水平。

第四节 "超级中学"的治理

在当前,"超级中学"的畸形发展已经极大地改变了我国教育的生态环境,并影响了基础教育公平的有效实现。因此,必须立足"超级中学"的发展现实,对其进行有效的治理,以使其发挥最大的作用。具体来说,可从以下几方面着手对"超级中学"进行治理。

一、从观念上要重新认识学校教育的作用

早在 1948 年联合国大会通过第 217A(Ⅲ)号决议并颁布《世界人权宣言》,在《世界人权宣言》第 26 条提出"人人都有受教育的权利""教育的目的在于充分发展人的个性以及加强对人权和基本自由的尊重"。学校是培养人的专门机构,学校的主要任务和功能是"育人",这是学校与其他组织的最大区别。在学校里,学生不仅仅是学习书本知识,更重要的是要学会体验生命的意义、体悟自身的价值,学校和教师的作用不仅仅是答疑解惑,更重要的是,要教会学生做人,做一个身心健康的人。而"超级中学"在校生规模比较大,教师无法关注每个学生,很难去真正了解学生的个性特征而进行因材施教,同时评价标准主要是学生成绩,忽视了对学生人生观、世界观与价值观的教育,偏离了国家素质教育的理念,难以实现学校"育人"的目标。为此应该从观念上重新认识学校教育的作用,教育行政部门也要改变以升学率为重要指标的学校评价方式,加大素质教育作为对学校考核的力度,切

实保障素质教育落到实处,强化学校的育人功能。

由于高考仍然以分数论成败,而分数又可以通过强化训练来提高,这成为"超级中学"应运而生的现实合理性。但是,应当清晰地认识到,造就"超级中学"的主要力量并不是存在应试竞争,也不是校长、教师,而是地方政府对高考升学率这一教育政绩的追求。改变这一现实,地方政府需要树立正确的政绩观,建立全民教育时代、高等教育大众化阶段和终身教育视野中人人皆可成才的平民主义的价值观,依法行政,依法治教,改变对高考升学率日益畸形的攀比。

二、政策层面上要出台相关政策来制约"超级中学"的膨胀

教育问题源于教育政策,要解决教育公平问题,应从教育政策入手[①]。

(一)加大教育投资,建立科学的分配机制

我国教育经费投入不足是教育发展的重要影响因素,虽然从2011年我国教育经费投入占 GDP 的 3.93％至 2013 年增至 4.28％。但总体上在教育方面投资较少,需要加大教育投入,增加教育经费。教育公平的基础是教育资源配置的公平,要加大调整国家教育资源内部分配、城乡分配、区域分配格局的力度,改变投资模式,尤其要增加对薄弱学校的投资,加强对薄弱学校的扶持与建设,提高其教育质量,使教育朝着有利于均衡协调的方向发展。

(二)采取限制"超级中学"扩张的措施

首先从师生比例、在校生人数、占地规模等方面对"超级中学"加以约束。国家教育部对于学校的规模、生均占地面积、师生

---

① 朱永坤.教育决策价值标准:教育政策公平性的影响因素——兼论义务教育公平问题的成因与策略[J].东北师大学报(哲学社会科学版),2009,(1):124.

比例等都有严格的要求,从这些方面国家要出台政策严格加以约束,对于违反的学校采取一定的惩治措施。同时禁止"超级中学"用建分校、连锁学校、挂名学校等手段扩大招生变相敛财。

其次,禁止示范性高中、重点高中等"超级中学"跨区域招生。许多"超级中学"具有较高的升学率,骄人的业绩,重要原因之一是政府给予它们跨地区"掐尖"的特权。一旦优质学校放开在全省范围内招生,地区的超级中学就会失去竞争力。要打破"超级中学"对优秀生源的垄断,取消它们可以跨区域"掐尖"招生的特殊政策,是保障地区高中正常教学秩序的关键措施。根据国家《教育规划纲要》的规定,实行教师和校长交流制度,实行"学校招生名额合理分配到区域内初中的办法",促进义务教育均衡发展。山西晋中市的择校热催生了均衡教育改革,2008 年晋中市开始在全市中小学推行校长、教师交流制度和优质高中到校指标而择校生不享优质高中指标制度。这一政策的严格实行保证了各个县中的健康发展,稳定了各个县域初中的优秀生源和师源,造就了一批而不是一所优质高中。

再次,还需要改变名牌大学的招生政策,例如,取消清华、北大等名牌大学在名牌中学的提前录取名额,同时限制北大、清华在每一所名牌高中招生的数额,确定一个恰当的上限。因为如果教育和谐发展、学校公平竞争,优质生源就会有一个自然分布,而不是被过度集中在少数几所高中。优质生源的均衡分布,将使得更多的高中能够办出水平,从而有利于区域教育整体的健康发展。

最后还要加大监管,切实保障国家关于"超级中学"方面的限制措施落到实处。高中阶段不属于义务教育,立法缺失,治理"超级中学"的关键是政府的监管,治理巨额择校费、赞助费等,从根本上遏制"超级中学"的盲目扩张。

三、合理拆分"超级中学"

优秀的学校都是以小班小校为特征。在我国学龄人口不断减少,教育投入不断增加的情况下,实行小班小校也应当是教育现代化的基本追求。国家教育部也有规定,中学班额不超过 50 人为宜。"超级中学"明显违反国家对办学规模的明确规定。治理的关键措施是拆分"超级中学"。根据国家先后制定出台的《城市普通中小学校校舍建设标准》《农村普通中小学校建设标准》等文件,办学理想规模的上限是:完全中学和高级中学最大规模是 36 班、1 800 人。2012 年教育部发布的《关于"十二五"期间加强学校基本建设规划的意见》,要求合理规划学校的服务半径和办学规模,普通高中原则上不超过 3 000 人。2011 年山东省教育厅下发的《关于严格控制普通中小学校规模和班额的意见》,认为高中的适宜规模为 24～48 个班、每个班级不超过 50 人。各地政府和主管部门应该出台政策限制学校规模,制定一个合理拆分"超级中学"的时间表和实施办法并严格执行,采取逐年减少招生和拆分学校的做法,防止被拆分的"超级中学"再次变为"超级中学",使学校和班额逐步回归到合适的规模。

四、高考制度改革

从 1977 年恢复高考,1999 年教育部颁布了《关于进一步深化普通高等学校招生考试制度改革的意见》,公布了全国高考改革方案,2010 年教育部《国家中长期教育改革和发展规划纲要(2010－2020 年)》正式发布"分类考试、综合评价、多元录取"成为高考改革的三大关键点,到 2013 年 11 月党的十八届三中全会《中共中央关于全面深化改革若干重大问题的决定》,其核心内容是招生和考试分离、学生考试多次选择、学校依法自主招生、专业机构组织实施、社会参与监督的运行机制,从根本上解决一考定终身的弊端,《教育部关于 2013 年深化教育领域综合改革的意见》中提出,"高考英语科目一年多次考试",这说明我国的高考招生制度改革一直在稳步推进之中。

改革高考制度,要积极打破高考单一分数评价体系,倡导对学生多元评价。作为基础教育指挥棒的高考对于基础教育向何处去的问题发挥着举足轻重的作用,同时高考也对个人命运的未来走向具有重要影响,以高入学率为表征的"超级中学"必然吸引家长与学生对其的无限向往。为此,解决超级中学问题,改革高考招生制度是前提,即打破高考单一分数评价体系,倡导对学生多元评价。教育改革尤其是高考制度改革,具有典型的"知易行难"的特征。一方面如何科学地选拔人才、促进学生健康发展;另一方面如何保障考试公平的制度建设,维护社会公平。研究设计出能够取信于民的透明可靠的信息公开和社会监督制度,保障考试安全,实现教育公平,促进社会和谐发展。

第六章　教育公平与教学效率

　　当前,人民群众对教育公平有着强烈的期盼,而从当前基础教育的实践情况来看,教师认为追求升学率就是追求教育效率,并以追求效率与追求公平是两难选择为由放弃了教育的公平价值取向。然而,追求升学率只不过是教育效率中物质生产效率的一种表现形式,并不是教育效率的全部。造成这种认识偏差是经济学视角下看待效率的结果。因此,在不断推进教育公平的今天,把握好教育公平与教学效率之间的关系成为当前基础教育实现教育公平的一个重要任务。

第一节　公平与效率在教育学上的一致性

一、公平与效率

(一)公平的含义

　　公平就是对人际利益关系的反映、度量和评价。具体说来,公平不仅是对现实中公平问题(公平与不公平)的反映,也是运用既有的公平标准对现实公平问题的度量,同时还是一种评价和规范。因此,公平是描述概念和规范概念的统一。

(二)效率的含义

　　构成效率的基本要素有三个:一是单位时间内所生产的物品或劳务的质量和数量;二是这种物品或劳务所具有的效用;三是生产者在交易中获得的效益。

　　所谓效率就是在这三个要素都具备的条件下物与物、人与物以及人与人的关系的组合与配置状况,它直接表现为效益与成本的比率。这三个要素缺一不可,如果没有在一定时间内以一定的质量和数量的物品或劳务作基础,就谈不上效用和效益问题,更不能谈它们的最大化;如果只注意物品或劳务的质量和数量,而忽视其效用的价值指向,则物品或劳务不能交易,因而效益也就不能实现;如果片面强调效益,而对物品或劳务的质量和数量观照不足,则最终的效益也会受损。

(三)公平与效率的关系

公平与效率的关系是一个历久弥新的话题,由于公平和效率概念的复杂性、相对性和历史性,两者之间的关系也是处于不断变动之中,学者们在各个时代都有对公平与效率关系的讨论。由于研究者的学科背景和论述目的不同,以及研究者所处的时代背景不同、国家体制不同,对两者之间的关系分析得出的结论有可能大相径庭,这些结论大致可分为以下几种。

1. 公平与效率是一体的

有学者认为,公平与效率是一体的,不能将其拆分。学者易小明认为公平与效率问题,其实是正义问题的两个方面,从本质上讲,正义是人的差异性正义与人的同一性正义的统一。公平基于人的同一性正义,效率基于人的差异性正义,二者的矛盾运动推动着人类社会不断发展。也有学者认为公平就是效率、效率就是公平,二者之间不存在天然的、本质的区别与对立,它们是可以相互转化的。

2. 公平与效率是交互同向的

有学者认为公平与效率是交互同向的。学者程恩富指出,效率本身意味着公平,而公平本身也体现着效率,公平与效率不仅在宏观层次存在交互同向关系,而且在微观层次也存在交互同向关系。

3. 公平与效率是互补的

有学者认为公平与效率属于互补关系,二者之间存在区别与对立。从宏观社会的层面而言,无论公平还是效率,都在资源配置、社会发展等各领域发挥着根本性的作用,二者的共生、共存、共荣的互补关系才是具有最基础性意义的因素,是社会各项机能得以平衡的重要保障。如李丹阳认为,从生产力与生产关系的角度来看,效率属于生产力的范畴,公平则属上层建筑领域、生产关系方面的内容;从社会过程的角度而言,公平与效率互补关系的存在主导着现代文明国家的进程,是社会良性运转的基础。

4. 公平与效率是辩证统一的

大多数学者在公平与效率的关系方面持辩证统一的观点。从辩证关系来看,一方面公平要以效率为基础,有利于效率的提高,另一方面效率必须兼顾公平。从人类整体发展的角度看,公平与效率是统一的,两者统一的基础是人类社会的实践。效率属于生产力的内容,公平是上层建筑领域的范畴,效率是公平的基础,没有效率无所谓公平,公平反过来又成为效率实现的条件,它服务于效率,影响着效率,保证效率的实现,公平与效率之间,是一种决定作用与反作用的对立统一关系。

5. 公平与效率是对立的

有的学者认为公平与效率是两种截然不同的价值标准、政策原则,二者之间存在着非此即彼的替换关系,如果强调了效率,就必然会损失一些公平;如果注重公平,则必然损害一定的效率。所以,公平与效率是相互抵触、相互对立的,公平与效率的取舍成为人类的一个困难抉择。这是西方经济学家比较赞成的一个主流观点,国内也有部分学者持这种观点。

6. 公平与效率是结构性关系

有学者认为,公平与效率是一种结构性存在,它们的关系是一种结构性关系。人类活动至少包括经济、政治和文化等不同领域,把社会诸领域活动结合起来的方式,就是所谓的社会结构。社会结构不同,社会活动的价值生产和分配即公平与效率及其关系亦不同。王南湜认为,社会生活基于人的需要分为经济、政治、文化三大基本领域,与之相应,便有三种最有利于满足诸基本需要的状态,从而也就决定了人类生存的基本价值,经济活动领域的基本价值是效率,精神文化活动领域的基本价值是自由,政治活动领域的基本价值是公平,而社会的综合价值是正义。

二、追求效率的教学特点

追求效率的教学虽然具有一定的合理性,但是忽略了真正的教学目的。

以效率为核心的教学有着深厚的历史底蕴,彼得·拉莫斯很早之前就开始用方法化来解决如何教的问题。受时代背景、社会需要的操纵,班级教学在一开始就带有很强的技术色彩,把学校按照工厂生产和管理的模式分解为各项流程,然后寻找最有效的方法达到最高的效率,实现对人的教化。无论是夸美纽斯还是赫尔巴特的理论旨趣都是这样。夸美纽斯在《大教学论》中指出:要"寻找一种办法,可以使教员少教,但是学生可以多学""教师就像一个面包师搓一次生面,热一次火灶,他便可以做出很多面包,一个砖匠一次可以烧出许多砖,一个印刷匠可以一次印出成千上万的书籍,所以一个教师一次也应该同时教很多学生,毫无不便之处。"显然,只有提高教学效率,才能教得多,教得好,这成为很多教师追求的教学目的。

教育改革一直被这种对方法论的追求所左右着。方法成为最重要的东西。对方法的顶礼膜拜,使方法成为教学意义的载体,成为教学的核心。但是程序化不适于人际交往、不适用于教学。因为人类是活生生的,需要自己思考和做决定的动物。对教学被理解为以追求效率为核心的技术活动这种情况,应该提出质疑。教学研究的领域不仅应该包括表面的策略、方法等技术层面的问题,更应包括对教学目的的合理性审视。忽视教学目的的教学很难说就真的意味着效率的提高,因为效率是与要达到什么目的有关联的。"能实现预期目的,有效果"的教学未必是好的教学。总是认为有效的教学自然就是好的,这带有泰罗的有效经营、有效管理的影子。我们需要首先对教学目的进行审视,要首先确证什么才是好的教学。

教师关注教育效率,是工具合理性支配思维方式的必然结果。工具主义逻辑的核心是效率,它重视的是教育过程之外的目的和结果,悬置教学目的的追问,直接谈论如何实现这一技术问题。教育过程本身只是达到预定目的的手段或工具,因此就会把教育过程理解为一种技术过程。工具意义上的教育及其理论构架,只能是一种技术研究。课堂就是一架高速运转的机器。儿童本来是丰富完整的人,但在这个教育机器中,学生是这个机器上的零件。用技术来控制这个机器,以提高整个教育工作的效率。这是17世纪机器文明在教育中演绎的结果,它使得效率提高,也使得机器大工业的弊病在教室中得到重演,在教室里扼杀了个人的尊严和价值。

过度关注效率的追求,对效率的追求究竟是针对什么就非常模糊。将升学率作为教育的目的,自然就会以这个目的为标准对行为进行判断。就不会追问这种标准的合理性,更不会追问这种追求的合理性。这种语境下的教育只会导致追问"怎样才能更有效地实现目的",而不会追问教育目的的合理性。工具主义语境决不会推导出这类"我们怎么对待学生才是合理的"问题,虽然这个问题非常重要。在这种语境下,为了提高升学率,放弃一部分人,不尊重人的价值与尊严是必然的。因为,尊重每一个人的尊严和价值,就会丧失升学率。

教学越有效,越依赖技术理性,就越缺少对学生的人文关怀,以人性教化的名义换取反人性的片面发展,人成为技术的奴役,成为意识形态的工具。教育虽然是实现某种社会目的的工具,但并不意味着教育就是工具。教育不是机器,教育中的学生也不是机器。我们必须让学生以人的身份参与教育过程,教育过程不能再停留在工具的层次上,而是应提高到人类学的层次上。

从根本上改善教学,需要的是对什么是真正的好的教学以及如何获得好的教学的追问。教学关注责任,意味着应该充满着关爱、关心。教师关心学生,就会自觉地欣赏每个学生观念的独特性。越是简单的道理越是被人违反,违反的人就越多,教学责任缺失的原因与此有关。

三、教育公平与教育效率并存的困境

(一)教育作为社会福利性事业,追求公平

仅仅将教育视为一项生产事业,从社会发展的需要角度衡量教育是不够的,效率优先能决定谁能受什么样的教育,但是解决不了谁能受教育的问题。教育作为使学生成"人"的必要条件,是每个公民应该享有的权利。通过筛选的方式决定谁受教育在效率优先论看来是合理的,却可能是在违反道德。因为受教育权是人权的一个基本方面,任何人不得剥夺,这是社会的基本要求。仅从效率着眼,注重个人才能的差别与筛选,是对人性、人的尊严与权利的否定。是对文明社会发展的讽刺。毕竟"才能"只是人的一种属性。义务教育是人的教育,根本目的是提高人的基本素质,而不是才能。所以,义务教育阶段的教育,更应该是一项社会福利事业,应该追求公平。当然,按罗尔斯的理论,完全消灭英才教育,将教育理解为典型的福利事业,对社会的发展也没有好处。

(二)教育作为社会生产性事业,追求效率

教育事业优先追求效率的结构和特点,是教育界将教育视为工具,追求教育的工具功能的结果。将教育视为工具有着深刻的思想根源。教育的产生就是基于一种功利主义的看法,被看作是推动社会发展的工具。社会的期望就是通过某种合理的教育提高社会发展的效率。效率优先的教育事业蕴含的价值观念是人的才能。普及教育不是基于人道主义的考虑,而是工业社会对人才素质的要求。为了更多的人才,忽视、抛弃一些人就是很正常的事情。教育的功能就是育才、蓄才、选才,是从人才的角度看待

教育。用人才论控制教育,学校以筛选作为主要功能,通过考试将学生分级、分等,教育本身就是制造差别而不是消灭差别的地方。自由主义平等观就是为教育的这一机制作合理性辩护的。

追求效率的教育事业从生产的角度来看待教育,把教育作为一项投资,所以考虑的是产出的方向与效率。如果把教育看成是社会的生产性事业,运用自由竞争的平等原则就是合理的,就会以"才能"作为衡量教育的标准。因此,追求效率是把教育看作生产性事业的必然结论。

(三)工具主义语境下教育效率与教育公平的两难

追求效率还是追求公平这一两难选择,来源于对教育事业性质的不同看法。教育事业既是一种消费或者福利事业,也是一项生产性的事业。如果我们将其看作是福利事业,那么追求公平应该是价值取向;如果将其看作是生产性事业,能够为社会的经济、政治的发展做出贡献的话,就应该追求效率。因此,公平和效率是教育的双重的社会价值取向,由于涉及两种目标,似乎必然遭遇两难选择。在经济学框架下,公平和效率是一对矛盾的范畴,只能有所选择,不能同时兼顾。现代西方社会的发展也遭遇了相同的两难:"或是以效率为代价的多一点的平等,或是以平等为代价的多一点的效率。"[1]

教育过程是受社会文化控制的。文化是由社会团体所共享的意义、价值、行为、决策模式,文化是支配一群人的生活方式的基本规则,决定了一群人的价值取向与行为方式,教育过程也逃不了这一规则的支配。"学而优则仕"思想有着深厚的中国传统文化的底蕴。中国的很多读书人都要通过考试改变自己的命运。范进中举后喜极而疯的形象为每一个中国人所熟悉。对个人、家庭来说,升入好的高中,可以为升入好的大学做准备,升入好的大学,将来就可以找一个好的工作,就可以过上完满、幸福的好生活。在资源稀少、人口增多的情况下,个人要在激烈的生存竞争

---

① [美]奥肯.平等与效率[M].王奔洲,译.北京:华夏出版社,1987:1—2.

中取得成功,通过升学的方式改变命运。从平民层次看,功利教育是有充分理由的。之所以将升学作为唯一的目的,因为升学后就可以过上完满幸福的生活,这是把教育理解为学生未来过上好生活的工具。斯宾塞提出"教育要为儿童未来完满的生活做准备",这是工具主义教育思想最直接的表达。工具主义语境下的教育就是实现某种"教育目的"的工具。

教育的产生具有很强的功利主义色彩。文字出现后,为了让儿童记住这些庞大的符号,人们设计了一种活动来完成这些任务,这个活动就是教育,因此,教育的产生在于教育有用。将教育作为达到某种目的的工具是从教育的产生开始就有的。在工具主义语境下,教育是有用的,这是毋庸置疑的,需要加以论证的是教育要起什么作用。柏拉图认为教育的任务就是培养哲学家与军人,他认为人的素质天生不一样,神祗造人时用的材料不同——金、银、铜,教育就是将用金银制作的人筛选出来,好的教育就是能起到这种筛选作用的教育。

在教育的工具主义语境中,教育目的是判断教育合理与否的标准。教育的问题都是根据教育目的设计、判断的。教育目的的论证也是以外在于教育本身的东西为基础与前提。作为工具的教育实际上的意蕴是教育目的。其他一切问题都是从教育目的中推演而来,并从教育目的中得到论证。在这种语境下,我们无法就教育论教育,无法谈论教育的合理性问题,只能先回答教育的目的应该是什么。教育目的成为逻辑推演的起点和终点。教育目的的具体内容是规范某种教育的标准,也是衡量教育的价值标准。教育目的成为工具主义教育思维的基石。

在工具主义语境下,教育能起的作用取决于教育目的要求教育起什么作用,对教育功能的理解不是求助于合理的辩护而是基于对教育的一种信念或信仰,通过目的功能逻辑推演得来。这种以价值判断为思维方式的研究,本质上使得教育的功能难以作为理性审视的对象。

对教育目的,不同的人依据不同的解释框架会得出不同的结论,这些不同的观点会制约教育过程中具体问题的展开,并且成为衡量教育优劣的标准。教育效率与教育公平对立的根源是将教育视为工具的结果。我们更应该站在教育本身的立场上,从教育本体的角度,去看待教育的功能,去思考教育应该怎样培养人。

四、公平与效率一致的探寻:教育本质与本体功能

对教育功能的理解必须基于对教育本体的理解。任何对教育问题的议论,避不开对"教育到底是什么"这一本体性问题的深层追问,它几乎是任何教育问题的根源。对这个问题的解答可以作为对其他教育问题的批判或者辩护的立足点。对教育的不同理解会导致对教育问题的不同的理解以及不同的解决方式,得出不同的结论。因此,必须以对教育的某种理解作为解决教育问题的起点。

(一)教育本质的探寻

1.教育本质的误解

教育是什么?不同的人给出了不同的理解办法,从下定义到探究教育的本质,答案林林总总,很难统一。历史上教育成为某物的附庸、丧失独立性的教训众人皆知。社会学家把教育理解为个人社会化的过程;经济学家把教育理解为一项可以带来效益与利润的投资;政治学家把它理解为维护统治阶级利益的工具;哲学家把它理解为能够实现"完人"的各种品质的手段。教育成为被哲学、心理学、社会学等学科瓜分的研究领域,教育是以其他学科对教育做意义转换而来。其他学科的入侵,使得教育理论沦为这些学科的演绎结果和附属物,教育成为实现某种外在目的的工具。但是,这些表述都反映了教育的某一侧面的性质,不是全面的表述。

2.彼得斯:教育就是教育

彼得斯从教育实践的角度对这种现象进行了批判——把教育理解为社会化、投资的过程也许并没有错,能使我们了解教育

活动的某种性质,但是这类理解的目光仅仅局限于教育在某个社会的或经济的体系中的功能或效果,并没有从从事于教育事业的人员的角度去对教育予以描述。对于提高教育实践工作者的工作质量毫无益处,反而会把教育实践活动引向歧途,这种理解使得教师对自己的职责极为模糊,对从事教育工作的教师来说没什么用,因为教师若按这样的理论指导去工作,就是在扮演社会工作者或者经济管理人员之类的角色,而不是在从事教育工作。彼得斯采用的是"回归还原式的定义",他说教育即引导,教师在教育学生时,一方面要传授有价值的东西;另一方面,又要以一种符合道德的方式来引导学生。

彼得斯给我们的启示是,对教育的理解必须保证教育的意义不被其他学科消解,而是还原。也就是说"教育就是教育"而不是别的什么。这一命题,从逻辑学角度看是无意义的。因为,它不能提供新的知识。然而,若从现象学角度看,却具有深刻含意。它表达了人们对教育是经济基础、教育是上层建筑、教育是文化的说法的不满。教育就是我们面前的教育,而不是其他的什么东西。对教育的考察必须除去所有经验中的中介因素,直面教育本身。教育的本源不在经济中、不在政治中,而只能在教育自身中。

不加检视地应用或移植其他学科的成果,拿来主义,有使教育学沦为其他学科领地的危险,虽然其他学科也可以探讨教育实践,但这不能代替教育学本身的讨论。教育的规划需要有教育上的理论根据。只有探明教育本质这一深层次的原则性问题,才能重建学生成长过程中所需要的价值观和价值框架。

3.教育的真正意义

Pedagogy(教育学)是希腊语,语义是教奴,其职责是"引路"——"陪伴孩子们并与他一起生活,以便为孩子指引方向和关心和保护他们。"因此,从词源学上看,教师是站在关心学生的位置上的人。教学的本质和做父母有着深层次的联系。必须将教学看作替代父母的工作进行思考,教育需要指向为人父母的规范与为人父母所需要的责任感。因此,教育是一种对学生的良好生存和真正成长的关心。

学生有自己的意向，他们的意向是成人参与学生发展的源泉。如果学生体验不到成人的到场和行动是一种爱护和关心的表现，关心和爱护就毫无用处。因此，任何教育学意向都应该尊重学生本人的实际情况和发展。教育是一种使命，从词源学的意义上有召唤的意思。教育的召唤就是召唤我们聆听孩子的需求。因此教育本身必然有着清晰的价值取向——关心孩子的需要。教师应该使我们的心向着孩子，心向着孩子生存和成长的固有本性。教育是一项规范性活动，要求教育者以一种正确的、良好的、恰当的方式从事教育活动。教育行为意味着我们应该去分辨什么对孩子好，什么对孩子不好。教育要求我们必须从关心孩子的需要出发，理解在我们与孩子的生活中什么才是最重要的。因此，教育就是一种成人对孩子的关心意向。在具有安全感的环境中孩子学得最好。

孩子们需要安全、稳定、指导、支持。成人的责任就在于满足孩子对一个受到保护的环境的需求。但是成人似乎只对孩子能够忍受什么更加感兴趣。关心的视野被排除在我们深处的观点之外。教师在替代家长的关系上，认为只是简单地向学生传授专业知识，把教育责任、教育的意义看得过于简单，将孩子作为教育目标的产物来教育孩子，这容易使我们的注意力从孩子身上移走，使我们从教育中的人的感情因素转移开去。教育不是输入、处理而后输出的技术过程。教育必须以爱护和关心为中心，意识到孩子的感受，从孩子的需求出发。

教育的价值确定了教育关系的性质。从教育的本体论、孩子的引路人的意义上，孩子们直接、间接地授权给成人对确保孩子幸福和走向成熟的自我责任做出反应，即儿童赋予成人教育权威。教育权威是以教育的价值为源泉和准则的。教育权威很容易被误认为是控制、施加权力。对此，我们必须做出教育性思考。通过孩子的给予而具有了权威的成人们需要清醒地意识到孩子的需要。只有当权威不是以武力而是以爱护、情感和孩子内在的接受为基础时，成人才能对孩子施加教育的影响。因此教育权威从某种意义上看是一个要求成人为孩子服务的道义服务。这使得我们必须关心学生的需要,因此,教育是一种成人关心孩子需要的行为。

(二)教育本体功能的探寻

将教育理解为一种成人关心孩子需要的活动,而不是理解为去寻求教育的种种"外在目的",或将其理解为达到这些外在目的的工具,这是一种新的解释框架的确立与转变,意味着教育的本体功能就是关注学生的差异,关心学生的不同需要,发展学生差异性,让学生成为有个性的"人"。人与人之间的差异永远也不能用来佐证孩子可以被剥夺在人类集体中受到教育关心的权利。这一点在我国已经具有法律的依据。《中华人民共和国义务教育法》第二十九条规定:"教师在教育教学中应当平等对待学生,关注学生的个体差异,因材施教,促进学生的充分发展。"把特定孩子的需要当成其他所有孩子的需要,对所有学生寄予同样高的期望,不仅在道德上不可取,从教育学角度看也是一场灾难。无论你教得多好,学生之间的接受程度总是存在大的差异。教育的智慧性是一种以儿童为指向的多方面的、复杂的关心品质。教育智慧与其说是一种形式,不如说是对孩子们的关心。孩子接受适合他们各自才能和情趣的教育,给每一个孩子不同的教育,以适合每一个孩子的不同需要、能力和兴趣。每一个孩子的需要和才能都应该在教育计划里有所反映,给孩子同等质量的教育并非意味着给所有孩子一个同样的教育。我们必须关心孩子,这意味着满足孩子不同的需要、兴趣。学校是一个具有多重目的与功能的结构,就像一个家庭不能只管孩子们吃饱穿暖,单一的目标论不仅在道德上是错误的,在实践上也有问题。学校应该成为更加开放的地方,应该允许学生确定自己真正关心的领域,允许学生依据自己的需要、自己的兴趣做出选择。不同的课程可以开设给不同能力倾向的学生。所有孩子必须学习的课程,应以一种真正适合孩子特殊能力的方式开设给他们。融入关心的教育才是意蕴更丰富的教育,更体现教育性的教育。

从教育的本体功能出发就可以发现，关注差异、在差异基础上的优化发展是教育的培养目标，而这正是教育过程公平本质内涵。这样，教育目的自然就具有了公平的特性，教育结果与教育目的越契合，教育功能发挥越大，教育效率也就越高，也越公平。因此，教育本体功能实现了的教育，就是高质量的教育，也一定会是高效率的、公平的教育。总之，在教育本体功能上，公平与效率并不冲突，在教育过程中我们应该追求公平这一价值取向。

教育过程内含公平的要求，只有用公平价值规范教育过程，让每个学生的潜能得到适宜的发展才可能实现。公平必须在教育过程中休现，才真正落到了实处。这是教育本体的内在呼唤。

第二节　教育供给中公平与效率的状况分析

作为对促进社会效率有效提高具有决定性作用的教育事业，同时肩负着促进社会公平公正的光荣使命，教育资源尤其是公共教育资源供给中的效率与公平问题已成为人们广泛关注的焦点之一。本节从教育供给中的公平与效率的含义入手，通过分析中国教育经费的几个指标和基础教育供给状况对教育供给中的公平与效率问题进行研究。

一、教育供给中公平与效率的含义

在本节的论述中，教育供给中的公平主要指三个方面：教育机会的公平、教育过程的公平和教育结果的公平。教育机会的公平是指教育的消费者——学生，是否无论性别、民族、种族、家庭背景、所在地经济发展状况等因素，都能够获得接受教育的机会。教育过程的公平是指学生在接受教育的过程中教育质量的公平性。换言之，学生不论性别、民族、种族、家庭背景、所在地经济发展状况等因素，都能获得同样较高质量的教育服务。教育结果的公平主要针对高等教育，是指学生在接受高等教育之后，是否能够获得公平的就业机会，能否同工同酬。

在本部分论述中,教育供给中的效率和经济学中的效率是一致的。根据福利经济学,帕累托最优是指资源在某种配置下,不可能通过重新组合,增加一个人或多个人的福利,而不减少其他人的福利。帕累托最优包括生产的帕累托最优,交换的帕累托最优,生产和交换的帕累托最优。本书研究的主要是教育供给的过程中,如何提高资源的利用效率,利用有限的资源获得尽可能大的回报,增加教育供给的数量,提高教育供给的质量。例如,教育券是否能够在不增加政府教育投入的情况下提高教育质量,使各层次学生的福利总和得到提高。

在公平和效率的关系方面,公平和效率往往会发生矛盾。例如,大力发展私立学校,使教育供给市场化,会提高教育供给中资源的利用效率;但是根据教育质量收取不同的学费会使家庭贫困的学生无力负担高质量的教育,不利于教育过程的公平。但有时公平和效率相辅相成。当资源利用效率得到了提高,用较少的资源就可以取得同样的效果时,节省下来的资源就可以用于促进公平。只强调公平而不重视效率是简单的平均主义,获得的公平只是低层次的公平,教育供给的数量和质量都会很低;只强调效率而不兼顾公平则不利于社会的安定团结和经济的均衡发展。鉴于教育的特殊性,教育的供给应当公平和效率兼顾,在基础教育阶段公平优先,兼顾效率;而在高等教育阶段应效率优先,兼顾公平。

二、中国教育经费的几个指标

衡量一个国家教育经费充足与否,可以通过一些经济指标来分析。这些指标包括教育经费的绝对量和相对量。其中,教育经费的相对量又包括教育经费占 GDP 的比重和公共教育经费占财政支出的比例。

(一)教育经费的绝对量

新中国成立后,中国的教育事业不断发展,中国政府的教育经费投入不断增加。中国教育发展大致可以分为两个阶段,第一个阶段是改革开放之前,教育经费比较匮乏;第二个阶段是改革开放至今,教育经费迅速增长。

改革开放之前,中国经济正处在困难时期,每年的预算内教育经费不超过 100 亿元。教育经费严重匮乏,政治经济长期不稳定,导致教育事业发展缓慢,甚至在 20 世纪 60 年代初出现教育经费减少的现象,1960 年为 43.34 亿元,1961 年下降到 32.69 亿元,1962 年仅为 27.55 亿元,1963 年为 29.63 亿元。改革开放以后,教育经费迅速增长。随着改革开放的深入发展,中国的经济实力不断增强,为教育经费的增长提供了可能性,国家对教育的重视使教育经费的增长成为事实。政府在不断增加对教育的财政拨款的同时,还通过多渠道筹集教育经费,使私人部门对教育的投资比重不断加大。这符合中国市场经济发展的需要,是中国教育筹资的新特点。

(二)教育经费的相对量

对教育经费的相对量进行分析可以从两个指标来进行,一个是教育经费占 GDP 的比重,另一个是公共教育经费(即财政性教育经费)占财政支出的比重。

1. 教育经费占 GDP 的比重

教育经费占 GDP 的比重又可以分为全部教育经费占 GDP 的比重和公共教育经费占 GDP 的比重。前者反映了国家对教育的投入总规模的大小,后者反映了国家对教育的重视程度。20 世纪 90 年代以来,中国的全部教育经费占 GDP 的比重和公共教育经费占 GDP 的比重都有先小幅下降再逐步回升的趋势,而且两者之间的差距在逐步扩大。

2. 公共教育经费占财政支出的比例

公共教育经费占 GNP 或 GDP 的比例是各国进行教育政策比较时常用的指标,然而,这两个指标存在不足之处。第一,各国 GNP 和 GDP 的计算方法千差万别。第二,GNP 和 GDP 并不是社会可以动用的资金数额。第三,教育经费占 GDP 的比重反映的是教育投资的增量,并不反映教育投资的存量。长期以来,中国教育投资的比例始终低于相应经济发展水平的国际平均水平,教育经费的供给一直无法满足对教育经费的需求。由于中国教育经费的存量较低,因此增量必须更大才能接近国际先进水平。第四,这种衡量方法只衡量了政府的教育投资是否充足,而无法判断非政府组织和个人对教育的投入有多少。

由于 GNP 和 GDP 存在不足,国际上还有一个衡量政府教育投资力度的指标,即教育投资占财政支出的比例。这是因为,国家财政支出在各国计算方法相同,而且衡量的是政府可以动用的资金数额。采用这个指标就能够清晰地看出政府在教育方面的投资水平和付出的努力。

三、基础教育供给状况

目前,中国在基础教育阶段实行九年制义务教育,以公立学校为主,私立学校较少,学费较贵。中央对义务教育的投入和地方各级政府的投入相比非常有限,由于各地区经济发展状况差异很大,各地政府对教育的投入能力也有很大差异。这就造成了中国在基础教育阶段教育供给的地区间差异较大、各级政府的教育经费投入不均衡、基础教育经费投入不足等问题。

(一)基础教育的政府供给

从狭义上说,教育的政府供给是指政府投入经费兴办公立学校,为国民提供教育服务的活动。从广义上说,教育的政府供给还包括政府通过税收减免、贷款优惠等措施对公立学校和私立学校的资助。在现阶段,中国的基础教育主要由中央、省级和地方(包括县、市等)各级政府提供。

1.地区间教育投入不均衡

近年来,国内一些学者对义务教育经费的地区差异进行了实证分析,王善迈、杜育红、张玉林等人讨论了省际生均教育经费的地区差异,潘天舒、王蓉等则探讨了县级义务教育投资的差异,并认为义务教育生均经费的地区差异在省内要高于省际,董业军、陈国良主要研究了生均教育经费地区差异的发展趋势。这些学者的研究都表明,中国义务教育的生均经费存在巨大的地区间差异。总的来说,义务教育经费的省际差异较大,省内差异更大。

北京师范大学教育经济研究中心对 20 世纪 90 年代后半期的中国教育财政进行了统计分析,发现这一时期生均预算内事业费的省际差异较大,普通小学的差异要大于中学的差异。还有一些研究也得出类似的结论。

义务教育经费的县际差距更大。由于中国义务教育实行的是"县管教育",县和县之间经济发展的不均衡就导致了县际教育经费的不均衡。根据张玉林的调查研究,初中、小学的生均预算内公用经费县级差距很大,有 2/3 的省县际差距在 10 倍以上,很多学校的生均预算内公用经费严重不足,甚至影响到学校正常教学活动的开展。2004 年,江苏、广东、天津、河南、河北、陕西和广西很多县(区)的初中生均预算内公用经费不足本省平均水平的一半,有些县的生均预算内公用经费甚至为零。在河南,郑州市小学的生均预算内教育经费是河南省农村平均值的 5.9 倍,是生均预算内教育经费最低的滑县的 14.7 倍。新乡市初中的生均预算内教育经费是河南省农村平均值的 6.9 倍,是生均预算内教育经费最低的延津县的 12.4 倍。2000 年以后,由于国家限制对农民进行教育集资,农村中小学教育经费的差距继续拉大。此外,生均教学设备的县际差距明显,有的差距在 3 倍以上,这个差距在 1/3 以上的省还在拉大。中级及以上职务教师比例的县级差距也很大。

这些数据表明,中国义务教育发展是不均衡的,地区差异很大,其中包括省际差异和省内差异(县际差异)。目前中国义务教育供给的当务之急是解决发展的不均衡问题。应当增加贫困地区的教育经费,促进地区间的平等,这样才能提高整个社会的总福利。

2.各级政府的教育经费投入不均衡

中国的基础教育经费主要来自地方政府,中央政府的教育支出很少。因为各地经济发展不均衡,能够用于教育的经费开支也有多有少,所以这一现象也是造成各地区教育投入不均衡的原因。

从数据情况来看,中国政府教育投入长期以来远远低于国际水平,不能满足教育发展的基本需要。以 2016 年财政部和教育部发布的数据为例,当年全国财政支出 187 841 亿元,其中教育支出 28 056 亿元,仅占全国财政总支出的 14.9%。造成我国教育经费投入不足的原因,并非是财政收入占 GDP 的比例太低,而是政府治理结构不完善和各级政府教育经费负担责任划分不合理。我国 1994 年分税制改革后的财政制度,中央和省级政府集中了大部分财政收入,但教育、医疗、养老等支出主要由省以下政府承担。这种收支极不对称的收支安排,需要强有力的规范的财政转移支付制度配才能均衡地区之间的财政能力和保障下级政府的支出能力。但迄今为止我国并没有建立起规范有效的财政转移制度,县、乡政府财政责任与财政能力不匹配的问题非常突出。县乡本来就财力不足又偏重能短期增加 GDP 的经济建设支出,教育投入就更加不足。

3.农村教育经费投入不足

由于农村居民收入大大低于城镇居民,可用于教育的开支比城镇居民更少,因而对政府的教育经费更为依赖。然而,实际上,中国用于农村教育的经费投入还很不足。

4.女性受教育不公平现象

衡量教育中的性别公平可以从三个方面进行。一是受教育机会,即女童的入学率是否低于男童;二是受教育水平,即女性的受教育程度是否低于男性;三是受教育结果,即女性在求职就业方面是否与男性存在差异。

中国女性的受教育状况正在逐步改善，但仍然没有实现公平。在基础教育阶段，女性文盲正在不断减少，女童的入学率和受教育年限也在不断提高，但女性受教育水平仍较低，在农村尤为明显。

随着中国教育事业的不断发展，基础教育阶段已经基本实现了男女受教育机会的公平，小学女童入学率逐步提高，辍学率逐步下降，女性文盲率不断降低。但不公平现象仍然存在，主要在农村比较明显。如何解决农村女性教育不公平的问题是推动女性教育公平的关键所在。

（二）基础教育的私人供给

1997 年，国务院颁布《社会力量办学条例》，这是新中国第一个规范民办教育的行政法规，标志着中国民办教育进入了依法办学、依法管理、依法行政的新阶段。1999 年夏，全国教育工作会议决定，在中国第十个五年计划期间，要基本形成以政府办学为主体，公办学校与民办学校共同发展的教育格局。截至 2016 年，全国共有各级各类民办学校 17.1 万所，比上年增加 8 253 所；在校学生 4 825.47 万人，比上年增加 253.95 万人。其中，民办幼儿园 15.42 万所，比上年增加 7 827 所，在园儿童 2 437.66 万人。民办义务教育阶段学校 1.11 万所，比上年增加 325 所，在校生数量 1 289.15 万人。民办高中阶段学校 4 902 所，与上年相比增加 92 所，在校生 463.22 万人。民办高等学校 742 所，比上年增加 8 所，本专科在校生 616.20 万人。

第三节　义务教育和高中教育阶段的效率与公平

新中国成立以来，经过近 70 年的发展我国的基础教育的外延在"广义"的维度上，涵盖了婴儿教育、幼儿园教育、小学教育、初级中学教育、特殊教育、普通高中教育、中等职业技术教育等类型。在这个大范围中，以小学和初中组成的义务教育和高中教育占据十分重要的地位,且带有一定的特性,对它们的效率与公平分析,有助于我们更好地把握基础教育公平与效率的关系,更好地推动基础教育公平的发展。

一、义务教育的公平与效率

(一)义务教育的性质

当前,教育经济学关于义务教育的性质有两种不同的看法。

一种看法以北京师范大学的王善迈教授为代表,认为义务教育属于公共产品。义务教育是一种具有强制性的教育,受教育者家庭有义务让子女接受教育,而要强制就必须免费,即政府应免费提供义务教育,否则,父母可因付不起学费而拒绝承担子女受教育的义务。因此,义务教育是一种强制性的免费教育。义务教育不能通过市场交换提供,其供求由法律调节,而不能由市场供求和价格(学费)调节。

另一种看法以上海财经大学的马国贤教授为代表,认为义务教育属于准公共产品。一般来说,教育产品通常都具有非排他性的特点,但是这种非排他性是有限的。例如,班级的规模是有限的,当人数超过教室空间时,增加学生就必须增加班级。这时的边际成本将大于零,产生排他性问题。教育产品的竞争性表现为,随着学生的增加,教育的总成本也在增加,当教育产品的供应能力不足时,会产生需求竞争,如中考就属于需求竞争,不过它采用的是非市场方式。对照公共产品标准,可以确定,义务教育属于准公共产品,因而适宜采用成本由政府和家长分担的政策。免费并非义务教育的本质特性,而是一项公共政策。西方国家在政府财力未达到充裕之前,普遍实现成本分担制。我国的义务教育收费属于"先普及,后免费"模式,从现实财力供给可能性看,收费是一种再分配手段,在我国现阶段仍有积极作用,过早地取消不利于义务教育发展。当前的重点是完善和规范收费制度。

以上两种看法针锋相对地凸显了我国义务教育中的矛盾,如果义务教育是公共产品,那么对其收费就没有合理性;如果义务教育是准公共产品,那么收费就有合理性。

(二)义务教育中公平的重要性

在义务教育的公平与效率的关系中,义务教育公平无疑居于中心地位,是价值目标。这首先是由教育公平相对于教育效率的中心地位和价值目标决定的。在二者的关系中,如果不以教育公平为价值主旨,教育效率则没有意义,而教育效率的提高也成为不可能。因为一方面,正是教育公平原则的贯彻才使得教育价值得以体现出来;另一方面,因教育效率提高而创造并提供的丰富的教育价值要按照教育公平原则来分配。其次,这是由义务教育的公共产品性质决定的。作为公共产品的义务教育由政府提供,以及消费上的非排他性,决定了在义务教育中必须坚持公平优先。义务教育的公共产品性质使得相对于一般教育公平而言,义务教育公平的中心地位和价值目标更为突出。

二、高中教育的公平与效率

(一)高中教育的特性

1.高中教育具有准公共产品性质

高中教育是非义务教育,属于准公共产品,在这一点上人们的认识是较为一致的。首先,高中教育在消费上具有排他性。既然是非义务教育,就不是同龄人都可受到的教育,在教育机会有限的条件下,一个人受教育就排除另一个人受教育的机会。其次,高中教育具有外部性。一个人受到高中教育,一定范围内的其他人都可受益。

2.高中教育具有基础性

相对于高等教育来说,高中教育又属于基础教育。高中教育的基础性在于:"培养并形成人的良好素质,包括由教育形成的思想道德素质、文化科学素质、劳动技术素质和身体素质,以上无论哪个方面出现问题,都会影响人的全面发展。"

3.高中教育具有竞争性

首先,高中教育的"出口"是高等教育,而高等教育机会的获得需要经过激烈的竞争。其次,选择接受高中教育的学生如果不能继续接受高等教育的话,就意味着丧失了在同一时期接受中等职业技术教育的机会,机会成本相当大。最后,高中教育在很大程度上肩负着为国家准备高级人才的重任,而高级人才只有通过竞争方式进行选拔。高中教育竞争激烈的状况随着近年来我国高等教育的快速发展而有所改观,但是仍然相当严峻。在很大程度上,正是长期以来高中教育的激烈竞争性使得我国应试教育积重难返,素质教育推行困难。

(二)高中教育中公平与效率应该兼顾

高中教育的三个特性使得高中教育中公平与效率的矛盾十分突出。高中教育面临走精英化道路还是大众化道路,实施应试教育还是素质教育等一系列问题。客观地说,我国当前的实际情况更多的是前一类,即精英化、应试教育、优先发展重点校和示范校,单一进行规定课程的教学。但是人们又呼吁后一类的发展,政府也在积极推动高中教育向着后一类的方向发展。

对于高中教育中的公平与效率问题,我们的观点是高中教育中公平与效率应该兼顾。首先,作为社会效率和社会公平范畴的高中教育公平与效率与社会发展和人的发展是统一的,"在社会效率和社会公平的界线内考察公平与效率的结构性关系,二者不存在对立,也不应对立,这是由人类的发展目标所决定的。"[①]其次,相对于教育效率而言,教育公平具有中心地位和价值目标,这奠定了高中教育中公平的重要地位。最后,高中教育的准公共产品性质和竞争性又要求高中教育特别讲求效率。

---

① 史瑞杰.效率与公平:社会哲学的分析[M].太原:山西教育出版社,1999:69.

三、平衡公平与效率,推进义务教育和高中教育的发展

(一)影响义务教育和高中教育公平与效率的因素

1.影响义务教育和高中教育公平的一般因素

以系统论的观点来看,义务教育和高中教育公平问题是当代中国社会公平问题在特定领域的反映,影响义务教育和高中教育公平的一般因素与影响整个社会公平的因素是一致的。当前,我国的社会公平问题集中表现为三大差距:城乡差距、地区差距和阶层差距。三大差距本身以及三大差距的影响因素或多或少都对当代中国义务教育和高中教育公平问题有所影响。

2.影响义务教育和高中教育公平的特殊因素

(1)基础教育财政转移支付制度的不完善。基础教育财政转移支付是指上级政府给予下级政府用于基础教育发展的财政补助,目的在于弥补下级政府基础教育的财政缺口,解决地区间基础教育财政的不平衡问题。由于我国国大人多,各地差异较大,所以为了弥补各地基层政府在履行义务教育和高中教育方面的地区差距,就需要中央政府和省级政府的教育财政转移支付。政府实施基础教育财政转移支付制度最主要动因在于维护教育公平。但是,我国现行的基础教育财政转移支付制度存在低效益问题。

(2)重点学校制度。学者杨东平把造成目前公立中小学教育质量存在极大差异的主要原因归结为我国长期实行的重点学校制度。从理论上说,这一制度的根源在于实行"精英教育还是大众教育"的两难选择。"精英教育"与"大众教育"在理论上的区别,是认为对于国家而言最重要的是使少数人享受充分的教育,培养出一批出类拔萃的英才;而"大众教育"是使大多数人接受必要的教育,培养出具有良好素质的国民。两者的区别在教育实践中则体现为是优先发展高等教育,还是优先普及基础教育;是尽

可能地使大多数人享受平等的教育,还是对少数人实施"尖子教育",等等。在 20 世纪五六十年代现实的发展中,我国教育实际走的是"精英教育"的路线,国家教育投资集中在高等教育领域,并且免收学费;高等教育的学校布局和学科专业结构呈现"重理轻文"的特征,优先发展重工业和国防科技工业。这一选择的成绩主要是为我国五六十年代实现工业化和国防建设提供了智力和人才支持。其问题是,由于教育资源配置的严重失衡,重高等教育、轻基础教育,致使基础教育尤其是农村基础教育长期薄弱,城乡之间、地区之间的教育差距加大,这不仅严重损害了教育公平,也构成了对当前我国现代化建设的深刻制约。

(3)"择校生"等特殊政策以及各种形式的教育乱收费。"择校生"等特殊政策以及各种形式的教育乱收费是当前基础教育公平问题的重要表现,也是造成基础教育公平问题的重要原因。这些现象的出现有一定的社会基础和市场,但根本上是教育投入不足造成的。"择校生"和教育乱收费的危害是很大的。首先,教育乱收费和"择校生"屡禁不止,成为当前滋生腐败的重要温床,对人民群众的社会生活造成了严重影响,农村和城市有相当一部分低收入家庭因子女教育而负担沉重。其次,家长的"择校"行为对学生的心理健康极易产生不利影响,"择校生"的心理问题应当引起注意。

3.影响高中教育效率的因素

(1)高中教育投入。高中教育投入是影响高中教育效率的重要因素。改革开放以来,我国对高中教育的投入逐年增加。但是,随着教育成本的提高和教育规模的扩大,教育经费远远满足不了教育事业发展的需要,加上缺乏相应的法律保障,在一些地方还存在挪用、克扣教育经费的现象,以致一些学校经费严重不足,甚至难以维持学校正常运转,这在农村学校表现得尤为突出。另外,当前实施的一些高中教育领域的改革往往因投入不足而出现问题。

(2)高中教育公平。公平与效率是紧密相关的,高中教育的公平深刻影响着高中教育的效率。在当前的高中教育中,城乡差距、地区差距、阶层差距以及重点与非重点学校之间的差距往往结合在一起,成为影响高中教育整体效率的重要因素。当前,各类学校发展很不平衡,重点中学与普通中学、城市学校与乡村学校的差距不是在缩小,而是在扩大,好的更好,差的更差。各地教育发展也不平衡,经济发展快的地区教育发展也快,经济落后的地方教育发展也慢。广大农村学校办学经费来源少,政府投入又不足,自然办学条件差,发展速度慢,而又由此导致优秀教师流失,教学质量下滑,生源减少,门庭冷落,最终步入一种恶性循环的怪圈。

(3)高中教育师资。高中要发展,教师是关键。高中教育师资水平是提高高中教育内部素质的重要因素。然而,现在许多高中学校都面临教师短缺和教师整体素质下滑的问题。

(二)平衡公平与效率,推进义务教育和高中教育的良性发展

1.加强教师队伍建设,规范中小学内部管理

教育工作,教师是根本,对学生知识的传授、做人、做事能力的培养都要通过教师来完成,因此加强包括校长在内的教师队伍建设对于推进义务教育和高中教育的良性发展十分必要。在现有经济、物质条件暂时得不到明显改善的情况下,通过学校内部管理,加强教师队伍建设是改善学校目前现状的重要途径。教育部门、学校应加强对教师的继续教育和业务培训,通过学习、培训等多种形式及途径提高教师的业务素质,建立一支政治可靠、业务过硬的教师队伍。

校长是学校的灵魂,要加强对中小学校长队伍的管理和培养,使校长适应新形势下的教育要求,使新教育理念、新教材培养目标、新教育方法在校长领导下通过管理落实到每个教师,落实到教学工作中。学校内部管理是保证各项工作得到落实的基本保障。应建立健全各项规章制度,在校长的领导下,着力加强学校内部管理,通过科学规范的管理,充分挖掘内部潜力,促进学校

教育的全面发展和教育教学质量的提高。

2.加大义务教育和高中教育的经费投入,完善教育财政转移支付制度

提高国家财政的整体教育投入比重。首先,需要确保现有预算口径的教育支出稳定增长,各级财政部门应随着经济发展和财政收入的提高,加大对教育事业的投入力度。其次,研究增设教育专项资金的新渠道,考虑开征教育税,将中外各类企业都纳入征税范围,从而拓宽税基,稳定税源,使财政的教育支出具有更加可靠的收入来源。

完善教育财政转移支付制度,强化中央和省级政府支持农村基础教育的职责及投入力度。首要的措施是着力调整中央和省级教育投入结构,进一步加大中央和省级整体基础教育投入比重,改变现行重高等教育、轻基础教育的不合理状况。其次,建立科学有效的中央和省级政府对基础教育转移支付制度。

3.鼓励和规范社会力量对基础教育的投入

基础教育投入应以政府为主,但在对公共教育经费的使用上要成本核算,通过教育投资、融资改革,建立教育经费的成本分担机制,以吸引更多的社会资金投入基础教育;鼓励社会团体、企事业单位和公民捐资助学,进一步落实对捐资助学单位和个人的税收优惠政策,对纳税人通过非营利的社会团体和国家机关向农村教育的捐赠,在应纳税额中全额扣除。此外,坚决清理和制止择校费、赞助费等教育乱收费及其他不规范的基础教育资金投入政策和方式。首先,要采取措施扩大和均衡优质教育资源的配置,近年来一些地方实行的教育券制度、优秀教师定期到薄弱学校支教等制度值得推广。其次,要继续探索基础教育升学考试制度改革,不搞"一刀切",采取综合的基础教育升学录取标准。

4.严格执行相关法律法规,保证受教育机会的公平获得

首先,各地区应该严格执行《义务教育法》等相关法律,加大对初中阶段辍学现象的治理力度,争取使更多的适龄人口接受完

整的义务教育。

其次,大力发展落后地区和农村的高中教育,均衡优质高中教育资源。在针对高中的财政投入上,政府要改变长期以来"精英教育"理念下的财政投入政策,以全面落实素质教育和建设服务型政府的理念,切实加大对落后地区和农村的高中教育投入。

再次,高中阶段性别之间的教育机会均等状况较为严重的原因并不在于男女之间的学习能力,而主要在于长期"重男轻女"意识下形成的对女性接受较高级教育的不重视。因此,政府要有意识地进行男女具有接受较高级教育同等重要的宣传,以引导人们转变观念。

最后,应该大力发展高中阶段的职业教育,推行就业资格制度,使人们认识到完整的九年制义务教育对于自身的重要性。

5.充分发挥政府责任,规范和引导基础教育良性发展

完善对基层政府的业绩考核机制,加强对基层政府发展教育事业的监督。实行税费改革和"以县为主"的教育管理体制后,发展基础教育的多个积极性缩小为县(市)政府一个积极性,市、县、乡的职责和任务并不明确,这在农村地区表现特别明显。实行"一费制"后,学校收入大大减少、公用经费不足、乡镇对教育的投入也在减少。因此,要加强对各级政府发展教育事业的监督,特别是对乡镇领导干部的业绩考核和监督,教育投入情况应纳入对党政领导干部科技进步和人才工作目标责任制的考核工作中,避免各级政府对基础教育投入和管理的"虚位"和"缺位"。

发挥政府责任,调整中小学布局,实现办学规模效益。由于受计划生育等因素影响,农村中小学学生数普遍呈下降趋势,教师在相同工作量的情况下所承担的教学任务减少,造成了教师人力资源的一种浪费。再有,不论学校大小统一按教学设备配备标准配备教学资源,浪费资金的重复建设也使学校背上了沉重的经济负担。这种情况在偏远山区、农村地区尤为严重,第二节的相关分析已经表明了此点。因此,基层政府应该发挥责任,在农村、

山区大力推行合班并校,扩大办学规模,提高办学效益。在农村、山区等有条件的地方提倡和鼓励办寄宿制小学,对住宿生实行交通、伙食补助,在不增加农民负担的情况下,保证每位学生都能接受到好的基础教育。

第七章 教育公平与政府责任

当前,我国教育发展的主要矛盾是人民群众对优质教育需求的普遍性和迫切性与教育发展的显著差异性之间的矛盾,这种矛盾的加剧进一步就反映为全社会对教育公平问题的密切关注。因此,如果我们把最大限度地满足广大人民群众日益增长的教育需求作为当今教育发展的迫切任务,那么,教育均衡化就不能不成为当下教育政策的基本价值取向。政府作为提供教育公共产品、实现教育公平的"第一责任人",在提供公共产品时,应把实现教育公平作为最重要的目标和理想,通过自己的科学决策、民主决策,努力实现教育公平的目标和理想。

第一节 基础教育资源公平配置的政府主体责任

考虑到基础教育本身的全民性、基础性、公共性以及普惠性等属性,公平成为基础教育的价值灵魂。在这个过程中,政府应承担起基础教育资源公平配置的主题责任,主张基础教育资源的本质属性是纯公共产品,提供充足的基础教育资源应成为政府的固有职能,将教育政策的改进作为基础教育资源公平配置的基本保障,将公平确立为基础教育政策的价值基点。

一、基础教育资源的本质属性

基础教育资源的本质属性是纯公共物品。

在经济学理论里,公共产品是指公共使用或消费的产品。公共产品是可以供社会成员共同享用的产品,严格意义上的公共产品具有非竞争性和非排他性。通常不具备排他性或(和)竞争性,一旦生产出来就不可能把某些人排除在外的商品被称为(纯)公共产品。

从教育的效用来看，它具有典型的不可分性和非竞争性，显然属于公共物品，然而从提供者来看，其主体又可以是多个，尤其是社会主义市场经济体制之下，教育的提供主体更加多样化，其又具有非垄断性。故教育应属非垄断性公共物品。具体到基础教育，依据其私人受益和社会受益的比较来看，其公益性和非排他性以及非竞争性的特征更加明显和突出，尤其是义务教育阶段，我国宪法规定了公民接受义务教育的权利和义务，承担着为整个国家和社会培养合格公民的目标任务，其提供的主体仍然是国家，即使高中教育的社会化和市场化程度高于义务教育阶段，其公共性却未曾受到削弱。可见，基础教育的属性更加偏向于纯公共物品。

作为纯公共物品的基础教育，其提供的主体是我国中央及各级地方人民政府，"人民教育人民办"已经实实在在地转变为"人民教育政府办"，政府提供"基础教育公共物品"也越来越成为广泛共识。因此，基础教育资源的充足提供与公平配置对于我国基础教育的发展来说是十分重要的保障。

基础教育公共物品的公共性程度，即作为"纯公共物品"是由其本质特性所决定的，具体表现在以下几个方面。

(1)广泛性。基础教育的影响对象不只是受教育的个体、群体或阶层，还是众多隐形联系的个体和团体，还会超越个人和地域的限制，对整个国家和民族产生广泛的影响，甚至超越国界的限制对整个人类的发展产生影响。

(2)公益性。公益性意味着基础教育要超越任何个人、群体、阶层、地域等，要为整个社会所有成员共同享有，所有成员都可以从中受益；此外也意味着，没有任何个人或群体能够避免其影响。这同时也是一种特殊的公益性，因为个人通过接受基础教育，在获得个人发展的同时，也实现了个体利益与私人利益的统一、个人利益与公共利益的统一，在个人获得发展的同时，也推动了整个社会的进步。

(3)机会公平性。因基础教育的公益性、广泛性、国民性等特征,几乎世界上所有国家的基础教育,尤其是义务教育资源都来自公共资源,且几乎都以法律形式确定了所有公民享有不受任何条件限制接受义务教育的权利,也即提供了享受基础教育的机会均等,这也是基础教育公平的一个重要内涵。

二、提供充足的基础教育资源是现代政府的固有职能

(一)政府职能的六大特性决定提供充足的基础教育资源是现代政府的固有职能

所谓政府职能是指国家行政机关在政治生活、经济生活、文化生活以及社会生活中所应当承担的法定与道义上的职责与功能。提供充足的基础教育资源之所以构成现代政府固有的职能,是因为基础教育本身也具有政府职能的六大特性。

1. 法定性

政府职能的法定性是指政府的一切活动都要在宪法和法律的范围内进行,宪法和法律规定了一国政府职能的边界,使公共行政有法可循。

2. 强制性

政府职能的强制性是指其以国家强制力为后盾,行政相对人不得阻碍政府职能的正常行使。

3. 动态性

政府职能始终是变化的,取决于市场经济条件下政府与市场关系的动态性、政府与社会关系的力量对比以及政府与自然界的关系演变。

4. 执行性

政府作为贯彻和执行国家意志的机关,其职能具有明显的执行性。

5.公共性

公共性是指政府对国家或社会中大量涉及日常公共事务的处理,其根本目标就是要为所有社会阶层与群体提供公平的、高品位的社会公共服务。

6.扩张性

扩张性是指政府随着现代社会中公共问题以及公共事务不断增多而且日益复杂,政府承担的职能会越来越多,并会迅速扩张到社会的各个层面。

(二)政府在提供充足的基础教育资源方面应采取的策略

我国基础教育是世界上最大的教育体系,具有强制性、复杂性、多样性、阶段性、差别性等特点。基础教育均衡发展、持续发展、优质发展、高位均衡发展的征程仍很艰难。要提供充足的基础教育资源,政府履职的主动性责任心仍然需要进一步强化,发展理念仍然需要进一步更新。

1.政府必须树立正确的基础教育发展观

缩小城乡、区域和阶层之间的教育差距,最终实现基础教育公平,首要问题是孰先孰后的问题,解决好这个问题,才能正确定位基础教育在我国教育体系中的地位。教育和政治、经济的关系是教育发展中需要处理的基本关系,贯穿了教育发展的整个历程。它既是制约教育发展,也是制约社会发展的关键因素。我国教育发展中出现的许多问题,包括不公平、不均衡问题,很大程度上是由于没有处理好三者的关系,将教育发展置于经济发展和社会发展的从属地位。

我国在重新审视了教育的战略地位之后,将教育放在优先发展的位置。但是,教育是多层次的,优先发展教育,也有重中之重,重中之轻之分别。实际上,从我国教育发展的实践来看,由于长期受"精英主义教育"的影响,教育资源一直偏向于配置高等教育领域,而基础教育则一直处于劣势地位。基础教育属于国民教育,这种基础性有着丰富的内涵,它不仅是个人进一步发展的基础,也是教育自身发展的基础,更是国家和社会发展的基础。现代西方发达国家的经验表明,重视基础教育发展是一个国家实现现代化的根本保证和重要基础,一个国家的现代化不仅仅是因为它经济的快速发展、优质发展,更主要的是全体国民素质的提高,是全体国民的现代化,是"人"的现代化。从这个角度来讲,基础教育质量的高低,也是衡量一个国家现代化程度的标尺和文明程度的标杆。所以,教育优先首先应该是确保基础教育核心的、优先的地位,优质的、公平的基础教育是发展整体意义上的教育事业的重要前提和核心指标,才能确保整个教育事业获得源源不断的发展。

2.树立基础教育整体发展的观念

城乡二元结构、地区发展不均衡、阶层差异等不仅构成了中国城乡、地区、阶层之间基础教育不均衡、不公平的一个基本社会条件,更重要的是,这些因素也从很大程度上决定了中国教育政策的基本框架。在这样的框架下,城市基础教育与农村基础教育、发达地区基础教育与欠发达地区基础教育、高收入阶层基础教育与低收入阶层基础教育、重点学校与非重点学校等都是作为一组组相对的概念出现在人们的视野里。几组概念中的后者,甚至成为带有一定歧视性的标签。它们不仅被看作教育质量和效果较差的教育方式,并且在教育资源的配置中往往也始终处于劣势。从基础设施、师资水平、教育经费、生源质量、社会效应等,甚至到教学的内容,都与前者区分开来,前者理应优于后者几乎成为一种社会普遍的认同观念和包容态度。

但就基础教育发展的现状来看,对两者有区别的资源配置政策是切合当时实际的,但随着城镇化进程的逐渐加快,经济社会的迅速发展,现代化进程对传统方式的改造,"实际上是一个包括社会和个人双重层次的社会变迁的过程,而其中个人层次的变迁即人的现代化过程,是个人改变传统生活方式,进入一种复杂的、技术先进的和不断变动的生活方式的过程"①。同时,从基础教育的本质来看,基础教育主要是政府投资,并通过立法等方式保证全体适龄受教育者权利的国民教育,尤其是其中的义务教育阶段,更是所有适龄儿童必须接受的强制性的国民基础教育,这种公共产品的性质也决定了它必须成为全体国民所平等享受的。也可以说,在基础教育领域,公平和平等必须是首要的,居于所有政策选择第一位的因素和性质。这种公平性和平等性,决定了在基础教育领域不能有城乡之别、区域之别、阶层之别,任何区别对待的基础教育皆不合理。所以,要实现基础教育公平,关键就在于超越和突破城乡二元、区域二元、阶层二元的两极思维模式和政策框架,树立一体化的整体性基础教育发展观。

三、保障基础教育资源公平配置是政府的基本职责

社会公平的重要基础是教育公平,实现教育公平的根本保证是教育资源的公平配置,确保教育资源公平配置的基本职责是各级人民政府。党和国家一直倡导让广大适龄少年儿童享有公平的基础教育,保障他们平等接受基础教育特别是平等接受义务教育的权利,这不仅是认真贯彻党和国家教育方针的目标要求,而且也是由我国社会主义国家性质决定的,是各级政府义不容辞的法定责任。正如党的十八大报告指出的"要大力促进教育公平,合理配置教育资源,重点向农村、边远、贫困、民族地区倾斜"。这充分说明作为确保国民素质的基础教育在各级各类教育中的地位非常重要,同时负有履行基础教育资源公平配置基本职责的各级政府的责任也十分明确。

(一)我国政府基础教育资源公平配置的现状

教育作为人类社会特有的现象,就其本质而言,它是社会对受教育者施加有目的的影响,把他们培养成符合社会要求的人,

---

① ［美］艾弗利特·M.罗吉斯等.乡村社会变迁［M］.王晓毅等译.杭州:浙江人民出版社,1998:309.

从而促进人类个体发展和社会整体发展的一种精神生产活动。按照公共经济学的观点,基础教育具有公共产品的属性,因此需要公共部门来提供这部分的服务。对于代表社会公共利益的政府来说,由于教育产生的利益为社会所共同享有,它就应当承担起弥补教育供给不足的职责。各级政府是最主要的公共部门,其最主要的社会职能是为社会提供公共物品。尤其是基础教育阶段,作为公共产品的必需品,政府应该对基础教育提供必要的公共服务,政府财政应该给予基础教育足够的支持,必须通过财政手段,确保为基础教育提供充足的资金,保证基础教育的正常发展。

当前,作为政府公共产品的基础教育,因其资源的有限性和配置的非公平性,使广大人民群众接受基础教育的机遇与水平始终具有一定的竞争性,比如平均受教师关注的程度会有所不同,生均校舍面积、图书、仪器等教育资源会有相当差距。因此,政府作为教育政策和制度的制定者,特别是作为教育资源的配置者,必须进行合理调控、公平配置,离开了政府的基本公共教育服务来谈论教育公平、促进教育公平,那一切都将会无法实现。一般而言,众多论者都认可将义务教育作为政府的纯公共产品。尤其在经济社会取得飞速发展的今天,我们更应该与时俱进,将义务教育的范围扩展至高中教育阶段(含中等职业教育)。这主要是由以下几方面决定的。

(1)我国教育发展整体水平的提高是一个必然趋势,将高中阶段教育纳入义务教育有利于提高全民受教育的水平,有利于提高中华民族的整体素质。

(2)从推进素质教育和教育公平的角度来说,把整个基础教育纳入政府公共产品的范围,有利于政府对基础教育阶段资源的宏观调控、有效分配和公平配置,有利于缓解目前人民群众对基础教育阶段反映强烈的"择校热"以及由此引发的教育乱收费问题的尽快解决,有利于进一步促进义务教育及基础教育的均衡发展、优质发展,有利于促进基础教育公平、社会公平与和谐社会的构建。

（二）各国在解决基础教育资源教育公平配置方面提供的经验

审视世界各国的基础教育发现，基础教育资源公平配置问题也是各国政府不能回避和必须面对的共性问题。随着各国经济社会的迅猛发展，整个世界呈现出全球化、现代化、区域化、信息化的特点，一些发达国家的发展历程告诉我们经济发展与教育水平息息相关、密不可分，经济与教育往往是统一的。尽管许多发达国家在教育发展的过程中，经历过曲折，甚至是停滞，但回顾英国、法国等欧洲国家，尤其是美国等西方发达国家都将教育公平作为政府的价值取向，它们所走过的争取教育公平的道路都证明了，教育资源的公平配置对保证教育公平目标的实现至关重要。因此，可以说把促进教育公平内化为政府首脑的管理视野以及纳入政府公共服务职能的领域，制定严格的法律法规并通过法律来切实保障教育资源的公平配置，是发达国家实现并持续促进教育公平的成功经验与范式。比如，20 世纪初的美国，黑人和白人接受教育存在着严重的不公平，教育不公也曾经是美国社会的一大突出矛盾，实现黑人白人的教育公平由此成为美国政府和美国人民所追求的宏伟目标，为此在美国教育部总部的大理石墙壁上刻着"保证教育机会均等，提高教育质量"的字样，这充分表明美国政府将机会均等作为政府的治理理念与价值取向，将教育公平作为提高教育质量的重要内涵，将教育资源的公平配置作为实现教育公平的重要抓手。美国政府通过健全法律法规，以法定的方式强制性配置教育资源，联邦政府与州政府职能明确、分工明晰。这些举措对于实现教育资源公平配置、促进美国教育公平起到了十分重要的作用，也为美国经济跃居世界之巅与实现超级大国的目标奠定了坚实的基础。

（三）通向基础教育资源公平配置的有效路径

通过对西方发达国家农村义务教育财政体制的比较研究表明，保证公共财政投入公平、协调教育体制与财政体制间的平衡，是通向基础教育资源公平配置的有效路径。学者们普遍认为，各国农村义务教育公共经费主要来自税收,但由于财政体制的不同与历史传统的差异,在具体做法上大致体现为三种类型:第一种是农村义务教育公共经费完全从属于普通财政;第二种是独立开征教育税;第三种是普通财政和开征教育税相结合。总之,在农村义务教育经费筹措上形成较为完善的公共财政体制是世界其他国家义务教育发展的普遍经验。

我国农村义务教育经费长期以来一直处于匮乏状态,其主要原因就是因为没有建立完善的公共财政体制,农村义务教育投资主体重心过低,资金安排往往带有很大的随意性,因而在经济和教育改革中不断受损。税费改革、分级办学体制改革、一费制等所导致的农村义务教育经费不足问题皆出于此。2006年新修订的《义务教育法》无疑给义务教育的发展带来了福音,它提出了建立中央人民政府与地方各级人民政府根据各自法定职责共同负担义务教育经费,各省、自治区与直辖市人民政府负责统筹落实与具体执行的教育财政体制。可以预见与断言,《义务教育法》的修订与贯彻,我国义务教育阶段财政投入体制的确立将为义务教育纳入公共财政供给体制提供了法定依据。为此,农村义务教育阶段的管理主体和投资主体首次实现了分离,投资主体开始高移。

但是,这仍然只是一个比较粗略的框架,一个完善的农村义务教育保障体制还需要解决以下几个方面的问题。

(1)应该明确界定中央、省级政府、地市级政府和县级政府对义务教育的投资比例。

(2)乡镇一级政府虽然不再承担农村义务教育投资的主要责任,但应该为其参与农村义务教育发展留出空间。

(3)在新的义务教育经费财政体制中,应该正确处理国家投入和民间资本投入的关系,在确立农村义务教育依靠公共财政为主的情况下,继续保持和激发民间资本参与农村义务教育发展的积极性。

四、明确政府在基础教育资源配置中的基础性、主导性作用

在市场经济条件下,关于基础教育资源的配置,总的来说是要强调市场的作用,但与此同时,政府总是在起着基础性、主导性作用。这主要是由基础教育产品的性质所决定的。市场经济不会改变教育的公共产品或准公共产品的性质,教育资源不应完全由市场配置,而应主要由政府来配置。

政府在基础教育资源配置中起到基础性、导向性作用,主要体现在三个方面。

(1)政府应依法承担义务教育的完全责任,提供完全免费的义务教育,确保义务教育资源的配置,确保全体适龄儿童能接受大致相当的教育。

(2)为基础教育的高中阶段教育提供大部分经费,成为教育资源配置的主体,不断扩大高中教育资源,促进高中教育的普及。

(3)建立基础教育范围内的学生资助制度,不使贫困家庭子女因经济困难而失学。

政府要发挥这一基础性、导向性作用,首先须明确相应职责,这种职责须在各级政府中明确,主要是在中央和地方政府或高层政府与基层政府中明确职责。就我国目前教育情况而言,基础教育投入责任长期由较低层次政府来承担,政府未能在教育资源配置中起到基础性作用。从理论上说,教育资源配置的职责如果要由较低级的政府来承担应具备两个条件:一是地方低层次政府要对辖区内的教育需求尤其是教育财力资源的需求做出积极回应,即有能力举办和管理教育;二是高层次政府能通过教育财政的转移支付解决低层次政府因事权与财权不对称而导致的矛盾。如不具备这两个条件,教育资源配置责任就不宜由较低层次政府来承担。从现实情况看,恰恰是我国地方低层次政府并不具备或不完全具备这两个条件。

(1)从我国基础教育的财政与管理体制看,我国长期实行的是"分级管理、地方为主"的体制,这种体制事实上形成了村办小

学、乡办初中、县办高中、省和国家办大学的格局,中央财政对基础教育投入很少,省级政府的投入也较少,基础教育尤其是义务教育主要由县、乡两级基层政府承担,实际上是让财政能力最薄弱的政府去办最大规模的教育,自然造成政府难以在教育资源配置中起到实质性作用。

(2)解决低层次政府因事权与财权不对称的矛盾,需要建立规范的政府间财政转移支付制度。目前,我国教育财政转移支付制度还有待完善和规范,主要是应进一步加大中央财政对义务教育的转移支付力度,省级政府也应承担起对教育投入的重要职责,尤其在省际以内的区域性资源配置中加强宏观统筹,以促进省域内的基础教育均衡发展。

第二节 基础教育公平政策的影响因素

现实中的教育公平问题最终都可以还原为政策或制度问题,一方面,现实中的许多教育不公平本身就是由于政策的原因导致的;另一方面,几乎所有的教育不公平问题最终都可以通过政策来加以调节。因此对影响基础教育公平的政策因素进行分析有助于我们更好地把握教育公平与政府的责任。具体来看,影响基础教育公平,导致教育公平问题产生的政策因素主要包括以下三个方面。

一、政策偏重不公

当前,我国基础教育的问题集中体现为发展不均衡的问题,尤其表现在城乡之间、地区之间、学校之间以及三级教育结构之间存在的巨大差距和不均衡,也就是说,国家对不同层次、类别和地域的教育采取了不一样的政策,或实行了不同的政策执行标准,这就是政策的"偏重不公"。而且这种偏重的价值取向由来已久,已成为一种制度化的存在,我们称之为制度性的双重"二元分割",即重点与非重点"二元分割"、城市与农村"二元分割"。

(一)重点与非重点"二元分割"

新中国教育在其发展过程中面临着双重使命,既要扩大劳动人民受教育的权利,迅速普及教育;又要通过正规化、制度化的教育,为实现工业化和国防建设培养大量急需的专门人才。这是教育发展中的"普及与提高"的矛盾关系,实际上也是对"公平与效率"的考量。在经历了来自客观现实的严峻考验之后,我国政府作出了虽然艰难但也十分坚定的抉择,这便是"精英教育"主导的教育发展模式,具体反映在实践中,便是在中小学全面推行的重点学校建设政策。例如,"教育部门要定期研究重点学校的工作,每年至少要召开一次会议。要有领导干部分管重点中学,经常深入基层,深入教学,调查研究,总结经验,加强具体指导。""重点中学的骨干教师比例比一般学校多,今后调整工资或升级等,比例应大于一般学校。""高等师范院校的毕业生要由省、市、自治区教育厅(局)择优分配给重点中学。""重点学校应有满足教育教学需要的各类教育和教学辅助用房、设备、仪器、标本、模型、挂图等。""今后增加的中学教育经费,在统筹安排下,要保证重点中学的需要。重点中学的经费由省、市、自治区制订标准,各地要按标准拨给学校。基建投资、教学设备费由省、市、自治区教育厅(局)统一掌握,戴帽下达。"

显然,这些政策上的规定带有十分强烈的倾斜性,它是我国在特定的历史条件下采取的加快教育事业发展的重要举措,是我国教育事业处于"精英教育"阶段在教育政策取向上的一种必然选择。在教育资源相对短缺的年代具有历史的必然性。在中学阶段举办重点学校,可以集中力量为高一级学校提供优秀生源,这在资源有限的情况下是一种便捷的途径,就像军事上的"集中优势兵力打歼灭战",像在经济建设上的确定重点建设项目一样,是必然的和不失明智的选择。

然而,历史已迈进 21 世纪,我国基础教育的发展也已从精英教育阶段进入大众化的普及教育阶段,教育平等的观念日益深入人心,应该是对重点学校政策进行全面的理性检视的时候了,应该深究制约教育公平的重点学校政策的原因了。

首先,重点学校制度实施的一个理论基础是效率优先,评价重点学校也都是以一些显性指标为依据,如经费投入、办学设施和条件、师资力量、学校规模等。但盲目追求重点学校的高投入、上规模,不仅挤占了非重点学校已经可怜的经费,而且无助于重点学校经济效益的提高,造成有限的教育资源的闲置与浪费。从教育的精神效益来说,重点学校政策对加剧片面追求升学率的风气起到了推波助澜的作用,造成重点学校教师、学生甚至家长沉重的心理负担,其消极作用是明显的,而且由于对重点学校的片面倚重政策,造成对教育机会平等的威胁和对非重点学校师生、家长的心理打击,并由此带来的更加广泛的消极社会影响,是更加令人担忧,不能不察的。

其次,基础教育是一种公共产品,它既具有基础性,也具有公益性,它与高等教育等其他形式是不一样的。因为普通中小学是由国家举办的,面向所有少年儿童,理应遵循教育公平的基本原则,保证学生平等的教育权利和教育机会。学生在教育起点上的不公平,将会凝固和扩大他们将来的后继教育的不公平,扩大其未来成长就业的社会差距。重点学校在师资配备、教育经费、办学条件上远比一般学校优越,导致学校之间的差距拉大,只会造成基础教育阶段不正常的资源竞争、生源竞争和升学竞争,损害基础教育的公益性,进而恶化基础教育的品质。

最后,重点学校制度实施的一个基本的预期目标,是实现其自身的竞争力、影响力和辐射力增强,从而带动其他学校的发展,这是在"让一部分人先富起来,带动其他人共同富裕"思维下的良好愿景。然而,因为长期的重点与非重点的"二元分割"体制,已在两种类型的学校中形成两种不同的文化,它们之间已很难进行实质性的沟通,鸿沟越掘越深,难以填平。而且,重点学校的竞争力主要是通过对一般学校的资源(包括生源)挤占和争夺而获得的,这给一般学校带来了极大的伤害。

(二)城市与农村"二元分割"

中国城乡教育差距的根本问题在于城乡教育对公共资源占

有的不平等,也就是说,农村教育的贫困实质上表现为资源的贫困,而公共资源的分配是由公共政策和社会政策来执行的,因此,政策是造成城乡教育差距的最主要的因素。

世界发展中国家普遍存在的一种历史现象就是城乡二元结构,我国在过去高度的计划经济体制下,为加快工业化建设,国家运用各种行政手段,从社会各方面特别是农村集中有限资源,形成工业和城市建设的资金积累,这些措施虽然在当时具有历史必然性,使我国在不太长的时间内初步建成了比较完整的工业体系,但社会发展却为此付出了巨大代价,造成了中国城乡严重分割的格局。这种二元社会结构的形成,构成"城市中心"价值取向生成的必然基础,使得迄今为止的我国一系列社会经济和教育发展政策,都打上了城市偏向的深深烙印。例如,"全国统一"的教学大纲、教材和课程标准,无视城市和农村在教育环境、教育资源上的巨大差别,主要以城市学生的学力为依据制定,学科教学的深度、难度,连城市儿童也普遍感到不适应,农村的孩子就更难适应,这对农村和边远地区的学生无疑是很不公正的。多项调查表明,教学难度过高,致使许多学生难以应付,已成为导致农村学生流失辍学仅次于经济负担的居第二位的重要原因。又如农村由于学校分散,学校规模及班额较小,需要更多的教师,尤其是在山区和地广人稀的边远地区,然而国家制定的教师编制标准是,农村学校的编制反而比城市的少。现行的城市小学师生比是1∶19,城镇小学是1∶21,农村小学是1∶23,这显然是不够合理的,它加剧了农村教育的困境。当前在中小学推行的新课程改革,农村教师、学生普遍感到"水土不服",重要原因是新课程标准选择了城市化和西化的取向,其先进的理念与现实教育资源、师资水平的巨大反差难以耦合。同样,在小学三年级开设英语,在考试中增试听力以及普通话测试等提高教学质量的要求,往往也成为阻碍农村学生获得学习机会的难以逾越的门槛。

二、政策调节不力

基础教育政策对教育公平的制约和影响的又一重要表现就

是政策的调节不力。所谓政策的调节不力意即相关政策对于现实中的教育问题不能起到有效的调控作用,从而引发新的教育不公平现象。政策调节不力主要受到来自两个方面因素的影响:一是既有的政策资源存在短缺或"不到位"情况,不能针对现实中的教育矛盾及时制定和实施相应的政策,或者虽及时制定了政策,但因作用有限不能从根本上解决问题。二是现有运行的政策存在相互抵牾的情况,或者政策有多种表现形式,彼此之间缺乏整合性和协调性,或者就一类教育问题同时执行多种政策,彼此相互抵触排斥。这种政策资源的短缺与矛盾共存的现象在基础教育领域都有充分反映。

我国教育的发展与经济发展在战略模式上有同构性特点,那就是都属于政策主导型和行政主导型。也就是说,政策意味着投钱,政策意味着发展,政策意味着生存,给不给政策,或者说能否获得同等的政策资源,是关乎兴衰存亡的大事。在同样的事实背景下,若没有享受到同等的政策待遇,那就必然意味着落后,反之亦然。这在我们前面关于目前基础教育领域存在的各种形式类别的差距分析中都可得到证明。

(一)政策资源在保障教育投入方面存在的短缺与矛盾

长期以来,我国教育投入存在严重不足状况,透析教育经费投入不足背后的原因,其中政策资源的投入不足应引起高度关注。例如,我国自 2001 年起国务院先后发布了三个文件——《国务院关于基础教育改革与发展的决定》《关于完善农村义务教育管理体制的通知》《关于进一步加强农村教育工作的决定》。三个文件都是为了进行农村义务教育"以县为主"体制的改革深化,也是为了解决农村义务教育投入不足的根本问题。但在这些文件中,并没有对农村义务教育投入的有关具体财政制度,如逐县核定财力、逐级实行转移支付、调整县乡财政体制等关键的财政制度做出规定,以致农村义务教育管理体制的改革难以落实到位。

同时,在"以县为主"和"共同保障"上也存在政策缺陷。国务院的一系列文件一方面明确提出"实行在国务院领导下由地方政

府负责,分级管理,以县为主的体制",另一方面又说要"明确各级
政府保障农村义务教育投入的责任。当前,关键是各级政府要进
一步加大投入,共同保障农村义务教育的基本需求"。显然按照
国务院有关文件的意愿,实行以县为主的农村义务教育管理和财
政体制,并不是把发展农村义务教育的责任由县级政府完全承包
下来,而是在国务院领导下,由省、市、县三级政府分级负责,分级
管理。虽然国务院文件中规定了省、市政府的责任,即县级政府
如果无力承担发展义务教育的责任,市、省政府要通过逐级转移
支付加以解决。但这一规定在实践中并未得到落实,以致中央的
政策成了"空头支票",农村义务教育的"分级管理、以县为主"变
成了事实上的"由县全包"。之所以出现这种情况,与国务院文件
中的"以县为主"与"共同保障"相互矛盾不无关系。各级政府认
为"以县为主"就是要由县级政府承担责任,而县级政府则认为要
"共同保障",不单是县一级政府的事,"以县为主"也不是"以县级
投入为主"。这就出现了责任主体不明和相互推诿。要改变这种
既要"以县为主",又要"共同保障"的责任要求,必须明确各级政
府的具体责任,否则就会出现政策的执行空白。

(二)政策资源在入学机会、权利保障方面的短缺与矛盾

首先,相关政策法律对受教育者权利、机会保障方面存在资
源性短缺。这种资源性短缺的直接体现是相关政策法律不能对
全体公民实现高度关注,或者说其中一部分人享受不到政策法律
所赋予的同等待遇,而成为被政策法律"边缘化"的弱势群体。例
如,《中华人民共和国教育法》是我国教育的根本大法,其中第九
条规定:"中华人民共和国公民有受教育的权利和义务。公民不
分民族、种族、性别、职业、财产状况、宗教信仰等,依法享有平等
的受教育机会。"这里从理论上包含了广大农村人口依法享有平
等的受教育权。但在第十条、第十八条、第五十六条、第五十七条
等反映不同主体受教育权利保障的政策中,对一直处于经济社会
发展弱势的占总数近70%的农村人口却没有提及,这不能不说是
政策的缺憾。第五十七条虽是教育法总共84项条款中唯一提到

"农村"的条款,却不是基于农村教育弱势地位的现实而予以扶持倾斜的角度,而是要求"乡人民政府组织收取""农村乡统筹中的教育费附加",以"用于本乡范围内乡、村两级教育事业"。正因为《教育法》如此,1986年颁布的《中华人民共和国义务教育法》未提及农村义务教育。城乡义务教育发展的不平等待遇从法律上被固定下来。

其次,有关受教育机会、权利保障政策资源存在矛盾。这主要体现在义务教育入学政策方面。这种矛盾造成由于政策缺损、被替换而带来的政策失真问题,从而损害了义务教育的公平。对于义务教育阶段的入学政策,1986年制定的《中华人民共和国义务教育法》中有着十分明确的规定,即所谓"就近入学"的政策。20世纪80年代中期,"就近入学"政策最初是为了确保所在学龄儿童在入学机会上的平等,但由于我国在义务教育阶段学校发展中日益严重的非均衡状况,这一旨在促进教育公平的政策在实行中遇到了阻力,这就是兴起于90年代的"择校"风,也因为这个原因,2006年修订的《义务教育法》再次强调地方各级人民政府应当保障适龄儿童少年在户籍所在地学校"就近入学",多少带有遏制义务教育阶段风起云涌的择校浪潮的设想,同时也为了刹住义务教育阶段片面追求升学率的做法。

三、政策运作不良

我们分析了政策偏重不公和调节不力所产生的不利影响,这里主要侧重于对政策的作用机制和实施效应的分析。实际上,一项政策其本身的质量和水平对于教育公平也有着重要影响,而政策的质量水平与政策制定主体的因素有关,具体来说,与政府制定公共政策的职能履行有关。在这方面,我们认为政府在公共教育政策的制定和执行中存在"越位"和"缺位"现象,即存在权力制衡机制和绩效评估后机制的双重缺失,由此而造成政策的运作不良或运行不畅,这是制约和影响教育公平的又一不可忽视的因素。

代表着政府的执政者拥有制定教育政策的权力,换句话说,在每一项开始实施的教育政策中都内含着一定的权力因素。而一定的权力总是与相关的利益联系在一起的，政策、权力、利益构成了相互交织的一个整体。政府在教育政策活动中的权力究竟该如何行使，以下我们选择"择校"及其背后的相关政策活动，来解析权力和利益对政策的左右，从而说明政策运作不良的事实。

对于"择校热"，政府的态度是明确禁止的，而且颁布了大量的文件。然而，直到今天，这样一个政府明文禁止，群众反映强烈的重大教育行为，事实上并未得到有效的控制，造成这一问题的原因是政府制定的公共教育政策自身存在价值冲突和利益冲突。

要消除或减缓"择校热"，关键在于逐渐缩小校际差距，可是，基础教育领域中的评比高中示范校，创办重点学校，评选"窗口学校"等宏观政策，却仍然在推动学校差距的扩大。例如，我国为了发展初中和普通高中教育，扩大教育资源而进行的"转制"学校改革，催生出了一批新的名牌学校，进一步开拓了择校的市场，刺激和推动了"择校热"。一方面，从"行政审批"授权到引入"民办机制"，使在基础教育阶段用金钱购买教育机会由少数特例变成了普遍行为，成为一种人人都心知肚明的"市场规则"，这为大多数家长竞相参与这一角逐奠定了合法基础。另一方面，在单一的升学率的价值取向下，"优质学校"数量上的有限增加，也对"择校热"形成一种带动效应。在这种情势下，要禁止"择校风"蔓延滋长已变得几乎不可能。

细究"择校风"的蔓延可以发现，面对以"择校"为代表性的教育市场化的行为，政府以及教育部门虽然不厌其烦地在发文规范，但并没有大张旗鼓地纠正、查处，也没有针锋相对地表态，给人一种"说不清""很难办"，模棱两可甚至默许的态度。教育行政部门价值、立场的游移变化，使人感受到实际的动因是，择校所产生的巨大经济利益使地方政府、教育行政部门和一部分学校结成了利益共同体，形成了强有力的利益机制，正是这种利益机制"有效"地影响了政府行为。

由此我们可对"择校"政策的形成机制这样来理一理：扩大优质教育资源、减轻政府负担、满足教育需求的现实压力，效率优先、兼顾公平的发展价值观,导演了"优质学校"花钱买学额的政策;由于缺乏制度设计,缺乏社会参与、监督、制衡的机制,教育资源短缺形成的巨大市场与陈旧落后的体制相连接,在实践中产生强烈的寻租冲动,形成部门的特殊利益;由此形成的政策性、制度性的路径依赖便是为了保持教育系统已获得的利益,保持教育的现有发展水平,必须继续推行这一政策。

第三节　义务教育公平发展中的政府责任

我国实行九年制义务教育,在义务教育阶段,政府需要履行推动义务教育公平的责任。然而由于各方面的原因,在实践过程中,政府在义务教育阶段履行教育公平责任时表现出一定的局限性,阻碍了教育公平的发展。这也是我国基础教育公平发展过程中十分值得注意的一环。本节从义务教育公平发展中的政府责任进行分析。

一、义务教育公平发展中政府应承担的责任

政府在义务教育公平发展中应承担的责任主要包括以下内容。

(1)完善教育政策和法律体系,创造一个稳定、有序、公正的教育发展环境。

(2)提供基本的教育公共服务与基础设施。

(3)保障所有人有平等接受教育的权利。

(4)保障所有人有平等的入学机会。

(5)为处境不利社会群体接受教育提供帮助。

(6)随着社会的发展不断提供多样性的教育服务,扩大个人教育自由。

二、政府在义务教育公平发展中表现出有限性

教育是政府应该提供的一种重要公共服务,因此,政府在义

务教育公平中承担着主要责任。但是与其他领域一样,政府在教育公平中的责任也是有限的,这种有限性来自于三个方面的因素。

(一)政府的性质

从霍布斯以后,人们对政府的认识越来越趋于理性,按照古典契约论的解释,政府作为一种人们共同协议而形成的组织,其权力和能力必然是有限的,所以,政府的作用和能力必须相符。正如世界银行所指出的那样:"政府的第一项职责是做好基础性工作并保证社会公平。在基础性工作之外,政府不必是唯一的提供者。虽然在保证提供基础服务——教育、医疗卫生和基础设施方面,政府仍发挥着中心作用,但这根本不表明政府必须是唯一的提供者或提供者之一。政府对于这些服务的提供、融资和调控管理的选择必须建立在市场、公民社会和政府机构相对力量的基础之上。"[①]

(二)政府责任的发挥不能超越经济、社会发展阶段

教育公平是教育的一种理想,也是一种现实,教育公平的水平从根本上讲是受社会生产力发展水平的制约,不同阶段经济和社会发展的状况决定了教育公平的形式和内容,从入学机会公平,到教育过程公平,再到结果教育公平,反映了随着生产力的发展,人们对教育公平提出的新要求,以及教育公平水平从低级到高级依次推进的历史进程。因此,必须历史地看待政府的教育责任,无论政府有多大的雄心和壮志,其在教育公平中承担的责任都不能跨越社会发展的特定历史阶段。

(三)教育产品的特性

教育产品在很大程度上带有从私人物品向公共物品过渡的特征,也就是说,它既包含了私人性,又包含了公共性。而这种私

---

① 世界银行.1997 年世界发展报告:变革世界中的政府[M].北京:中国财政经济出版社,1997:27.

人性恰恰形成了政府教育责任的边界。在属于私人性的教育领域，政府提供公共服务既没有效率，也干预了人们的自由选择，并往往成为教育不公平的一个重要因素。

三、教育政策的不完善导致义务教育城乡差距的产生

政府的基本职责就是保障基础资源的公平配置，但是通过教育现状可以发现，公共政策，尤其是教育政策的不完善，成为造成城乡义务教育阶段的主要因素。

(一)城乡差距产生的原因

1. 城乡不均衡的国民收入和社会利益分配格局

经济是教育发展的基础。城乡之间巨大经济差距的存在直接决定了城乡义务教育发展水平的差距。多数对农村义务教育的调查表明了一个基本的事实：改革开放前，农村大量学生无学可上的主要原因是经济，而改革开放后，虽然这种状况有所改变，辍学和失学的原因开始多样化，但经济仍然是居于前几位的因素之一。

2. 与二元社会结构相适应的城乡有别的差异性公共物品供给制度

公共物品的性质决定了它的供给主体和供给方式。由于私人资本的寻利性，决定了通过市场提供的可能性和限度。而义务教育，就其本质而言，应该属于纯公共物品，其供给主体必然是政府。同时，义务教育的公共性又要求受教育个体对公共资源占有的平等。

但在二元社会结构的背景下，我国对义务教育这样一种公共物品的提供是城乡有别的。其差距突出表现在经费、师资、设备和校舍等方面。有研究表明，重点学校的生均经费普遍比非重点学校高出 15%～20%；非经常性经费基本为重点学校所占有，非重点学校很少有机会获得，有时候，重点学校获得的专项经费甚

至相当于非重点学校全年经费的总和。重点学校在设备、校舍等方面比非重点学校优越 3～5 倍。重点学校教师学历构成、师生比、获得晋升和进修深造的机会等都远远高于非重点学校[①]。

3.教育政策中没有理顺教育与经济、政治的关系

教育发展与政治、经济发展有着高度的相关性。一定的政治文明程度和经济发展水平是教育发展的基础,但并不意味着教育发展是经济和政治发展的附庸。作为培养人的一项基本的社会活动,教育也有其自身独特的发展规律。只有按照教育发展的内部规律,而不是依附于政治和经济,教育发展才能获得持久的动力,才能实现培养人的最终目标。

但这样一种战略地位并没有很好地贯彻在我国的公共政策制定中,教育发展的特殊性和重要性一直被忽视,尤其是农村教育长期以来被定位在一种非常模糊的状态。新中国成立后的 30 年一直是中国政治最为动荡的时期,农村教育曾一度成为政治斗争的工具。在"教育要为无产阶级政治服务"方针的指导下,农村学校基本上以向农民进行政治时事教育为主,着眼于巩固农民必须享有的政治地位,以对付国内的阶级斗争,而不是使他们真正掌握自身发展所需要的知识。改革开放以后,为了调动地方经济发展的积极性,在经济领域实行了"分级包干"财税体制改革,而义务教育管理和投资体制也开始实行"分级办学,分级管理"的体制改革,以使教育体制改革与经济体制改革保持一致。结果。把本来应该由国家承担主要投资的农村义务教育责任下放给了乡镇政府,导致农村义务教育投资主体过低,农村义务教育发展受到了严重制约。这样一种依附于经济改革需要的教育改革忽视了义务教育发展的基本规律和需要,使经济差距成为教育差距的契机。伴随着城乡经济差距的拉大,城乡义务教育的差距也在持续扩大。

[①]　转型期中国教育政策案例研究课题组.缩小差距——中国教育政策的重大命题[M].北京:人民教育出版社,2005:35.

4.缺乏完善的补偿性制度

我国针对城乡义务教育差距也采取了如转移支付等多种形式的补偿性措施,但由于这些政策存在严重的局限性,结果在实施中并没有很好地发挥缩小差距的功能,政策的实际效果与政策目标之间还存在着很大的距离。

(1)补偿规模偏小且带有很大的随意性

从政府行为的"贫困地区义务教育工程""农村中小学危房改造工程"和"农村中小学现代远程教育工程"等,到民间资助的"希望工程"和"春蕾计划"等,这些项目所提供的资金与中国农村义务教育所存在的巨大经费缺口难成比例,而且这些以"工程"和"计划"命名的项目只是资助农村教育的临时措施,不是一种制度化的安排,带有很大的随意性,农村学校并不能从中得到稳定而持久的支持。即使像转移支付制度也不是规范化的弱势补偿制度,它在设计对农村义务教育的专项支付时缺乏具体的、可操作的标准,同时,也缺乏完善的监督和评估程序,放纵了地方政府的机会主义,从而使用于农村义务教育的转移支付资金层层盘剥,能够真正用于农村义务教育的资金微乎其微。

(2)教育领域的弱势补偿政策在资助方式上更多地倾向于个人主义

尽管教育平等最终是指向个体的,但这并不表明对个体的资助就能改善教育机会均等的状况。与经济平等不同的是,教育平等的实现更有赖于一个中介环节,学校作为载体对实现真正的教育平等无疑是极其重要的。从"两免一补""一费制"到实行的"免费义务教育",很难见到补偿性教育政策对缩小城乡学校差距的具体安排,包括改善农村学校的办学条件、提高农村教师的待遇水平,尤其是在课程改革背景下,如何提高农村学校的师资水平以适应新课程教学的需要等。如果在这些涉及教学质量的关键环节上没有改善的话,城乡义务教育差距将有可能进一步从形式走向实质。实际上,从当前农村学校结构性调整所造成的农村学校教学质量下降,以及农村教师的生存环境恶化和师资质量问题中可以发现,这种从形式不平等走向实质不平等的趋势已初露端倪。

(二)改进义务教育城乡差距的策略

1.完善收入分配制度和社会保障制度

由于多年来的城乡有别的社会保障制度,农村的社会保障范围过小,保障标准过低,多数农村家庭始终面临着贫病和养老的风险与压力,降低了家庭对教育的投资能力,弱化了家庭对教育的热情与信心,由此导致的失学和辍学现象,以及学业失败不在少数。

当前首先需要进一步确立以公平为导向的经济收入分配制度,完善收入分配体系,提高农村家庭的经济收入水平,缩小城乡经济收入上的差距。其次是完善社会保障体系,扩大农村人口保障范围,并随着国家宏观经济的增长,逐渐提高保障标准,同时,要在最低保障标准体系下,为特殊困难家庭提供特别保障措施。完善的社会保障体系要充分体现"公共服务均等化"的思想,要从农村发展的现实需要出发,综合考虑影响农村生活质量的医疗、就业和失业、养老、灾害等多种因素,建立体系全面和运行有效的社会保障体系。

2.完善补偿性教育政策和制度设计

虽然我国目前已经实行了许多旨在缩小城乡差距的诸多补偿性的政策安排,但由于这些政策设计还存在着很多问题,政策效果尚不明显,城乡义务教育差距仍然在持续扩大。所以,新的弱势补偿政策需要在以下几个方面加以改进。

(1)区分相对贫困和绝对贫困,建立动态的城乡义务教育差距的预警机制

不仅要确立最低标准线,更重要的是建立反映农村义务教育学校相对贫困的标准线,以及时提供随着整体办学条件的改善而使城乡学校差距扩大或缩小的信息,从而改变公共政策,确保农

村学校获得更多的资源支持,使差距得到及时控制。

(2)建立完善的义务教育公共财政体制

我国农村义务教育经费长期以来一直处于匮乏状态,其主要原因即在于没有建立完善的公共财政体制,农村义务教育投资主体重心过低,资金安排往往带有极大的随意性,因而在经济和教育改革中不断受损。税费改革、"分级办学"体制改革、一费制等所导致的农村义务教育经费不足问题皆出于此。一个完善的农村义务教育经费保障体制还需要解决以下几个方面的问题:第一,应该详细界定中央、省级政府、地市级政府和县级政府对义务教育的投资比例;第二,乡镇一级政府虽然不再承担农村义务教育投资的主要责任,但应该为其参与农村义务教育发展留出空间;第三,在新的义务教育经费财政体制中,应该正确处理国家投入和民间资本的关系,在确立农村义务教育依靠公共财政为主的情况下,继续保持和激发民间资本参与农村义务教育发展的积极性。

3.推进义务教育政策的制度化和法制化,实现"依法治教"

我国城乡义务教育差距产生的最为根本的原因就在于农村义务教育发展长期以来缺乏完善的制度和法律保障。缩小城乡义务教育差距迫切需要建立一个稳定而有效的支持系统,对诸多涉及农村义务教育发展的关键因素,如投入标准、师资标准等必须予以立法规定,并通过建立健全有效的监督机制来保证义务教育发展指标的达成,以使义务教育发展不致左右个别决策者的主观意志。

4.加快户籍制度改革,逐步消除城乡差别

改革户籍制度并不在于完全取消户籍管理制度,取消与户籍相联系的城乡隔离的各种制度,而是在保障劳动力合理流动的基础上,各级政府切实根据国务院办公厅转发的教育部等六部委的《意见》精神,制定和实施优惠政策,采取相应配套措施,使流入城市的农民享有与城市人口平等的权利和社会权益。同时,逐步实现以户籍制度改革为中心,拆除就业、医疗、住房、教育等制度壁垒,彻底打破维系多年的城乡"二元经济体制",引导农村富余劳动力在城乡间有序流动,这是解决进城务工农民子女教育公平问题的根本所在。为此,应鼓励和支持农民工子女进城上学并为他们提供良好的教育,使他们尽快地融入当地社会,这不仅可以为城市培养人才,也有助于提高城市居民的整体素质,并为城市未来的发展和城市市民未来的生活奠定基础。

5.要把加强薄弱学校建设作为促进城乡义务教育均衡发展的重要途径

对硬件不合格学校实施限期改造,对软件不合格学校要采取有效整改措施。对因领导和管理不力形成的教育质量不高、社区群众不满意、不放心的薄弱学校,要组织力量逐一会诊和指导,针对存在的突出问题,制定加强薄弱学校师资队伍建设的规划,提出切实可行的措施。要充分发挥具有优质教育资源的公办学校的辐射、带动作用,在目前发展不平衡的格局下,要加大优质资源共享的力度,以共享促均衡。

6.坚持分类指导,分区推进

切实把"十一五"规划提出的"重点普及和巩固农村九年义务教育"的目标落在实处。在"两基"基本实现之后,要加强分类指导,分区推进,指导各地巩固和提高农村义务教育水平。中西部已经实现"普九"目标的地区,应努力缩小区域内的城乡义务教育发展差距,基本实现城乡义务教育均衡发展,优质教育资源基本满足群众需求。加强政策研究,认真解决普及和巩固农村义务教育中出现的新问题。进一步改进和加强国家督导工作,建立和完善教育督导体系,强化对国家及地方义务教育均衡发展的督导与评估,促进各级政府管理和投入责任到位,学校管理到位,保证中央各项政策的落实。

7.适应新形势、新要求,探索建立不断提高农村教师队伍整体水平的新机制

首先,以"工业反哺农业,城市反哺农村"为契机,以城镇教师支援农村教育为重点,完善城镇教师到农村学校任教服务期制度,加大对农村学校的支持力度。其次,以农村义务教育经费保障机制建立和完善为契机,创新着眼于未来的农村教师队伍补充的新机制,实施大学毕业生服务农村教育和大学毕业生青年志愿者行动计划,鼓励大学毕业生到基层、到农村任教、支教;推进高等学校留校青年教师、各级党政机关新进公务员到农村学校支教服务行动;通过扩大实施农村中小学教师教育硕士培养计划等多种方式,为农村学校补充一批具有较高素质、较高学历的青年教师。最后,以我国农村中小学布局调整为契机,优化、调整农村教师队伍结构,杜绝不具备教师资格的人员进入教师队伍,逐步改变农村教师队伍状况。

8.加快实施现代远程教育,继续深化农村教育改革,努力提高农村教育质量

要把实施现代远程教育作为战略性措施来抓,把加强应用摆在突出位置,重视资源建设,加快教学光盘的普及和应用,以信息化带动教育的现代化,用现代远程教育覆盖所有的农村中小学,让每一所农村学校都能共享优质教育资源,大幅度提升农村教育质量和水平,积极开展农村职业教育和劳动力转移培训。要强化学校内部管理,严格执行教学计划,规范教学秩序,加强教学管理。加强学校安全管理,研究制定农村寄宿制学校安全管理办法,完善校长、教师、管理人员的安全岗位责任制。同时还要加强学生学籍管理,强化对学生流动和辍学的监测,落实保证适龄儿童入学的责任。严格学校经费使用的管理,加大监督和审计力度,防止浪费,提高资金使用效益。规范学校办学行为,坚决治理教育乱收费现象。

第八章　推进基础教育公平的策略

在进入 21 世纪第二个十年之际,党中央、国务院颁布了《国家中长期教育改革和发展规划纲要(2010—2020 年)》(简称《教育规划纲要》)。该纲要指出,在新时期我国要坚持教育的公益性和普惠性,保障公民依法享有接受良好教育的机会。建成覆盖城乡的基本公共教育服务体系,逐步实现基本公共教育服务均等化,缩小区域差距。同时,努力办好每一所学校,教好每一个学生,不让一个学生因家庭经济困难而失学。这些都是对我国基础教育公平的战略分析。

第一节　改进教育政策

一、建立教育政策的利益平衡机制

美国政治学家、政治行为主义的倡导人戴维·伊斯顿曾说过:"政策是对全社会的价值做权威性的分配。"这就是说,任何一项政策,说到底都是对社会公共利益做分配或再分配。因此,教育政策的制定必须通过教育决策的集体选择,最大限度地整合、平衡各种不同的利益要求,内在地根植一种有效的利益平衡机制,保证绝大多数人的需要和利益在教育政策中得到充分全面的反映,以实现大多数人的教育公平。这样的利益平衡机制还是社会和教育的"安全阀",能够最大限度地防止不公平政策的产生。

教育政策的利益平衡机制主要体现在教育政策活动中,为保证最大多数社会成员的利益要求能及时、全面地反映到教育政策中,必须不断推进教育政策活动的民主化,特别是决策程序的民主化,以保证绝大多数社会成员的需要和利益在教育政策中得到全面地反映,通过教育决策的集体选择,最大限度地整合与平衡各种不同的利益要求,形成一种有效的利益平衡机制,以实现最大多数人的教育公平。按此要求,作为促进教育公平的基础教育政策机制之一的利益平衡机制,其构建策略应反映在以下几个方面。

(一)正确认识政策制定中利益集团的博弈

利益和政策是密不可分的,利益是政策产生的基础,政策则以利益的调整和实现为内容。因此教育政策的制定必须代表最广大人民群众的利益,发扬民主、实事求是,建立起合理有效的政策反馈机制和评价机制,使教育政策能够不断适应变化着的利益需求和利益关系。

在我国现行的许多教育政策活动的背后,都可以看到利益集团对于决策的影响作用。例如,我国基础教育领域中实行的重点学校政策就带有利益集团博弈的色彩,或者说是在利益既得者的压力下的"迫不得已"的路径依赖。由于利益集团的存在,在教育政策制定中利益集团的相互博弈现象不可避免。在团体与团体间的利益斗争与协作中,政府扮演着一个重要角色,由于在一般情况下,政府所作的社会价值分配是合法的,并有权贯彻其决定,因此,团体最终的希望是,政府制定的政策能够维护其所争取的利益。社会中的团体多样而复杂,每个团体都在追求自己的目标利益,因此任何团体都可视为一种利益集团。在追求自己的目标时,一个团体的行动可能会影响到另一个团体的利益,此时团体间已有的平衡就会被打破。受到影响的团体由于其利益受损必然产生反应,向威胁到它利益的团体提出要求,企图恢复团体间的平衡。

政策是理论和实践、理想和现实的结合点,是调整不同主体间利益分配与权力格局的有力杠杆,它对事物的发展方向及发展结果可以说有着决定性作用。在教育事业迅速发展的今天,教育系统内的利益主体日益多元,矛盾冲突日益复杂,教育决策难度日益增大,因此,要想制定一项好的或者满意的教育政策,除了要具备正确的政策理念和可靠的事实信息之外，教育政策制定过程中的政策主体必须充分考虑到利益集团的因素，考虑并恰当处理好利益集团博弈的因素，政策就会得到有效的贯彻实施，而忽略这一因素，教育政策活动就会遇到阻力甚至失真走样。具体来看，政府需要设计一种利益集团各方博弈的共赢机制，从而最大限度地实现教育政策的价值追求。以下便是这些可行的方法或原则。

（1）任何一项教育政策的制定，不论是微观、中观还是宏观层面，都要把它置于整个教育大系统内来考察，才能有效地发挥政策的协调功能和导向作用，否则，将会导致系统内各要素间的利益冲突以及系统功能的失范。

（2）政策研究的过程既是一个理性的过程，也是一个实证的过程，即要经过实践的不断检验以证明其合理性。尽管我们努力追求决策理性化，但事实上，任何领域的任何一项决策要实现完全理性是无法企及的，教育决策尤其如是。没有一个决策者能够完全掌握决策所需的全部有关事实信息，也没有一个决策者能对决策结果做到完全确定的把握，政策的理性总是有限度的。因此，绝对清晰的决策实际上不可能做到，只有采取适度模糊的留有余地的弹性决策，才是尽可能减少决策失误的明智选择。

（3）教育政策必须尽可能准确地描述主客体之间的动态关系。应准备多种可供选择的预警方案，在开放性原则的指导下制定出富有弹性的柔性原则，尽可能减少由于刚性决策失误造成的纠错成本与代价。

（二）建立各个利益主体间的利益表达和利益协调机制

当前，在一个利益分化和利益主体多元化的社会中，追求利益公平分配的一个重要途径，就是建立各个利益主体间的利益表达和利益协调机制，为社会弱势群体提供其教育利益的诉求途径，以提高和扩大社会对教育利益冲突的容纳能力和缓冲空间。这样一种利益表达和利益协调机制是教育政策的利益平衡机制的必要补充和核心内容，如政府与教育利益集团的协商对话制度,社会弱势群体的利益诉求和利益保障制度,独立于政府之外的社会对教育利益分配的监督预警制度等。同时,应坚决割断政府及其教育行政部门与学校在教育利益寻租上所形成的不规范的"利益链",杜绝政府在教育管理中的腐败和违规行为,使政府真正成为社会公共教育利益的维护者。最终追求的目标是建立教育利益各方的良性互动关系,实现公平分配的利益协调长效机制,为教育政策利益平衡机制的顺利构建创造条件。

在这里需要注意的是,当前在我国教育政策活动中存在着"受益人缺席"的情况,这也是社会受教育群体利益表达和利益协调机制不完善或缺损的一种表现。如前面述及的优质教育资源向权势者转移的现象,便是受益人缺席教育政策制定的必然结果。我们只要梳理现行的基础教育政策就不难发现,教育政策制定常常处于"受益人缺席"状态,教育政策的利益相关者缺乏表达其利益诉求的合适渠道,政策活动对政府机构自身以外的利益主体缺乏回应机制。教育决策活动以及其中的相关环节,如政策问题界定、政策方案论证等,多处于"黑箱"状态,这也是因"受益人缺席"而导致政策制定偏误的原因。

改变教育政策活动中"受益人缺席"状态,是当前建立教育政策的利益平衡机制,实现教育公平和均衡发展的必然要求。如前所述,教育政策具有许多不同类型的"利益相关者",且现实的政策活动中的不同利益相关者对教育政策的参与程度各不相同。过去,在政府、教育行政机构以及作为其附属机构的学校之外的教育政策利益相关者的利益诉求,往往被边缘化或被完全忽视,以致许多实质性的利益相关者在教育政策活动中处于"受益人缺席"状态。为了让各类教育利益相关者自由表达他们的利益诉求,除了重大教育决策需施行教育行政听证制度和咨询反馈制度以外,还应在各级教育政策系统,包括学校管理的决策活动中建立教育行政听证制度、咨询反馈制度和社会监督制度,以保证学校、教师、家长、学生、社区人员等能够参与教育的公共决策和管理,并对政府公共教育权力的行使进行监督。最终通过教育决策的集体选择,最大限度地整合、平衡各种不同的教育利益诉求,形成一种有效的教育政策利益平衡机制,保证绝大多数社会成员的需要和利益在教育政策中得到全面充分的反映,以实现高质量的更大范围的教育公平。

(三)适时调整教育政策的利益分配与平衡维度

对利益进行分配是教育政策的本质属性,在理解教育政策这一本质属性时,我们还需明确几个更深层次的问题:教育政策通常是对全社会的教育利益进行分配而不是局部的利益分配;分配不是一次就能完成的,而是需进行多次分配,大多数的教育政策是对教育利益的再分配;分配总是在综合平衡各种利益矛盾后完成的,也就是说,是对各种利益平衡维度的确定和选择的结果。这种社会利益在特定的时期和条件下有着特定的限度,如果超越了这一限度,既得利益者就会感到政策对己不利,就有可能抵制该政策的施行,或减少对相关教育政策的支持。因此,在制定教育政策时,必须考虑到相应的教育利益平衡的维度。具体来看,对教育政策利益分配和平衡维度的调整需要注意以下几方面。

(1)作为具体的教育政策来说,必须处理国家、集体和个人三者的利益关系。不能以单一的国家利益为标榜而忽略集体、个人的利益,甚至以牺牲集体、个人的利益为代价。虽然我们强调个人利益要服从集体利益,集体利益要服从国家利益,但不应是无条件地服从、盲目地服从。只有个人利益与集体组织的目标和利益一致时,才具有更高的社会价值,任何单一个人利益只能被视为一己之私利。因此,在调节三者的利益关系时应统筹兼顾,不可偏废。

(2)任何一项政策本身都是有所侧重的,它不可能同时满足所有人的利益需要。它只能满足多数人的利益诉求,有时它甚至只满足那些拥有强势话语权的利益集团的需要,但这绝不是说少数人的利益就可以被忽略,或被永久地排斥在政策调节范围之外。事实上,如果一部分人的利益在一项政策中没有得到完全充分的满足,那么就应当在其他政策或后继政策中得到相应补偿。

(3)任何教育政策都应是长效的,或者说是以实现长远利益为目标的,这也是保持政策的连续性和完整性的要求。然而,政策又不能不考虑到现实中的紧迫矛盾和问题,并予以及时解决,不能不顾及眼前利益。否则,由于政策效应的滞后性所带来的政策失真度会加大,必将不利于人们对政策的支持和拥护的程度。因此,教育政策也需要考虑眼前和长远利益的协调。

(4)在教育政策促进利益平衡的过程中,更多的是要面对不平衡,而且平衡总是相对的,不平衡才是绝对的。教育利益的分配和调节总是在平衡—不平衡—平衡中不断循环变化。因此,既要避免为追求教育利益平衡而走入极端平均主义的歧途,更应对现有的不平衡的教育利益现状予以热切的关注,并通过教育政策活动来做出有力和有效的调节。

二、建立教育政策的弱势补偿机制

从宏观的经济和社会背景看,贫富分化以及弱势群体的产生,是社会结构转型和经济体制转轨的伴生现象。市场经济体制的确立必然会导致市场竞争,而市场竞争就不可避免地要产生"优胜劣汰"效应。这样,一部分人——通常是社会普通大众不知不觉地就沦为了收入水平低下的弱势群体。同时,由于政府主导的利益分配机制的调整,在市场化过程中,在众多利益选择中,政府实际上无力保护所有社会成员使其利益免受损失,这样使得一部分社会成员逐步进入弱势群体中。

教育弱势群体的形成与社会弱势群体的形成有同样性质的原因,总的来说都表现为收入分配不均和贫富差距扩大所带来的不利处境,但具体分析,也与教育方面的制度选择和政策安排的因素有关。例如,作为进城务工农民子女之一的"流动儿童"是较为典型的教育弱势群体,表现在教育机会不平等,教育费用分担不合理,教育资源占有与城里孩子比较差异大,而且直到现在,许多大城市还未有切实解决"流动儿童"教育的合理的政策措施。

针对教育弱势群体的问题,建立弱势补偿机制是十分必要的。对教育弱势群体进行补偿,是为了体现教育平等的理念,实现教育平等的理想。补偿是对现实的教育不平等的纠正与补偿,是达到最终事实上的平等的基本途径。从教育公平和均衡发展的长远利益看,根据管理学中的"木桶理论"和系统功能理论,木桶中的容量取决于组成木桶的最短的那块木板,系统的功能取决于系统中功能最弱的环节。同样,社会人口的整体素质和竞争能力必然受到社会弱势群体素质的制约,特别是当教育弱势群体数量不断增大的时候,如果不采取补偿措施解决其弱势化问题,社会全民素质和竞争能力的提高就难以实现。在弱势补偿问题上,教育补偿与教育的局部效益可能是相冲突和相矛盾的,但从长远的全局利益看,二者是统一的,都是为了促进教育的平等目标的实现。再从教育改革本身的功能和意义上说,教育政策的价值选择只有满足和符合绝大多数社会成员的利益与要求时,才能取得较强的合法性,并使其功能得到强有力的发挥。在教育政策活动中所形成的弱势群体可能是少数,也可能是多数,但不论其数量的多寡,他们都是在教育利益的享有和教育机会的获得上处境不利的人群。因此,如果教育不能全面保障弱势群体的利益,如果弱势群体的利益因不平等的制度和政策受到损害而得不到补偿,势必会削弱教育政策的合法性和"合情理性",进而损害其有效性。

基础教育政策的弱势补偿机制,是由相互作用的各种要素构成的一种运行机制。这些基本要素包括补偿主体、补偿对象、补偿途径与方式等,以下我们分别对其加以阐述,来说明我国基础教育政策如何实现对弱势的补偿。

(一)补偿的范围与对象

就基础教育而言,"弱势"是相对于"强势"而言的,我国基础教育发展的非均衡状况相当显著,城乡之间、地区之间、学校之间、受教育阶层和群体之间的差距显著,甚至差距还在不断扩大,强弱不均衡现象十分突出。相对于城市来说,农村的教育就是弱势;相对于东部发达地区来说,西部贫困地区就是弱势,甚至在一省之内也有东西部强势弱势之分;相对于高等教育的投入来说,义务教育就是弱势;相对于有地位、有权势家庭的孩子来说,农民工子女、城市下岗工人子女就是弱势；等等。因此，"弱势"是一个相对的概念，在不同的教育环境场所、教育部门和单位、教育阶层和人群中均较普遍地存在。教育中"弱势"群体的确定一般有几个基本的标准和特征：一是由于历史的或自然的经济、文化、地理等因素而导致发展严重滞后所造成的弱势；二是因社会转型、制度变迁或政策安排而被边缘化所形成的弱势；三是凭借自身能力对目前的不利困境无法摆脱而可能陷入恶性循环的弱势。因此，建立教育政策的弱势补偿机制，首先就是要确定补偿的范围和对象，具体可从以下几方面入手。

1. 对弱势教育人群的补偿

弱势教育人群主要指在学校教育、社会教育、家庭教育中受客观环境制约，缺乏起码资源而在学习与身心发展上处于不利条件的儿童。作为补偿对象的弱势人群来说，其成分要复杂一些。从受教育者的处境不利角度来看，弱势儿童群体包括下列因素形成的五种对象。

（1）因家庭贫困或因经济弱势导致的"贫困儿"。

（2）学习成绩低下，考试成绩排名居后而形成的所谓"差生""低能儿"。

（3）身居残缺家庭、残疾家庭，缺少亲情关怀在交往中处于弱势的"边缘儿"。

（4）有生理缺陷或智力障碍等游离于集体之外被边缘化而形成的"缺陷儿"。

（5）因个性原因，不服管教而被教师孤立的"嫌弃儿"。

这里所谈到的教育"弱势儿童"侧重于家庭背景和学校环境所造成的处境不利的儿童，而从整个教育弱势群体来说，由于社会转型以及教育体制、政策因素造成的弱势群体则主要是进城务工农民子女、城市下岗人员子女等。调查显示，我国流动儿童中义务教育年龄段近10％的儿童处于失学辍学状态，近半数适龄儿童不能及时入学，"超龄"上学现象较为严重，不在学儿童的"童工"现象也较突出，整体上流动儿童的受教育状况不及全国儿童的平均水平,等等。此外,伴随着我国社会转型加快,登记失业率在小幅攀升。对于这些城市下岗失业者来说,他们在消费水平日益高涨的城市居民中,无疑属于弱势群体。然而,我们的目光还不能仅仅停留在他们身上,而应转向他们正在接受教育的子女,面对城市基础教育阶段学校的择校高收费,下岗失业人员的子女正在沦为教育弱势群体,他们是需要大力补偿扶助的对象。

2.对弱势教育和学校的补偿

研究显示,我国长期存在三级教育发展失衡的问题,基础教育在整个教育事业中的地位并未真正确立起来,基础教育相对于高等教育来说一直处于弱势地位。而在基础教育中,义务教育的弱势地位更为明显,这主要体现在:一是对义务教育的观念认识还未得到根本提高。许多地方政府教育行政部门和官员对办好义务教育的重要性缺乏足够的认识,在职责行使上存在缺位和不到位现象,包括一部分家长对送孩子接受义务教育也存在消极态度。二是长期以来义务教育的财政投入严重不足,义务教育的管理体制和财政投入体制还未完全理顺。三是目前尽管已有了一系列的关于义务教育免费的政策出台,但还不是完全的"免费教育",家庭仍有一部分教育成本分担的责任。四是我国义务教育的九年普及的任务还很艰巨,一些地方还未完成"普九",更多的地区则存在着对"普九"成果的巩固和确保的难题,可以说,义务教育乃至整个基础教育的弱势状况的改变,仍需要长时间的艰苦努力。

同时,在基础教育尤其是义务教育阶段还存在大量的薄弱学校。农村地区的薄弱学校主要是小学和初中,这些学校由于历史的或政策的原因,陷入了十分严重的办学困境,如学校负债重,危房面积大,教学设备短缺落后,教育条件简陋,师资力量短缺和责任低下,仍然聘请代课教师,教学科研和教学改革举步维艰,教学质量和水平难有实质进步等。城市也有大量薄弱初中存在。相对于农村来说,城市所实行的重点校政策造成的负面影响更大,由于教育资源的分布不均衡,许多学校沦为薄弱学校,难以获得充足的教育投入,优秀教师流失,生源竞争不利从而带来生源不足或生源质量不高,教改、课改难以顺利开展,等等,使得这些学校与其他重点学校的差距越来越大,成为名副其实的弱势群体,是急需补偿的对象。

3. 对弱势地区的补偿

弱势地区主要包括西部地区、农村贫困地区和少数民族地区等。西部地区受自然地理、人文、经济社会发展等各方面原因影响,发展一直落后于全国平均水平,就教育来说,发展滞后和落后的面貌更为突出。一是这些弱势地区经济社会发展的落后,严重制约了义务教育的普及。二是这些弱势地区贫困人口比重高,文盲和半文盲率比例高。三是这些弱势地区教育发展基础薄弱,教育经费严重不足,义务教育水平远远低于全国平均水平。此外,这些弱势地区少数民族众多,"双语"教学任务重,教育成本高,体制有待理顺,机制不够灵活,一些地方思想观念相对落后等多种因素的影响,青壮年文盲率远高于全国平均水平,高中阶段教育和高等教育规模偏小,职业教育薄弱,城乡、地区之间教育发展极不平衡,这些都不利于弱势地区教育事业的发展。

(二)补偿的途径与方式

根据上文对教育政策弱势补偿对象分析,补偿的主体也大体可分为三类:一类是政府,包括中央和地方政府,中央政府担负着发展基础教育,普及义务教育的根本职责,应是弱势补偿的当然主体。同时,中央政府和地方省级政府拥有最强大的财政资源,而政府补偿的基本途径是财政经费的投入补偿。二类是富裕地区,属于区域间教育成本的平衡性补偿,即富裕地区对贫困地区教育投入与资源的补偿,东部发达地区对西部贫困地区包括中部欠发达地区的补偿。三类是城市对农村基础教育的补偿,所谓城市反哺农村,包括城市的优势学校对农村薄弱学校的补偿支援。按照上述弱势补偿的基本途径,各类补偿主体对弱势对象进行的补偿方式可选择以下几种。

1.保障性补偿方式

所谓保障性补偿方式是指政府针对基础教育领域所存在的生存和发展困境,通过制定有关教育政策,实施有关重大项目,对弱势教育地区、学校和人群予以优先扶持,以使其教育机会权益得到基本的保障,从而促进教育事业的健康迅速发展。目前,在基础教育政策方面,影响和效力最为显著的是义务教育财政转移支付措施。所谓财政转移支付是指上级政府根据下级政府在其管理所辖地区的义务教育时所产生的财政缺口,对下级政府给予的用于保障义务教育发展的财政补贴。义务教育财政转移支付的直接目的是解决地区间义务教育财政的不平衡问题。我国当前义务教育财政转移支付主要有三种形式,即一般性转移支付、工资性转移支付和税费改革转移支付,这三种转移支付都是为了弥补整体上的义务教育经费的短缺、教师工资难以保障以及由于税费改革带来的办学经费缺口等根本性难题,因而均带有补偿性意义。

2.发展性(开发性)补偿方式

所谓发展性补偿方式主要是指针对弱势地区和弱势教育进行的以促进发展和开发为功能的补偿方式,其宗旨是促进弱者能够自主、自强,提升其参与教育整体发展和竞争的能力,并获得快速发展以逐步缩小与优势者的差距,因此,这种补偿方式又可称为"开发性"补偿。

我国在实施西部大开发战略中,就教育方面看,实施的几项重大工程和计划有:国家西部地区"两基"攻坚计划、西部教育信息化工程、西部地区职业教育振兴工程、西部教师队伍素质提升工程等。此外,我国在振兴东北老工业基地战略和促进中部地区崛起战略中有关方面的开发性政策,各地方在促进区域内教育均衡发展中对西部贫困地区的教育扶助和开发,也都属于此种方式。

3.帮扶性补偿方式

帮扶性补偿方式是指主要由地方政府和民间实施和开展的

结对帮助扶持弱势地区的学校和贫困受教育者的方式,包括强势地区对弱势地区的对口扶助,强势学校对薄弱学校的帮助,城市富裕家庭或个人对农村贫困家庭或个人的对口帮扶行动等。帮扶性补偿方式可由政府组织实施,但主要由民间自发组织开展,如政府主导的"东部地区学校对口支援西部贫困地区学校工程""西部大中城市学校对口支援本省区贫困地区学校工程"等。此外,民间广泛开展的"一对一"助学工程也获得了广泛的响应,不失为弱势补偿的一种普及化的方式。

4.救助性补偿方式

所谓"救助性补偿"方式主要是针对处境不利的弱势群体采取特殊的救助或资助措施,以帮助他们依靠外力来摆脱困境,实现自身的受教育机会和权利。这一方式从国家角度来说,主要是针对家庭经济困难的受教育人群建立的扶贫助学制度,从社会来说,是一些社会团体设立的特别助学计划。

第二节　加强教师制度建设

教师教育的发展水平直接关系到各类教育尤其是基础教育的质量,关系到未来教师的培养与教育家的造就,关系到义务教育的均衡化与教育公平的实现,关系到中华民族的伟大复兴。为此,推进基础教育公平,就需要加强教师制度建设,具体可从以下几方面入手。

一、制定并实施教师教育专业标准

教师的教育活动是一种在精神领域具有创造性和个性化的活动,往往需要教师在教育活动中进行独创性的选择与判断,而不同于一般工作的程序性和普遍性。因此,教师教育活动要求教师本身具有一定的专业性。这一专业性也是其科学开展教育教学活动的基础,因此,要想从教师方面推动教育公平的实施,首先必须制定并实施教师教育专业标准,以便从整体上提高教师队伍的素质。教师专业标准包括以下几方面的内容。

(1)对教师的专业伦理、工作态度、专业知识、专业能力及实践水平等所确立的质量规格和做出明显确定的专业标准。制定对教师的专业伦理、工作态度、专业知识、专业能力及实践水平的专业标准,应考虑到基础性和导向性的特点,前者要求要对教师专业伦理、专业知识和专业能力方面所必备的素质予以规定;后者要求根据教师专业发展方向,引导教师朝着不断提高综合素质方向发展。

(2)对教师教育课程方案、编写教材、开发课程资源以及进行教学与管理的课程标准。制定教师课程标准时应注意,该课程标准并非涵盖教师教育所有基础课程和专业课程,而是专指教师教育机构为了培养幼儿园、小学、初中、高中、中职教师所开设的教育类课程,这类课程直接关系到教师教育的培养质量。教师教育课程标准可体现国家对教师教育培养机构设置教师教育课程的基本要求。根据专家研究成果,教师教育课程标准主要包括教育信念与责任、教育知识与技能、教育实践与体验。主要从这三方面对培养各级各类教师的教育机构的教育类课程制定统一的标准,并且进一步制订教师教育课程方案,加强教师教育教材建设,进行教师教育课程教学改革。

(3)对教师教育机构开展中小学、幼儿园职前教师培养的资格进行认证的教育机构认证标准。教师教育机构认证标准的主要内容包括:教师教育目标与规划、培养方案与课程设置、师资队伍建设、办学条件与保障、学生管理与发展。进行教师教育机构认证工作,应由相应成立的"全国教师教育认证委员会"来操作与实施。

(4)评价教师教育的专业性、实践性、发展性等方面的表现以及评价毕业生质量的教育质量评估标准。根据有关专家研究,教师教育质量评估标准主要包括教师教育培养目标、教师教育资源与保障、教师教育课程与教学、教师教育综合实践、教师教育毕业生质量等方面。教师教育质量评估工作,应由将来成立的"全国教师教育质量评估委员会"来实施。程序为:教师机构提出申请、评估专家实地考察、依据标准进行评估、形成评估结论。如不合格限期整改,并进行重新评估。评估应坚持专家评估、重在指导、全员参与、及时反馈的原则。

(5)教师专业伦理规范。教师专业伦理规范,是指教师在教育过程中自觉遵守的道德规范和行为准则。教师专业伦理规范的制定,是教师所以成为专业人员的基本要求,是规范教师专业人员行为准则和道德规范的迫切需要,有助于促进教师专业人员向社会提供更好的服务。专业伦理的作用体现在:彰显专业团体的特征,规范专业人员的行为,体现专业工作的规范化与标准性。

二、建立健全教师准入制度

要提高教师整体的素质,除了要制定并实施教师教育专业标准之外,还要注意建立健全教师准入制度,即像医生、律师、会计师、工程师等职业那样,从一开始就通过严格、规范的国家统一资格考试,提高教师的入职门槛,以提高教师专业地位,争取社会对教师职业在专业上的广泛认可。

目前,师范院校曾经遭受考生冷眼,师范生曾想方设法改行的现象已渐成历史。根据近期的大学生择业取向调查,愿意到中小学从教的比例明显增高,教师职业正变得越来越抢手。一些人开始拉关系、走后门,拼命往教师队伍里挤。虽然国家实行了教师资格认证制度,颁布了《教师资格条例》和《〈教师资格条例〉实施办法》,但一方面教师资格认证制度本身对申请者所定的要求和标准过低;另一方面在教师资格认证程序上,虽然目前对不同层次的教师认定有一些规定,但有些地方执行不严格,导致一些人滥竽充数,使教师队伍中不少人的教育观念、教学方法和手段还比较落后,应试教育的观念还在一定范围内存在,教师的专业化水平仍不能适应现代化教育的要求。教师职业过低的入职门槛导致教师队伍良莠不齐,降低了教师队伍的整体素质,影响了教师队伍的专业化进程。因此,建议国家采取积极措施把好入口关,不断规范和提高教师入职门槛标准,采取公正的遴选机制,进一步提高对教师综合素养等各方面能力的要求,争取将越来越多的优秀人才选拔到教师队伍中来。

鉴于目前的教师资格考试仅考教育学和心理学,难以真正地鉴别考生是否具有入职教师职业的能力和水平,建议适当增加能考察申请者当教师的能力和水平的科目,如将教育法规作为考试科目。此外,还需要对教师资格制度进行改革,改革可从以下几方面入手。

(1)实行教师资格证分层分类制度。既要有幼儿园、小学、中学、职业学校、高等学校教师资格证书,又要有普通、特别、临时教师资格证。

(2)实行教师面试和试用期制度。在考试合格后,还需要对考试合格者进行面试,看其是否具备当教师的基本素质和条件。如果申请人考试与面试都过关,还需经过一年的试用期,在试用期内经领导、同行、学生认可后,方可正式获取教师资格证书。

(3)分段进行教师资格考试。第一段考试主要考教育学、心理学和课程与教学论方面的知识;第二段主要考学科专业知识;第三段主要是教学技能测试。例如,美国就采取过三个阶段的测试。第一、第二阶段采用笔试或机试两种形式,第三阶段采用现场观察、查看书面材料和面谈等形式来评价其教学实践能力。

(4)实行教师资格证有效期制和更新制。近年来,美国和日本实行了教师资格证更新制,美国的教师资格证有效期为5～7年,日本规定有效期为10年。我国有必要打破教师资格终身制,实行教师资格有效期8～10年制,到期后要进行资格重新认定,对于不合格的教师要注销其教师资格。

三、鼓励师范毕业生到中西部农村地区任教

中西部农村地区师资力量薄弱是导致这些地区教育公平问题产生的一个重要原因,针对这一点,政府应建立并完善更加符合市场经济原则和人才流动原则的政府购买公共教育服务岗位制度,通过国家财政力量的支持,鼓励师范毕业生到中西部农村地区任教。

目前,国家和有关省份实施的"国家农村义务教育阶段学校教师特设岗位计划"(简称"特岗计划")和"农村教师资助行动计划",都是朝着这个方向所作的积极探索,为下一步深化改革做了很好的铺垫。实施"特岗计划"和"农村教师资助行动计划"是很有意义的。第一,有利于改善农村学校师资状况。第二,为毕业生架起到基层创业的桥梁。基层大有可为,很多高校毕业生有着服务农村、教书育人的热情和愿望,同时乡镇学校也急迫需要高素质的大学毕业生。农村教师资教计划,把帮助毕业生实现就业和引导他们服务基层很好地结合起来。第三,有利于服务农村基层政权建设。基层人才的质量,对于基层民主政治建设、乡村治理具有重要的作用。乡镇学校的人才,是建设社会主义新农村的重要力量,也是基层政权建设的后备军。第四,有利于资助经济困难学生。通过一个机制的建立来实现对高校经济困难学生的资助,是国家的目标、群众的需求和社会的希望。第五,推动了教育人事制度改革。参加行动计划的毕业生,服务期内合同管理,服务期满后按照合同规定自主择业或自己选择留在农村。这种管理方式是真正意义上的教师聘任制。通过岗位设定、选聘解聘、契约管理等环节和程序的实施,探索建立新形势下能进能出、富有活力的教师管理机制。

考虑到现有"特岗计划"和"农村教师资助行动计划"取得了可喜的成绩,笔者认为下一步应该在现有"特岗计划"和"农村教师资助行动计划"已有成绩的基础上,一方面提高资助的标准,另一方面扩大实施的省份。特别是应将之发展为一种更加符合市场经济原则和人才流动原则、正式的政府购买公共教育服务岗位制度。具体要做好以下几方面的工作。

(1)进一步出台新的政策。主要是以下三个方面:凡是 3 年服务期满的支教生,如果表现优秀并愿意继续留在基层任教,经过选拔,由国家或省教育厅出资送到国外攻读教育硕士学位;按县(市、区)每年接受资教生的实际在岗人数和每生每年 1 万元的标准,对县(市、区)的支教工作予以专项补助或奖励;由各地教育部门统一为支教生办理基本医疗保险和大病医疗保险,所需经费统一纳入财政预算。

（2）由中央财政在农村贫困地区设立足额的国家教师岗位，分 5 年实施；国家教师岗位占用当地教师编制，由县级教育行政部门统一管理，实行聘任制，合同管理，聘期 3 年；国家教师岗位实行公开招聘，被聘人员需具有专科或专科以上学历，并具有国家颁发的教师资格证书；按照相应的学历、任职年限和职称，除享受国家规定的基本工资待遇外，给予特殊津贴，每人每年不少于 1.5 万元；制定大学毕业生有差别的还贷制度，对于愿意到农村任聘国家教师岗位的大学毕业生，可减少其还款或免除其欠款，以鼓励和激励大学生到农村建功立业，扩大大学生就业渠道，缓解大学生就业压力。

（3）做好岗前培训和集中选派工作。继续举办免费培训班，聘请富有教育教学经验的教育专家、省市名师、特级教师、省级骨干教师和乡镇中学的优秀教师，对支教生进行强化培训。培训结束后由县市教育局安排支教生到岗工作。

（4）要组织好供需见面和协议签订。各省举办支教生面试暨现场签约仪式，通过现场签约，把那些有理想、有抱负、思想素质好、事业心强、能吃苦耐劳的优秀毕业生选拔进来，为毕业生下基层创业架起桥梁。

四、实行教师定期轮换流动制度

基础教育发展的严重失衡及其所折射的教育公平问题已成为当前我国教育发展中亟待解决的课题。因此，现阶段的首要任务是缩小区域内校际差距，解决区域内校际发展不均衡问题，真正实现区域内校际教育的均衡发展。而解决校际教育发展不均衡的问题，归根结底，是要促进学校办学条件和师资的均衡发展，从而扩大优质教育资源，满足人民群众对优质教育资源的需求。

在现阶段，区域内校际师资发展不均衡的问题十分突出，校际师资力量发展到严重失衡的状态，直接影响了教育全面、健康、均衡的发展，危及教育公平，带来一系列诸如择校、教育乱收费、教育机会不均等甚至腐败等社会问题。因而，解决校际师资发展不均衡的问题对促进校际教育的均衡发展,进而促进整个基础教育的均衡发展就显得非常必要和紧迫。

实行教师定期轮换流动制,有助于在更大范围内发挥优秀骨干教师的辐射、示范作用,从而指导、带动更多教师(特别是普通、薄弱学校的教师)更快地成长。普通、薄弱学校教师流动到重点、示范学校,也可以在良好的氛围中更快地提高自身水平。使教师流动呈现良性动态平衡,在逐步实现各校师资力量均衡的基础上,整体提高教师质量,是实现教育公平的必要途径。同时,实行教师定期轮换流动制有助于保持教师对工作环境的新鲜感,从而激发他们的工作热情,最大限度地挖掘自身的潜能;有助于相同专业的教师在业务上能在更大范围交流切磋从而更新教师的知识结构,增强自身的业务能力。此外,实行教师定期轮换流动制既有助于保持校际教师队伍的年龄结构、专业结构、性别结构的相对合理,又有助于各校管理的民主化、制度化和管理水平的相对平衡。

目前,我国一些地区已经开始了教师定期轮换流动制的试点。如辽宁省沈阳市就规定,市区内每所学校每年必须有30%的教师参与校际的轮换流动。湖北省十堰市从2005年秋季开始实施城乡教师互换制度,规定城区教师至少必须有一年定期流动到农村任教,农村教师可通过考试进城工作。武汉市武昌区2010年开始全面推行"校长任期制",并试行教师"走教制",以推动义务教育均衡发展。规定中小学校长任期4年一届,在同一单位任满两届的原则上应实行交流。校长任期期满考核合格的可以继续任用,考核不合格的,将被免除职务。试行校长任期制使校长职责更明确,有利于促进校长开拓创新。

可以说,这一制度的实施面越来越广,影响也越来越大。从实施的情况看,这一制度对缩小区域内校际师资水平的差距,改善贫困地区学校、薄弱学校的师资状况,合理配置教师资源,效果是明显的。但由于是在起始阶段,各项政策和法规还欠完善,实施过程中也难免出现一些不尽如人意的地方,因此,必须进一步完善有关的政策法规,逐步建立一套完善的教师定期轮换流动制度。

　　为了推动教师定期轮换流动制度的进一步发展,国家需要构建完善的教师定期流动政策、程序和制度。以法规的形式确定教师流动的义务性、流动的程序性、流动的定期性、流动者的待遇等,并进行规范化、制度化的操作,保障教师流动的公正、公平和有效,以形成一套完善的教师定期流动轮换制度。此外,还需要制定多向、轮换、定期的流动政策。树立通过教师合理流动促进教育均衡的思想。首先强调流动的定期性。即使教师流动到农村贫困地区学校和城区薄弱学校任教,也不必一辈子扎根在那里,而是有一定的期限(如1~2年),从而解除教师参与流动的顾虑。其次,教师要实行多向、轮换流动,即不仅仅局限于两校间的互相交流,既要在同级同类学校之间,又要在同级不同类学校之间,还可在不同级、不同性质学校之间交流。

　　另外,考虑到学校间(特别是重点学校和普通薄弱学校)教师收入的巨大差距是阻碍教师定期流动轮换制实施的最大障碍,因此,各区县教育行政部门必须采取各项措施,统一配置区县内教育资源,逐步统一区县内各校福利的发放标准。通过建立收入平衡机制,即抑制过高、提高过低的教师收入,最终实现重点学校与普通学校、城乡学校同级别教师同工同酬,为实现教师流动创造条件。教师在流动期间的工资待遇户口等保持不变,同时,还应出台中小学教师津贴政策。以学校的位置、交通、医疗、工作环境等工作条件确定若干类别,分别按教师职务工资和津贴部分之和的一定比例发放农村教师和薄弱学校教师津贴。(具体标准由各地制定)。

五、实施城乡统一教师编制制度

　　近年由有关学者牵头组成的调研组经过调查发现,我国现行的是 2001 年国务院颁发的《关于制定中小学教职工编制标准的意见》中规定的中小学教师编制标准,其中城市、县镇、农村小学师生比分别为 1∶19、1∶21 和 1∶23,初中师生比为 1∶13.5、1∶16 和 1∶18。这一编制标准以压缩编制和效率优先、城市优先为导向,存在编制标准整体偏紧、城市偏向和城乡严重倒挂的突出缺陷。这一标准,导致我国中小学教师特别是农村教师编制大幅度减少,全国中小学教师编制数量整体压缩10%左右。城乡倒挂现象突出,各地编制数量下降和裁减的影响主要集中在农村,加剧了农村中小学教师编制与数量的严重不足,造成农村学校运转和发展的困难,一些规模小的农村学校与教学点甚至由于缺少编制而难以为继。一些地区多年来县乡机关单位无限制进人,人员大量超编。而农村学校则大量缺编,财政一般转移支付政策只算地区总的供给基数,在总数超编情况下,财政部门严控不能再进教师。

针对这一问题,为推进基础教育公平化发展,一些研究者提出应将编制标准转变为向农村倾斜;适当放宽农村地区特别是贫困、边远地区中小学教师的编制配置标准;建议实行"新双轨制",城市实行师生比,乡村实行班师比。这一说法固然有一定的科学性,但从当前的现实状况出发,特别是在国家正尽量控制国家财政供养人员数量增长,压缩各类人员这一大背景下,解决农村教师编制问题涉及诸多因素,采取教师编制向农村倾斜,由过少改为过多,这不现实,也无可操作性。因此,目前比较现实的做法是,实行城乡统一教师编制,即城乡执行完全平等、划一整齐的编制标准。具体来看,实行城乡统一教师编制制度需要做好以下几方面的工作。

(1)确定城乡义务教育学校教师编制标准时,应当考虑多种因素。确定教师编制时,应当依据该地区人口数、学校在校生总数、同一年级学生数、班级学生数等多项指标,制定城乡相同的编制标准,不应出现城乡不同标准。

(2)不管农村还是城市义务教育学校教师编制均采取全国统一标准。这是一个过渡性的具有可操作性的办法,因为每一项改革都需要进行统筹规划,不宜采取过分偏激的做法。

(3)各级政府应当高度重视义务教育学校的编制统一问题,加强领导,认真调研,将工作落到实处。第一步,要按农村学校学生和课程制定教师配备最低标准,以保证农村中小学校能够正常运转;第二步,制订较为科学的编制方案,发动教育行政部门和义务教育学校,进行广泛深入的调查与研究,将各项指标统计到位,不能出现虚报、假报或瞒报现象。在核定教师岗位时,要严格把关,不得弄虚作假。要将好事做好,真正发挥好教师编制改革在促进城乡义务教育均衡发展中的重要作用。

(4)坚持配足配齐的原则,按编制补充新教师。杜绝有的地方有编制不配新教师,而是大量使用代课人员的现象,对于现有的代课人员应当逐步妥善解决。为了促进义务教育学校教师向专业化方向发展,优化教师队伍,提高教育质量,推动义务教育学校均衡发展,清退代课人员已成为教育发展的必然趋势,同时,也要关注代课人员的生存与发展。

第三节　教育公平问题的消弭与补偿

20世纪90年代中后期开始,随着计划生育政策的落实、农村学龄人口不断减少和城镇化水平不断提高,我国农村地区,特别是中西部农村地区不少中小学校学生生源不足,学校布局分散,规模小,质量低的矛盾日益突出。为解决这一问题,我国农村地区,特别是中西部农村地区开始了新一轮农村中小学校布局的大调整:农村小规模学校和教学点被大量撤并,农村义务教育阶段的大多数学生失去了过去在农村学校就近上学的便利,家校距离开始变远。随着农村学校向城镇的进一步集中和农村教学点的大量消亡,单所学校的辐射半径越来越大,地处交通不便的偏远地区学生和家庭经济困难学生在同等条件下家校距离更远,上学更加困难,上学的家庭经济负担更加沉重,农村中小学校教育公平问题产生,成为新时期基础教育公平问题亟待解决的又一问题。笔者认为,要解决这一问题,需要从以下三个方面入手。

一、建立规范的农村中小学校布局调整工作制度

农村中小学校布局调整对教育公平的损害和负面影响的出

现从制度层面讲就是地方政府的政策行为在缺乏刚性的制度约束条件下诸多失范行为的一种综合性反映。因此,治理农村中小学校布局调整对教育公平的损害和负面影响必须正本清源,首先从规范工作制度入手。

(一)制定科学的学校布局调整标准

学校布局调整标准是政策执行的具体行为准则,对规范学校布局调整工作起着直接的约束作用,也是实现学校布局调整政策目标和合理价值取向的制度保障。主要可以从以下几个方面入手。

1.调整和完善教师编制标准

(1)适当增加教师编制的整体数量

政府要在充分调研的基础上,根据义务教育发展追求公平、效率和质量的目标综合考量,重新核算当前我国的农村教师编制标准。根据当前国际教育发展"小班化教学"和"提高教育质量"的新趋势,结合当前我国农村义务教育教师整体上缺编严重的现实情况,同时对未来一段时间内我国学龄人口可能增加的变化做好预测,在现有教师编制总量基础上适当放宽全国城市、县镇和农村义务教育教师编制的整体数量,特别是农村教师编制的整体数量。新增加的教师编制数量重点向农村倾斜,向中西部贫困县市倾斜,向偏远地区的小规模学校和教学点倾斜,向农村薄弱学校倾斜,向有一定规模的寄宿制学校倾斜,向教师老龄化相对严重的学校和其他有特殊需要的学校倾斜,向义务教育阶段紧缺学科倾斜。

(2)采用双轨制重新核定教师编制

所谓双轨制,就是对一部分地区和学校实行以"师生比"为基础的教师编制标准,对另一部分学校实行以"班师比"为基础的标准。由于城镇和农村的人口有疏密差别,考虑到农村义务教育"方便学生入学"和实现教育均衡发展的特殊需要,对学龄人口相对集中、交通方便的城市和县镇实行师生比标准,以提高教育资源的配置效率；根据农村学校学生规模小、成班率低和科任教师专职化的需要，对农村中小学校则实行班师比标准。这种双轨制模式既考虑到教师编制管理控制教育经费和成本的需要，又照顾到农村学校的特殊性，是现行城乡教育差距巨大情况下改善农村薄弱学校教育质量、缩小校际师资差距的根本性举措。

2.建立和完善科学的学校撤并标准

学校撤并标准是学校布局调整政策对学校应该撤销、合并、保留以及改建、扩展的操作性原则。建立和完善科学的学校撤并标准可以从以下两方面入手。

（1）分地区、分类别建立学校标准

根据我国现在的国情和农村中小学校布局调整的实际工作经验，科学的学校撤并标准在建立和完善前应该至少包括以下具体内容：不同地理概况条件下学校服务的辐射半径、学生上学距离的最远上限、学生在不同的交通条件下上学时间的上限、学校撤并的时机和条件、特殊学校的优先保护、学校撤并后学生的安置、闲置校舍和校产的处置、教师的合理配置等。

（2）借用 GIS 技术辅助学校撤并

在学校布局调整过程中，要使学校撤并同时满足效率和公平原则还是一项技术性很强的工作。科学确定学校撤并之后的接收学校位置，需要充分考虑学校的空间可达性、服务半径、有效覆盖面、服务人口以及学校周边的地理环境。为此，可以借助 GIS（地理信息系统的简称）科学中的 School－mapping（学校布局）方法和技术手段帮助地方政府制定科学的学校布局调整规划。

School-mapping 是 GIS 科学在教育中的应用，是利用计算机软件将学校、村镇、交通、地貌、人口等地理信息置放于一定区域内，根据学校服务半径、服务人口、服务区域等学校撤并要求，结合当地的交通和地理信息确定学校撤并最佳空间地理位置的一种技术方法。

在我国农村中小学校布局调整刚刚启动之后，不少地方政府在制订当地的学校布局调整规划方案时就已经通过当地城市规划部门采用 GIS 技术对当地的学校撤并和学校布局调整规划进行了辅助决策，并取得了一定的效果。

（二）规范学校撤并程序和行为

从撤并程序来看，规范农村中小学校布局调整政策的工作程序既是确保该政策的合法性、减少社会阻力、顺利推进该政策的需要，也是确保政策教育公平的价值、保护弱势群体教育权益的需要。因此必须对地方政府的工作程序和撤并行为做出详尽的规定。

1.学校撤并要于法有据

我国教育活动的基本法律依据是《教育法》，而义务教育阶段农村中小学校布局的直接法律依据应该是《义务教育法》。农村义务教育学校布局调整是涉及诸多利益群体、覆盖全国的一项教育变革行为，涉及面广，持续时间长，影响比较深远，迫切需要从法规和制度上提供学校撤并的法规依据，使之做到有法可依、于法有据。

中央政府要根据《义务教育法》的基本精神对农村中小学校布局调整的合法依据做出规范和解释，除了就本地学校布局调整的整体理由做出说明外，还要就每一所学校撤并的依据和条件做出明确的说明。学校布局调整在制订具体规划方案时，要将规划方案的整体原则和目标以及每一所学校撤并的依据、撤并的作用和后果、将会采取哪些措施来解决后续问题等一系列事项提前告知广大利益相关者，做到每一所学校撤并都有法可依、有据可查、有理可循。

2.规范学校撤并程序

为了规范地方政府在学校布局调整过程中的行为，必须就学校撤并过程中的每一个步骤和程序做出明确的规定，在规划、报批、执行和反馈等环节加强监督和管理。

（三）建立畅通的民意反馈和监督机制

在农村中小学校布局调整政策执行过程中建立畅通的民意反馈机制和监督机制，是体现民主法制、保护弱势群体教育公平权益、维护社会稳定和确保农村中小学校布局调整政策的顺利执行和落实的重要制度保障。

1. 建立合法的利益表达机制

地方政府要设立专门的学校布局调整信访通道，充分利用现代信息网络技术，利用网络、微博和微信等平台，组织专门力量受理农村中小学校布局调整过程中的各种群众批评、上访、举报和建议，对群众反映比较集中和突出的问题要及时做出回应，对已经受理的问题要及时核实和处理，对合理的政策调整建议要及时研究、吸收和采纳，形成政策实施之后的有效反馈和调整机制。

2. 建立争议仲裁和调解机制

农村中小学校布局调整政策是人民办学向政府办学的一次重要转变，其间涉及办学过程中政府与村民之间的一些利益纠纷。在政府与为了确保村民的合法利益不受地方政府的侵犯，上级政府要根据《中华人民共和国行政诉讼法》，鼓励村民和学生家长对学校布局调整过程中的撤并工作及相关利益纠纷依法进行上诉，上级政府可以根据控辩双方的合理诉求依法进行仲裁或调解，经过查实，裁定政府行政行为有错误的，地方政府必须予以纠正并对相关利益主体依法做出相应的赔偿或补偿。

3. 建立社会监督体系

地方政府在学校布局调整过程中，首先要做到信息公开、透明，自觉接受社会各界的监督。全国和地方各级人大、教育督导部门首先要充分利用政府的组织力量，加强对地方政府在学校布局调整政策执行过程中的行政监督，及时发现问题并敦促其改正。同时，地方政府应鼓励媒体、社会团体、组织和个人等社会力量对学校布局调整行为进行监督。

二、恢复和保留必要的农村教学点

恢复和保留必要的教学点,做好教学点的恢复和建设工作,是确保弱势群体教育公平、解决农村中小学校布局调整损害教育公平的主要举措。

(一)找回必要的农村教学点

教学点是学生数量较少的小规模学校。教学点一般建立在适龄儿童和少年数量较少的偏远地区,具有学生规模小、办学成本低廉、距离学生家庭所在地较近、家校联系便利、办学方式灵活多样等特点,对方便交通不便地区学生和低龄学生就近上学具有非常重要的意义。找回农村教学点最重要的就是校舍、师资和经费三个方面。

1.校舍

农村教学点的恢复在校舍利用方面有很好的物质基础,即使原有校舍已经损毁或成为危房的,也可以通过就地取材,利用农村现有的其他闲置民房或集体用房加以改造来解决。

2.师资和经费

2011 年 10 月 11 日,《国务院办公厅转发〈中央编办、教育部、财政部关于制定中小学教职工编制标准意见〉的通知》(国办发〔2001〕74 号)在确定现行教师编制标准的基础上明确指出,"山区、湖区、海岛、牧区和教学点较多的地区按照从严从紧的原则适当增加教师编制"[1]。这就意味着教师编制标准可以向农村偏远教学点适当倾斜,教学点师资在政策上具有保障。尽管如此,由于地方政府的教育经费有限,而编制又是控制教育经费支出的主

---

[1] 国务院办公厅. 国务院办公厅转发中央编办、教育部、财政部关于制定中小学教职工编制标准意见的通知(国办发〔2001〕74 号)[Z]. 2011—10—11.

要手段,所以,地方政府在实践中很难真正在教师编制上向教学点倾斜。为了确保农村小规模学校和教学点的正常运转,国务院办公厅在 2012 年 9 月 16 日下发了《关于规范农村义务教育学校布局调整的意见》〔国办发〔 2012 〕 48 号〕,对小规模学校和教学点的教育经费保障做出了制度性规定,该文件明确指出"提高村小学和教学点的生均公用经费标准,对学生规模不足 100 人的村小学和教学点按 100 人核定公用经费,保证其正常运转"①。这就意味着中央政府"后撤点并校时代"的学校布局调整政策鼓励各地恢复和保留教学点,在师资和经费方面都有了相应的政策保障。

(二)提高现有教学点的教学质量

稳定和提高现存教学点的教育质量不仅对保证现存教学点的生存和发展、确保弱势受教育群体的公平受教育权、促进农村教育的恢复和发展具有重要意义,而且还在恢复和保留教学点过程中,对恢复潜在的教学点具有示范效应,直接关系到地方政府的决策者对恢复必要教学点的信心和意志力。

1. 取长补短,发挥教学优势

提高教学点的教学质量,关键是要利用自身优势,取长补短。

(1)教学点要发挥小班教学和复式教学的优势,利用教学点学生少、师生互动和交流充分、学生学习时间充裕的优势,在充分了解学生的基础上因材施教,促进学生的发展。

(2)利用教学点距离学生家庭所在地比较近的优势,充分发挥家庭教育与学校教育的合力优势,加强与学生家庭的联系和交流,及时掌握学生发展的动态,通过家校合作共同促进学生的成长。

(3)利用现代化的教学手段弥补自身的短处。积极利用远程教学手段、慕课、广播电视媒体和互联网信息技术手段组织学生

---

① 国务院.关于规范农村义务教育学校布局调整的意见(国办发〔 2012 〕 48 号)[Z].2012 —09—06.

学习现代化的优秀课程和知识,促进农村教学点教学质量的提高。

2.因地制宜,推行素质教育

教学点利用自身与当地社区联系密切的优势,可以根据当地的生产和生活情况,有意识地推行教育教学改革,实施素质教育。如,教学点教师可以利用当地的自然条件和社会条件指导学生从事和组织农业生产,因地制宜地开展综合实践活动;根据当地的生态环境进行恰当的生态教育;根据学校的办学条件提高学生的生活自理能力;利用当地农村的社区资源,邀请当地名人、能人和社会道德楷模为学生做报告,进行交流,等等。

3.多管齐下,加强师资队伍建设

稳定农村教学点师资队伍、加强农村教学点师资队伍建设必须从以下五个方面下功夫。

第一,教师编制向农村教学点教师倾斜。

第二,定向选拔、培养和配备教学点教师。

第三,采用教师"走教制度"解决短缺学科专任教师缺乏问题。

第四,对教学点教师进行专门的师资培训。

第五,对教学点教师发放艰苦地区工作津贴。

三、完善农村中小学布局调整的相关配套措施

当前农村中小学校布局调整政策对教育公平造成损害并产生很多负面问题的直接原因就在于相关配套措施的缺位和不完善。因此,完善学校布局调整的相关配套措施对消弭该政策的负面影响具有重要的意义。

(一)完善农村义务教育经费保障机制

配套措施的到位离不开相应的经费作保障。完善农村义务教育经费保障制度可以从以下几方面入手。

1.建立农村学校布局调整专项基金

中央政府和各级地方政府应该对学校布局调整政策设立政策专项资金,采用以奖代补的形式补助在学校布局调整工作中表现突出的地方政府,通过财政政策杠杆鼓励和引导地方政府将学校布局调整工作的价值目标逐步由效率转向公平,并使得他们有积极性在政府倡导的合理政策目标范围内推行学校布局调整政策。同时,中央和地方政府还要拨出专款用于农村中小学校布局调整之后农村寄宿学校的建设和校车等相关配套设施的建设,为实现学校布局调整政策的公平价值目标转向提供坚实的财政支持。

2.教育经费向中西部贫困地区和薄弱学校倾斜

在完善现行农村义务教育经费机制中,教育经费必须有意识地向中西部地区倾斜,要对贫困地区和教育经费历史欠账过多的地区加大学校布局调整相关配套措施的经费保障力度,这既是解决当前这些地区弱势群体教育公平受损的需要,也是解决教育经费投入不足所致的历史欠账、实现纵向公平的需要。

(二)完善农村寄宿制办学

完善农村寄宿制办学可以从以下几方面进行努力。

1.增加寄宿制建设经费投入

国家必须将农村义务教育寄宿制建设纳入学校布局调整政策的整体规划,在推进"农村寄宿制学校建设工程"的基础上,进一步设立农村寄宿制学校建设专项资金,专款用于对寄宿制学校硬件及其配套设施的建设进行持续的财政支持。同时,地方政府要通过"农村中小学危房改造工程"和"国家贫困地区义务教育工程"等项目的实施,追加一部分配套资金,在有条件且必要的地方改扩建一批农村中小学寄宿制学校,同时加强对寄宿制学校教学、生活、安全方面的管理,以充分发挥学校教育的主体作用,帮助农村孩子克服农村中小学校布局调整后面临的各种困难。

2.配备必要的工勤人员和保育人员

农村小学采用寄宿制办学以后,不少低龄学生开始在学校寄宿。由于年龄偏小,低龄寄宿学生生活自理能力相对较差,需要教师在生活上加以指导和帮助,同时在安全上也需要加强管理和防范。这就增加了教师日常教学以外的工作负担,客观上需要增加人力专门负责寄宿学生的生活起居和日常管理。

3.改善寄宿生活条件

一方面,政府要通过加大教育投资力度,建立标准化寄宿制学校,努力使农村寄宿学校的硬件建设具备合格的食宿条件,同时还要具有洗浴、厕所、卫生室、图书室、心理健康咨询室和其他文体活动配套设施,做到设施达标,功能齐全。另一方面,政府要通过评估和督导手段促进地方政府和有关教育管理部门加强寄宿制学校的制度管理和集体文化营造工作,引导寄宿制学校利用课余时间,充分发挥宿舍的集体教育功能,加强安全教育、情感教育、集体教育和心理健康教育等工作;积极创造条件,引导和鼓励寄宿学生利用课余时间培养自己的兴趣和爱好,努力结合自身的优势培养自己的特长,使宿舍生活真正成为寄宿学生成长的第二课堂。

4.加大对贫困寄宿生的资助力度

我国贫困寄宿生数量巨大,仅仅靠政府的力量很难在短期内达到所有贫困寄宿生求学救助的基本要求。为此,政府要鼓励社会力量积极参与对农村寄宿生的资助,鼓励引导社会企事业单位、慈善组织和个人以团体或个人名义积极参与帮扶农村贫困寄宿生,在力所能及的范围内为他们提供基本的安全食品和营养,提供基本的学习用具、生活用具等。

第四节　推进阳光教育

教育公平的终极目标就是确保教育之光普照到所有人身上,

让所有人都能接受到教育，"教育面前人人平等"，推进阳光教育是实现教育公平的重要途径之一。

一、阳光教育的核心理念

所谓"阳光教育"，就是用阳光之心育阳光之人的教育。它通过面向全体学生、面向学生发展的各个方面、面向学生发展的整个过程的教育，强调一切为了学生，为了一切学生，为了学生的一切，要求教师和家长用爱心来关怀、理解、尊重、激励孩子，使他们成为人格健全、性格活泼、身心健康、自立自强、合群合作的一代新人。它是针对现实教育中存在的缺陷和弊端提出来的，也是为适应正在不断深入开展的教育教学改革（特别是课程改革和教学实验）的需要提出来的，是一种新的内涵丰富、现实针对性强、便于操作的教育理念。同时，"阳光教育"也是一种融德于智、德智一体、德智互动的教育模式。阳光教育是促进教育公平的有效途径，体现了教育的平等性和公平性、全面性和整体性、发展性和实践性，符合教育的本质属性。

二、推行阳光教育的原因

无论是学校教育还是家庭教育，都存在着某些问题，并对学生起到了一定的影响。

（一）学校教育存在的弊端及造成的影响

1. 学校教育存在的弊端

在我国学校教育过程中，主要存在以下弊端。

（1）对国家的教育方针贯彻不力

改革开放以来，我国的教育方针曾有过明确的表述，"教育必须为社会主义现代化建设服务，必须与生产劳动相结合，培养德、智、体等方面全面发展的社会主义建设者和接班人。"中共十八大报告中对教育方针又作了新的表述，指出要"坚持教育为社会主义现代化建设服务、为人民服务，把立德、树人作为教育的根本任务，全面实施素质教育，培养德智体美全面发展的社会主义建设者和接班人"。可以看出,我国历来都把为社会主义现代化建设服务和促成人的全面发展作为学校教育的主要任务和目标。但是,这些并没有在教育实践中得到切实的执行。具体表现是,学校工作不是面对全体学生,而是面对少数尖子学生;不是促成学生的全面发展,而是偏重于智育;在智育方面,不是力图促成学生智力的均衡发展,而是偏重于知识的传授;在知识的传授方面,不是传授与生产劳动和社会实践相关的知识,而是偏重于传授那些与高(中)考相关的知识,导致了教育工作的具体目标一偏再偏。

(2)教育内容不同程度地偏、难、窄、怪

当前不少中小学仍然把工作的重心锁定在应付各种考试、竞赛上,搞变相的应试教育。学生非考不学,教师非考不教,各种机械操练、题海战术层出不穷。结果是教育内容之偏之难与日俱增,之窄之怪花样翻新。

(3)教学形式与方法相对陈旧

教育目标的定位褊狭、教育内容的偏、难、窄、怪,对教学形式与方法有着直接的影响,使之陈旧有余、创新不足。机械训练、死记硬背、师传徒受的接受型学习仍相当严重,而长于思考、善于探究、勤于动手、乐于参与的研究型教学远未确立。这就使得学校教育仍缺乏相应的生机和活力,学生的各种能力也未能得到应有的开发。

(4)师生关系不够和谐

在不少学校,学生依然被看成可以被塑造、被训练、被加工的对象,处于相对被动的地位,师生之间的平等、民主、和谐、合作、互动等良好的关系仍有待进一步确立。

2.学校教育弊端造成的影响

上述学校教育的弊端会给学生造成的影响如下。

(1)感觉钝化

教育目标的褊狭、教育内容的繁难、学业竞争的激烈,迫使学生每天想着学习、考试、分数、名次,常常对周围的一切无暇他顾、熟视无睹,这样日积月累,必然会令他们对与学习无关的事物无动于衷,进而造成感觉的麻木与钝化。

(2)疾病增多

这里所说的疾病主要是由心理的失衡、锻炼的减少和活动的单调引发的。面对学习与升学的巨大压力,学生往往感到紧张、压抑甚至恐惧,进而引发失眠、头痛、焦虑、抑郁、免疫力下降等功能性、器质性疾病。专家近年来所发现的"感觉综合失调症""注意力缺乏综合征"等稀奇古怪的病症,也与学生巨大的学习压力有着直接的关联。

(3)人格扭曲

在机械操练、强行灌输所构筑起来的教育模式里,学生原本鲜活可爱的人格被割裂,风格迥异的个性被压抑,千篇一律、千人一面成为这种模式的必然结果。加上独生子女的日益增多,在学生中间就会出现程度不等的孤僻、自私、自闭、自傲、言行过激、意志脆弱等人格的扭曲和不健全。

(4)能力不强

教育本来的目标是促成人的全面发展,但是我们的教育却畸形发展了学生的部分能力,而置其他许多能力于不顾。且不说学生的生活自理能力、心理自制能力、生存适应能力等相对较差,就是与学习有关的搜集和处理信息的能力、发现和获取新知识的能力、分析和解决问题的能力、交流与合作的能力等,也未得到有效的培养。

(二)家庭教育存在弊端及造成的影响

虽然学生主要在学校接受教育,但是家庭的氛围、家长的举止等方面仍对学生有着潜移默化的影响。

1.家庭教育存在的弊端

(1)教育态度的不正确

我国家庭中对待子女的态度大致可以分为三种。

第一种,传统式父母。他们坚信父母对孩子有绝对的掌控权,维持着父母的权威,信奉"棍棒底下出孝子",因此在教育子女时采取的态度多是独断专行、强迫命令。

第二种是溺爱式父母。目前中国家庭大多数是一个孩子，而且随着经济的发展，家庭的生活水平也提高了，许多父母都开始"富养"孩子，对孩子的要求是有求必应，呈现出纵容溺爱、包办代替的教育态度。

第三种是新式父母。他们受外国教育思想的影响，信奉让孩子自由发展的教育理论，但是忽略了放任的尺度，在教育子女时采取的态度多是放任自流、不管不问。

以上三种教育态度不管出于何种动机，肯定对孩子的健康成长有一定的坏处，因而必须引起家长们的警惕。

（2）变相的"第二课堂"

目前，有不少家长把家庭教育变成了变相的"第二课堂"或者学校活动的延伸。有的家长亲自出马，或者聘请家教，在家里为孩子加班加点，增开"小灶"；有的则威逼孩子去学习各种乐器，或者参加各种培训培优，而不管孩子的天赋、个性、承受能力和发展可能性究竟如何。这种现象不但普遍，而且被被很多家长认为是天经地义。

2. 家庭教育弊端对学生造成的影响

（1）极易造成孩子的心理疾病和行为倒错，如孤僻自私、自卑消沉、情感冷漠、言行过激等。

（2）各种加班加点、培训培优，剥夺了孩子的游戏时间，使他们整天疲于奔忙，这会令孩子失去真正的童年。

（3）孩子的一切活动都是家长已经设计、安排好的，孩子只需照做，也只能照做。孩子的兴趣爱好被忽视，他们的天赋得不到真正的重视和开发。长此以往，他们的个性必然被压抑。

三、推行阳光教育的策略

（一）坚持一个宗旨

推行阳光教育首先必须坚持一个宗旨，这样才能在正确的道路上推行下去。这一个宗旨是指阳光教育旨在通过面向全体学生、面向学生发展的各个方面、面向学生发展的整个过程的教育，来培养人格健全、性格活泼、身心健康、自强自立、合群合作的新人。提供一种适宜的环境，是成功进行某种教育的必要条件。

（二）关注两个重点

1. 创建优秀的教师队伍

首先要培养教师拥有阳光般和谐、健康的人格，一个没有健全人格的教师不可能培养出具有健全人格的学生。另外，在师资专业培训上，要千方百计引领教师专业成长，让工作成为一种幸福、积极的生活状态，使教师在心理上对学校有归属感，对工作产生幸福感，对自身未来有期待，对专业发展有激情。学校要使每个教职工在学校这个组织中获得健康的身心、幸福的体验和发展的动力。

2. 注重学生的个体意识

将学生视为独立的个体，每个学生都是独特的、有价值的个体，都具有潜在的创造性，都有独特的生理、经济、知识、精神需要和能力，也都有无限的学习潜力，因此对每个学习者都必须给予宽容、尊重和欣赏。采用正确的学习理论和专业知识指导教学，并根据不同学生的需要采用不同的教学策略，实现因材施教。

（三）建设阳光团队

在学校的团队建设上，努力形成阳光团队。总体要求是：让学校的教职工、学生在健康的集体氛围与集体舆论、和谐舒畅的心理中进行多种多样的人际交往，在丰富多彩的活动中自觉主动地进行陶冶与合作。学校创设一个友善、民主、平等、互相理解、积极进取的各类团队（班集体、队集体、教师的各类群团组织等），使每个人的个性获得健全、充分、全面的展现与发展，使师生在体验中得到自我教育，学会自我管理，得到自我发展。不但要充分利用正式团体(如工会、团支部、妇委会等)开展丰富多彩的活动,还要利用好非正式团体的力量,使教师之间亲和一致。

(四)实行阳光管理

解决领导问题,解决干部作风,狠抓管理落实。要求干部一要深入,二要务实,三要求真,四要为群,五要高效,六要亲和。打破常规做事,所有干部都要放下架子,低下身子,聆听意见,改进工作,向民主低头,向专制告别,面对面坦诚相见,心连心携手共进。无偏心,无偏爱,无偏见,建立一整套行之有效、科学简洁、公正公平的教职工、干部考核制度。

(五)构建阳光课堂

构建阳光课堂主要从以下三个方面入手。

1.教学情感

阳光课堂首先需要和谐快乐的教学情感,以激发学生的学科情感为基础,尊重学习需要,允许自由想象,激励探索热情,实现教师情、学生情、学科情三情的和谐交融。

2.教学内容

在教学时,除了按课时完成教学内容,还要遵循学生学习秩序,突破原有的知识结构束缚,教学内容的选择与教学任务的编排要合乎学生学力和学情,实现教育与教学高效同构。

3.教学方式

阳光课堂要倡导以学定教、顺学而导的教学方式,变学生的"要我学"为"我要学"。有效变革学生的学习方式,鼓励学生大胆提问与尝试,鼓励教师果断改革与创新。

(六)开展阳光活动

童趣同乐的阳光活动也是阳光教育的重要组成部分,是一种促进教学对象更加阳光、更加奋进的精神文化。在阳光活动的设计上，学校应坚持同伴同乐，鼓励自主参与，利于弘扬个性，使学生能在丰富多彩的文化与实践活动中和谐自由地发展自己的人格和才能，力求构建一个全方位、多角度、多元化的综合活动体系。

第九章 优质公平视域下的小班化教育研究

班级规模是影响教学活动的变量,要提高教学活动的质量或转变教学活动的性质,改善班级规模是一个重要的促进性条件。在提高教育质量和发展优质教育高歌入云的时代,小班化教育也逐步成为一个热门话题,民间尤其是家长几乎一致性地成为小班化教育的拥护者。小班化教育是一种先进的教育形式,是优质公平教育的诉求,是教育现代化的追求,是未来基础教育改革发展的必然走向。当前,推行小班化教育是推进教育现代化、提高基础教育质量的一种有效手段,尤其是对基础相对薄弱的学校而言更是如此。小班化教育研究既是一个具有重要实践价值的现实问题,又是一个具有重要理论意义的前瞻性课题。

第一节 小班化教育的理想追求

要分析小班化教育的理想追求,首先必须知道小班化教育是什么。而从实践情况来看,当前教育研究中,有两个人们容易不加区分而运用的概念,一个是小班教育,另一个是小班化教育。因此,本节主要从对小班教育与小班化教育概念的区分入手,分析小班化教育的理想追求。

一、小班教育与小班化教育

(一)小班教育

一般情况下认为,小班教育就是在"小班"中进行的教育教学活动。而小班就是学生数量较小的教学班,或学生人数相对较少的班级。也就是说,"小班"是相比人数较多的"大班"而言的。就班级人数的数量而言,学生数量到底应达到多少才是小班,在不同国家、不同地区、不同时期,由于社会政治经济发展水平的不同,人口出生率的差异,往往对"小班"的班额有不同的规定。西方国家一般认为小班每班人数在 20 人左右,而在亚洲,一般认为班额在 25 人左右。[①]

　　在很多人看来,伴随着班额人数的减少,小班教育活动会发生一些"天然"的变化,如班额人数越少,学生平均获得的教师关注度会自然提高,教师可能为每个学生提供的教育服务越多,每个学生可能获得的教育机会和指导越多,教育活动参与者的活动密度、强度和效度以及师生互动关系会得到增加或增强,[②]致使小班教育具有一些"天然"的优越性。同时,小班教育进行的教育教学活动应该主动发生相应的变化,如教学活动在时间和空间上应得到重组,教育教学的内容、方式、技术、评价应进行改变,这些变化会带动和促进教育理念的进步,等等。也就是说,在班额缩小后的小班教育中,应有与之变化相适应的教育教学活动方式,这样才不会"愧对"小班额这个优越条件。如何使小班教育的优越性充分发挥和有效实现,正是小班化教育研究的主题。

(二)小班化教育

　　关于小班化教育的概念,教育界至今为止还没有一个确切的界定。即使是在最早进行小班化教育实验研究的西方发达国家,也没有专门对小班化教育的概念进行明确的定义和诠释。但在小班化教育的实践中,对小班化教育的内涵与概念的理解还是取得了比较一致的认识,[③]这些认识主要包括以下几方面的特点。

　　(1)从教学结果的角度来看,小班化教育意味着学生学习效率、学习质量和综合素质的有效提高,学生个性的更好发展。

　　(2)从教育资源配置的角度来看,小班化教育意味着课堂教学空间和时间条件的改善,也意味着生均教育资源(学校占地面

---

①　张雪珍.小学小班化教育教学指南[M].上海:上海科学技术文献出版社,1999:1.

②　傅禄建.实施小班化教育的理论思考[J].上海教育科研,1998(6).

③　金辉.上海市小学实施"小班教育"的对策研究[J].上海高教研究,1998(3).

积、校舍建筑面积、绿化面积、运动场地面积、教师和相应的公共教育经费等)标准的提高。

(3)从教育理念来看,小班化教育是在先进的教育理念如科学的学生观、教学观、师生观、课程观、过程观、评价观、管理观等指导下,教育的内容、方式、技术、组织形式、教学过程等发生了全新的变化,教育资源进行了全新组合的教育。只有经过更新改造后在现代先进教育理念指导下的小班教育才是我们所要追求的"小班化教育"[1]。其实,许多先进的教育理念衍生于小班化教育环境,只适宜于小班化教育环境,这是我们引进国外教育理念时往往忽略掉的东西。

(4)从教育活动方式来看,小班是教育组织形式的一个概念,小班教育是教育活动方式的一个概念,而小班化教育是教育模式的一个概念,即具有一定的基本特征和基本过程、带有普遍意义的教育模式。"教育组织形式"—"教育活动方式"—"教育模式"三者之间是一种递进发展的关系,前者是后者的必要前提,教育组织形式发生了变化,必然会引起教育活动方式的变化,教育活动方式的变化,最终会产生新的教育模式。[2] 也就是说,从小班、小班教育到小班化教育是一个逻辑递进关系。

(5)从课堂教学活动过程的角度来看,小班化教育意味着师生交互活动方式的改善,学生更有可能得到个别指导的机会,学生的主体活动和主体发展更加被注重,学生在课堂教学中受教育机会增加。小班化教育与传统大班规模授课相比,教师的"照顾面"明显扩大,可以为学生提供平等的、充分的、个别化的教育。

对小班化教育的概念进行一定的思考与分析不仅有利于我国小班化教育讨论的深入开展,而且也有利于我国小班化教育实践的顺利推进。我们认为,小班化教育是在"小班"配置的条件下,在先进的教育理念的指导下,逐步凸显小班教育的优越性,更接近教育本质的一种优质教育。小班化教育研究就是探寻在"小

① 和学新. 小班化教育:意义解读与推进策略[J]. 天津市教科院学报,2007(3).
② 步出高峰后优化教育资源及进行小班化教育的可行性研究课题组. 上海市小学实施小班化教育的研究[J]. 上海教育科研,1998(6).

班"配置的条件下,对"小班"应该实施什么样的教育才能更有效地发挥"小班"的天然优势,使学生获得更好的教育。小班化教育研究就是探索在这个变革过程中,如何采取有效的措施,促使小班教育的功能的最大实现,以形成小班化教育模式。

　　当前在我国,除了一些区域和学校主动进行的小班化教育改革实验外,我们的小班化教育改革还面临着客观的促进性条件,即有些区域的学校因各种现实因素而导致生源不足,进而出现了一些小班额班级,这些班级被称为自然化小班教育。解决这些学校困境的出路是在教学理念、教学模式和教学策略等方面从小班教育走向小班化教育。探寻更加适合小班教育的教学理念、教学模式、教学策略等,使小班教育走向所谓的小班化教育已成为优质教育追求的目标,也是小班化教育研究的重要动力。小班化教育在一定意义上是对优质教育的追求和生源减缩的现实之间的一种最佳选择。

　　由上可见,小班化教育与小班教育虽然只有一字之差,但有着本质上的差异。小班教育含义上常指班额下降的自然转型,班级组织形式、教学方式等可能并不改变,仅仅是班额人数减少而已。而小班化教育是对小班教育效能最大限度发挥的一种追求,是能最大限度地发挥小班教育优越性的一种教育形式,也可看成是小班教育的极致。也就是说,只有经过更新改造后在现代先进教育理念指导下的小班教育才是真正的"小班化教育"[①]。所以,小班化教育从理论到实践,从形式到内容,从观念到技术,都将发生革命性变革,教师的教师观、学生观、教学观、评价观等都将发生变化。

二、小班化教育的可行性分析

　　小班化教育一方面保留了班级授课制的优点,仍以班级作为基本教学组织形式,同时又打破传统的编班方式和课堂教学模式,使小班化教育能更好地适应教育发展的要求,特别是适应全

---

① 和学新.小班化教育:意义解读与推进策略[J].天津市教科院学报,2007(3).

面实施素质教育的客观要求。从上海市"小班化教育"试点与推广来看,小班化教育在理论上和实践上都是可行的。其依据主要有如下几点。

(一)经济的发展和科学技术的进步

班级授课制是工业文明的产物,为实现小班制教学提供了物质条件。一方面,资本主义工业的发展要求扩大教育规模增加教学内容,提高教学质量和效率,并为实行班级授课制提供了物质条件;另一方面,由于物质条件的局限又对班级授课制造成一定的局限性。由丁教学资源的制约,只能是几十个人在一个班上课。由于校舍条件的限制和教师数量不足,在很长一段时间,我国一些经济落后地区还实行复式教学,把几个年级的学生放在一个班里教学。

随着经济发展和科学技术的进步,办学条件也越来越好,教育资源的优化配置已成为现实。如校舍的改善和增加,教学设备的更新,教师数量的增加和质量的提高,这些都为实现小班化教学提供了物质基础。早在 20 世纪初,西方曾出现道尔顿的设计教学法等教学组织形式改进,这些教学组织形式都是在经济发展和科技进步为教育发展提供丰富物质条件的基础上进行的改革。教育教学条件的改善已成为小班化教学的强大动力。

(二)小班化教育是当前教育改革的主题

全面发展素质教育的根本目标是提高国民素质,适应社会主义现代化建设的需要。班级授课制实践性不强,学生动手机会少,难以照顾学生的个别差异。小班化教育不再以固定人数和认知水平作为分班依据,而是以能力或兴趣、爱好作为分班依据。同时,人数大大低于原来的班级,人数又不固定,就可以更好地照顾差异,采用多种教学方法和手段去实施教学。学生可以采用独特的方式去掌握知识,这有利于发挥学生的探索性、创造性,可以更好地培养学生的创新精神和实践能力。小班化教育是全面提高素质教育的客观要求,也是深化教育改革,全面实施素质教育的主题。

（三）小班化教学符合教育发展的要求

教育是一定经济发展的产物，又是为一定经济基础和上层建筑服务的。经济的发展和科学技术的进步，已使教育的发展从原来的注重数量、规模、速度，转向注重质量和效益。原来的班级授课由于人数多，教师教学负担重，学生受教育程度受到一定的限制。特别是实验教学，学生受到教师的直接指导相对较少，学生与教师交流的次数、时间也受到很大的制约。小班化教学的最大优点是提高了学生直接受教育的程度，有利于增强学生学习的主动性和创造性，加强师生的交流，发挥学生在学习中的主体作用。所以，小班化教学以提高学生个体接受教育程度为目的，符合教育发展的要求。

三、小班化教育的价值追求

小班化教育虽然在形式上表现为班级人数的减少，但从内涵上看，它是教育理念的转变、教学时空的重组、教学策略的改革、教学评价的重构，这些都顺应了教育现代化的要求。

（一）教育理念的转变

推行小班化教育，首先必须转变教育理念。以美国为例，它们在推行小班化教育的过程中，要求各州的新教师必须通过基本能力测验，为此政府提供专门经费补助支持师资训练和测验，转变观念、提高执教能力。我国台湾地区教育部门为了加强小班教学师资培训，县市政府于每年8月配合"教育部"的研习，办理辖区内小班化学校教师的研习，各学校于每年9月办理全体教师（可包括未参加小班教学班教师）的研习。

我国开展小班化教育一方面是由于20世纪90年代以来某些地区中小学入学人数的回落，这种班级人数的自然性萎缩使小班化教育成为一种自然需求。另一方面，飞速发展的社会经济，使得人们对子女接受优质教育的关注度、需求度越来越高，小班化教育的推行成为一种社会需求。在施行小班化教育的过程中，部分地区和学校也普遍认识到在小班化教育过程中教师教育理念的重要性。的确，如果在小班化教育的旗帜下，还拿过去的教育理念、教学形式、教学方法去培养学生，显然有悖于小班化教育的基本目标和原则。这样不仅没有效果，也会造成人力、物力和财力的极大浪费。因此，转变小班化教育教师的教学观念，树立现代化的教育观念，加强其对小班化教育的认识和理解，是开展小班化教育首要的也是关键的一步。

（二）教学时空的重组

在小班化教育中，师生的教学活动被看作是在同一个时空进行着的生命与生命的交往和沟通。在课堂教学中，通过师生间生命主体的充分和谐互动来提高教育的效益，通过教学时空的优化与重新组合，提高教学交往活动的频度和密度，从而提高教学的效度。小班化教育教学重视生命交往的整体性、均等性、主体性、个体性和时空性，使各种先进的教学原则、各种有效的教学模式、教学方法中的各种现代教学手段以及现代教育理念在小班化教育中得到深化和改良。

1. 时间重组

小班化教育班级学生人数减少，每个学生所分摊的教学时间增加，主要表现在教师与学生的交流、思考、质疑解难等的时间的增加，学生发言、演讲、动脑、动手、五官及全身活动等频次的增加。同时，小班化教育使教师课堂认知负荷相对减小，教师不用花大量时间处理学生行为规范、课堂纪律等问题，能更好地集中精力关注教学及学生的发展，有效教学时间增加。

2. 空间重组

小班化教育班级学生人数减少，学生在教学空间所占的份额大大增加，主要表现在对教室、教学资源、活动空间等的个体占有比例的增长，学生获得了比以往更多、更直接、更快速的人与物质直接接触、碰撞、交流、角色置换的机会。在小班化教育教学环境中,学生和教师在教室空间中的相对位置可通过改变课桌摆放方式而得到调整。位置的改变使教师的各种角色功能得以实现,教师的"权威"地位得以淡化,而学生却能强烈感受到学习主人翁的意识,学习的热情和兴趣能得到最大限度的激发。这无疑为学生生动活泼、全面和谐、富有个性的发展创造了有利条件。

(三)教学组织形式的改变

大班教学适合工业化时代培养人才的需要,而信息时代的教育目标已从知识、技能的学习扩展到学会求知、学会生存、学会做事、学会创造,要求学生个性全面和谐发展。小班化教育正是为追求这一教育现代化目标而不断探索和发展。小班化教育教学的常用组织形式反映了教育现代化的特质。

1.活动教学

活动教学是指在教育教学过程中,构建具有实践性、操作性、探究性的学生主体活动,让学生积极参与有序、有效的主动探索、主动实践、主动交流等活动,实现多方面能力的综合发展。小班化教育能够更多、更好地开展活动教学,以活动的形式呈现学习材料,或者说,将信息附着于活动并通过"做中学"内化学习者的经验。

2.合作教学

合作教学是把一个教学班的学生按某种原则分为若干学习小组,在课堂教学时有计划地向这些小组提出一定的教学任务,小组成员用各种方式合作学习。小组合作教学可以培养学生的协作参与意识和学生在集体中的交流能力。在课堂中教师应充分利用学生的和谐互动,使学生由竞争对手变成合作伙伴,取长补短,拓宽思路,在合作学习中共同达到教学目的。小组合作学习是合作教学的基本形式,在大班教育中,常常因为学生多、小组多,合作学习流于形式。而小班化教育,学生人数少,合作学习小组少,老师能够顾及各个小组,能使合作学习取得较好的教学效果,尤其是小班化教育能够经常自如地变换座位排列方式和学生座位位置,可以更有效地提高合作学习的效率。

3. 分层教学

分层教学是将学生按照智力测验或学业成绩分成不同的层次,教师根据不同层次学生的智力或学业的实际水平进行教学,提出不同层次的教学要求,给予不同层次的辅导,进行不同层次的评价,使学生在各自的起点上获取数量、层次不同的信息。分层教学的核心思想就是因材施教,体现了教学中针对不同的学生个体实施不同的教学的特点。教师会充分考虑到每个学生的兴趣、爱好和特长,给个性差异的学生提供更多的选择和实现自我价值的机会,使个性得到最充分的、自由的发展,促进每个学生在原有基础上得到不同的发展,体现了教育现代化的要求。

(四)教育评价的重构

小班化教育中对学生的评价由于班级人数少,易操作,所以可以采取多种评价方式及其组合,从而实现多样化、多元化评价。这些评价方式能体现评价的多层次、多维度、多导向、评价主体多元化、评价内容多元化、评价手段多元化等特征,这些特征都反映了教育现代化特征。[①]

郑立达在《上海教育》2000 年第 5 期《小班化教育的学生评价》一文中提出了以下几条评价标准。

1. 注重激励的评价

小班化教育的思想,在于激励每一个学生自主、自动地发展。因此,在课堂教学中,教师应该注重把握学生在学习过程中的每一个闪光点,及时地捕捉称赞学生的时机,重在形成学生积极的学习态度。激励的方法有语言的、体态的、动作的,甚至是组织一

---

① 周智慧. 小班化教育——促进学生发展的有效形式[J]. 内蒙古师范大学学报(教育科学版),2005(2).

个简短的仪式,让学生产生一定的兴奋记忆。在低年龄学生中这种激发直接兴趣的疗法尤其有效。

2.注重形象的评价

少年的思维特点是以形象思维为主向逻辑思维过渡。现代心理学研究提出学生的思维发展始终伴随着形象思维的特征,形象思维和逻辑思维共同发展。教师在教学过程中要千方百计地让学生对评价留下深刻的印象。

3.注重过程的评价

学习要看结果,更要看过程,这是现代教学策略一项重要的内容。在小班化教育中,有更多的机会让学生发展自己的学习过程特别是思维的过程。教师经常让学生说说"是怎么想的""是怎么学的"等等,通过评价来引导或矫正学习的进程,如在教学中,教师让全体学生书写反馈,使学生得到及时的指导。

4.注重多元的评价

学生学习的评价应该是多元的,在小班化教育的条件下,教师更多地关注学生发展的各个侧面。在学习品质的培养上,建立多角度评价机制。以教师在作业上的评分为例,改变以往只给一个分数的做法,还在作业本上写"你真棒""加油啊""再加把劲"等评语,在情感方面调动学生积极的情绪,引起对学习的进取心。

5.注重个案的评价

为每一个学生描绘成长的轨迹,是小班教师的心愿。在对学生进行评价时,以往较多地采用横向比较的思路,而在小班化教育中,强调每个学生都有发展空间,应该更多地从纵向思路去记录学生成长的历程。要求教师及时地记载学生在学习和活动中的"闪光点",当这些"闪光点"连成线、织成面的时候,将看到一个学生全貌,这要比一些分数累积起来的档案要丰富得多,也实在得多。

6.注重群体的评价

小班化教育的教学策略中有一条是小组合作学习。在学生评价过程中,提出了学生群体评价的方法。即在实施小组学习的时候,评价不是指向学生个体的,而是指向学生群体,只有当小组的学习获得成功的时候,才能获得肯定的评价。这就要求在小组学习的过程中,发挥小组集体力量,不让一个同学掉队,小组的成功成为小组成员共同努力的目标。

第二节　小班化教育的时代意义

大班额的教学模式越来越阻碍课程改革的实施。而小班化教育的核心问题是转变教育观念,即以提高全民族素质为根本目标,为 21 世纪培养身心健康的创新人才,它具有很多明显的优势。具体来看,小班化教育具有以下几方面的时代意义。

一、小班化教育能为社会提供一流的基础教育

21 世纪经济的发展和社会的进步不仅迫切需要基础教育为培养数以万计的各类高、精、尖复合型人才奠定基础,更需要为普遍提高全体建设者的整体素质奠定基础。从一定意义上讲,推行小班化教育正是"普九"以后基础教育领域在为社会努力提供优质教育资源的过程中出现的新生事物,它使粗放教育有了变得更加精致的可能。这也符合小学推行"一流的基础教育"的办学目标与功能的定位。

小班化教育能满足人民群众希望子女接受优质教育的迫切需求。我们欣喜地看到,随着我国经济的快速、持久发展,人们在不断提高物质生活质量的同时,对精神文化生活质量的提高也提出新的要求。不少家长希望子女有可能获得更多的教育资源和更多被关注的机会,有更多的时间与教师交流,得到教师的个别化教育,有更多的机会处于活动的中心地位。因此,提高每一个

学生接受教育的充分程度,让每一个学生享受高质量的基础教育,已成为进一步提高人民生活质量的新的增长点。银都小学所在的成都高新区,高科技企业林立,已初步形成"现代化通信、生物医药工程、计算机多媒体技术三大支柱产业",它要求社区教育必须具有现代化属性。在这里聚集着一个有一定教育理解能力的先导文化群体,它要求学校必须为社区群众提供"一流的基础教育"服务。推行小班化教育,就使区域教育的发展与群众的需要能够得以整合,并成就了银都小学成为西部"小班化教育第一校"的先发优势。

二、小班化教育有助于推动人本教育的开展

以人为本的教育强调以学生为本位,以为学生的可持续发展奠定基础为目标,在传授知识、技能的同时,更注重学生思维的参与和学习内驱力的调动。小班化教育是追求培养完善和自由发展的个体,从而促进师生双方共同成长的一种新型教育模式。这种以人为本的教育思想贯穿于小班化教育的始终,强调学生在班级活动中的主体地位。传统教育往往在发挥教师主导作用的同时,忽视学生的主体能动作用,在把学生按照某种统一模式塑造成理想的"社会人"的同时,也有让学生逐渐失去自我的危险,显然这些有悖于"以人为本"的教育理念。

小班化教育以人的发展为出发点和归宿,充分体现了人的个体性与主体性,在完成教学任务的同时,实现学生道德品质、审美情趣、创新精神、实践能力等综合素质的全面提高,有助于健全学生的人格。小班化教育压缩班额规模目的就在于让教师与学生能够利用充分的时空进行交流,让教师有更多的机会进行个别辅导,有更多的机会在教室内巡回,增加与每一个学生的接触。教师对学生可以当面交流、当堂面批、当场指导,既缩短了师生间的空间与心理距离,又提高了课堂教学效率。关注每一个学生,关注学生的每一个方面,使每一个学生都能得到相对优质的教育和最优发展。小班化教育为每一个学生的充分发展,为他们在课堂上动脑、动口、动手提供了更为广阔的空间,使"教育好每一个学

生"的目标实施得到更有力的保障,而这正是教育现代化所要求的。

小班化教育强调学生在班级活动中的主体地位,把学生视为一个个具有独立人格、文化背景、知识积累、兴趣爱好等各有不同特点且客观上存在差异的人。注重师生的双向和谐活动,更注重学生的情感参与过程,打破大班教学普遍存在的教师讲、学生听,教师问、学生答,学生处于被动参与、部分参与、形式参与的局面,为学生提供大大高于大班的自主学习、合作学习、自主活动、群体活动的机会与空间。课堂中学生的兴趣与求知欲得到激发,参与欲得到满足,创造欲得到发挥,从而使学生这个主体的作用得到最大限度的发挥,彰显以人为本的教育理念。

三、小班化教育是班级授课制的优化形式

回顾班级授课制在学校教育中推行以来的两百多年历史,人们在普遍肯定它极大地提高了教学效益、促进了教育普及化的同时,也发现了它难以照顾到学生的个性差异和因材施教方面的不足。最具有代表性的"抓两头、带中间"的教育、教学策略往往忽视了对较多学生的关注和指导,因此也受到较多的批评。国内外教育工作者都不懈地努力,从不同角度去弥补和改进这些问题。其中,控制班级规模,减少学生人数,以提高每一个学生接受教育的充分程度,适应因材施教和发展学生个性的需求已成为当前国内外发展的一种趋势。小班化教育便是这样一种教育形式,从这一层面来说,小班化教育也是班级授课制的一种优化形式。

四、小班化教育是全面发展和个性发展的需要

现代社会需要的是知、情、意、行各方面都健全的有综合素质的人才,要求教育必须促进学生的全面发展。小班化教育中,教师尽管倾向于维持相同的基本教学方法,但是,他们会采取更适合小班化教育的一些教学方法,更多地采用各种形式来补充教材内容,二次开发课程,以提高学生的学习兴趣,更有可能挤出时间开展课外活动,学生也将有更多的机会进行一些有趣的科学探究

活动,从而为学生提供更为丰富的活动经验。所有这些将为学生的全面发展提供极为有利的条件。

每个人生来都是独特的,成长中也体现出千差万别。在教育教学过程的各个环节,学生之间的差异是客观存在的。每个学生的真正独特发展需要在个别化教学中实现。教育现代化要求教育教学必须关注个性差异,注重个性发展。而小班化教育有助于建立一种使学生主体意识焕发和个性获得适度解放的教育环境,讲究教育的个别化和个性化。小班化教育中合作学习、小组学习、分层教学以及分层评价的运用正是为了照顾学生个体差异的。①

五、小班化教育是班级教学的创新与发展

小班不等于小班化。班额人数较少只是小班化教学实施的一个前提条件。小班化是一个动态的过程,是一个实验的过程。小班化教学,是在现代教育理念指导和小班配置条件下,教学观念、教学内容、教学环境、教学人际、教学方式以及教学管理都有别于大班传统教学,小班教学内在属性和特质逐渐形成、发展、完善的过程。

小班化教育,旨在将小班的时空优势"化"为更强劲的教育力,从而大大减少教育盲区。小班化教学的优势有以下四点。

(1)班额小使每个学生都能享受教育的"阳光",教师对于学生的关注程度大大增强,显著增加,每个学生受教育的充分程度得到提高,教学针对性更强,有利于因材施教与个别教育,因而能有效促进学生成绩的普遍上升、能力的普遍提高,最终有利于每个学生的全面发展、持续发展、个性优化发展。

(2)班额小使每个学生享用的教室物理空间自然增大,享受的教育资源更为充裕,有利于学生的身心健康,有利于增强教学内容的丰富性和多元化,学生展示个人心智才能的机会增多,从而有利于落实人文教育思想和素质教育要求。

---

① 张然. 新课程改革背景下的小班化教育研究[D]. 福建师范大学硕士论文,2005.

（3）班额小使教学氛围更加宽松和谐，教师与学生之间、学生与学生之间、家长与教师之间的人际交往密度和频度提高，情感交流机会增多，从而大大增强了教师对学生的人格影响力、学习生活的亲和力和班集体的凝聚力。

（4）班额小使课堂教学的形式和方法更加灵活多样，有利于学生自主性、探究性学习和体验式学习的开展，从而有利于教学内容的综合性实施与教学目标的有效达成。

小班化教学，让每个孩子在尊重、信任、积极、乐观、和谐的教学环境中享受充分的教育，得到全面和谐发展和个体最优化发展。显然，小班化教育规避了其他教学组织形式的主要缺点，是一种兼具群体教学和个别教学优势的教学组织形式，是班级课堂教学进一步发展、富有创意的高级形态，它的出现是班级授课制发展、优化的必然。

六、小班化教育是探求优质教育的必然结果

随着义务教育的普及和提高，人们开始从追求普及转向了追求质量的提高，仅仅普及义务教育已不能满足人们对教育的需求。尤其在经济发达地区，人们更多地开始关注义务教育的质量问题。20 世纪 90 年代中期，在我国部分发达地区开始实行小班化教育探索实践。从实验情形和有关研究来看，小班化教育符合了 21 世纪对高质量高水平教育的要求，有助于义务教育质量的提高。所以有人说，小班化教育是义务教育深化、探求优质教育的必然结果。[①]

随着社会的进步和时代的发展，人们对优质教育资源的需求与日俱增。一所学校，其深厚的文化积淀、与时俱进的办学理念、高素质的教师队伍、适合于学生发展的教育环境，这些都是实现优质教育的重要条件。而小班化教育是在小班生均占有教育时空较大、师生双边活动机会较多等固有优势的基础上，在教育理

---

① 王冠弱，张建新.小班化教育的必要性及其对大班教学的启示[J].湘潭师范学院学报，2005(6).

念、教育内容、教育模式、教育手段、教育评价等方面进行兼具引领性和适应性的变革,成为一种优质的教育组织形式。如最开始推行小班化教育的南京市以"提供普及的、充分而优质的教育"为宗旨,把小班化教育定位为优质教育,不仅准确把握了小班化教育的方向,同时也敏锐捕捉并积极回应了家长和学生接受优质教育的迫切愿望,使小班化教育从一开始就具有了深厚的现实基础和持久的发展动力。

追求优质教育不是对一个静态的理想目标的追求,而是在学校改善自身发展过程中实现的一种超越。这种超越,是一个伴随着主动意识的萌发追求教育优质化的动态过程。在这一动态的过程中,小班化教育努力实现着两个超越,即学生综合素质的超越与教师专业素养的超越,实现学生、教师共同的主动发展。

(一)学生综合素质的超越

学生综合素质的提高既是优质教育的必然要求,也是小班化教育实践的重要目的。在小班化教育中,教师每天面对的是一个个在家庭教养、社会背景、独立人格、兴趣爱好等方面各有差异的活生生的人,除了提高学习成绩,还会针对每个学生的特点实行切合实际的教育,使每个学生都能在原来基础上得到不同程度的发展和提高,具有更加积极的人生态度、更加积极主动的行为方式。

在小班化教育实践中,学生学习品质能得到有效培养。学习品质是指在学习行为中表现出的稳定的心理特质,主要包括学习动机、学习态度、学习策略以及在学习中表现出的意志品质等。良好的学习品质是学生终身受益的财富。

1.小班化教育有助于学生形成良好的学习习惯

小班化教育课堂是学生互动、自觉活动的场所,教师是诱发者、组织者、辅导者,学生成为课堂的主体。班级的学生由于交流、发言机会多,更容易养成积极主动、善于表达、敢于创新的学习习惯。

2. 小班化教育十分重视培养学生良好的学习态度

小班化教育的实施,为活动化教学的实施提供了极为有利的条件,学生能够在活动中展示自己,学会交流与合作。学习态度由原来的旁观、接受而转变为参与、投入,通过这种参与、投入态度的培养,学生逐渐养成一种觉察世界的方式,从而能体验、感知世界。

(二)教师专业素养的超越

优质教育离不开一支高素质的教师队伍,没有教师群体质量的提升,就很难有教育整体质量的提高;没有教师的主动发展,就很难有学生的主动进步。初步实践证明,小班化教育为教师搭建了发挥创造力、展示才华的平台。在小班化教育的过程中,教师能不断更新教育观念,丰富教育理论,提高教科研水平,极大地提升教师的素质和加速教师的专业化成长。

1. 小班化教育实践有助于教师科学学习观与教师观的建立

在小班化教育教学中,师生之间、生生之间在认知和情感方面有了更广、更深、更频繁的交互作用,增加了课堂互动的密度,可以实现课堂教学和其他教育活动的多向多面的师生互动和生生互动。小班化教育实践使教师重构学生观,逐渐转变在进行大班教学时的教育思想观念,把学生看作一个自我生命的实现者,充分尊重学生独特的存在、发展方式及其进程。同时,教师的角色观也会发生变化,教师不再是课堂的权威,或者真理的代言人,教师转变成学生的同伴或者导师,与学生一起学习、成长。[1]

2. 小班化教育实践能有助于提升教师对自身职业价值的认识

教师作为一种职业,存在职业体验和职业认同问题,教师作为人,也存在意义定位问题。对教师职业的赞美只是一种外在的

---

[1] 顾娇妮.从教师访谈看小班化教育优势的实现[J].上海教育科研,2010(5).

评价,不能激发教师对其职业的热爱,而只有让教师切身体验到教师职业的幸福,才能够真正发挥教师的主体性,也才能够使教师具有在其职业生活过程中不断向上发展的勇气、信心和动力。小班化教育能让教师从默默奉献走向努力创造,从掌握教育教学技能走向提高教育智慧,从被动走向主动,以自己的发展促进学生的发展,享受职业幸福。

七、小班化教育是课堂教学改革的需要

课堂是贯彻与落实党的教育方针和实施先进教育理念的主要场所,当代中国探索教育改革的一个原点就在于研究课堂。课堂教学是学校教育最重要的日常工作和组成部分。多年来,我国基础教育改革的实践不断走向深化并越来越清楚地表明,无论是素质教育的全面推进这一总任务,还是近年来十分重视的课程改革这一具体任务的真正落实,都不能不进入学校活动的最基本领域——课堂教学及班级生活。因此,教育的组织形式必须要能够很好地适应教学理念的变革和教学方法的改革。下面结合小班化教育的优势来谈谈课堂教学改革的主要动向。

(一)关注教学过程的互动性、情趣性和实践操作性

课堂上的互动,实际上是教师、学生以自己固有的经验(自我概念)来了解对方的相互交流和沟通的方式,"通过相互作用的过程建构自己的意义世界"。哈泰帕把互动分为"水平性互动"和"垂直性互动"。"水平性互动"是年龄特征、知识经验与发展水平大体相近的学生之间的互动,这种互动常采用小组讨论、相互教学等形式。"垂直性互动"是指儿童与教师或高手之间的一种互动,它是在教师指导下的参与。小班化教育,为"水平性互动"和"垂直性互动"提供了充裕的时间和空间,提高了师生、生生之间的互动频率,增强了课堂中情感、智慧的交流,促进了学生差异化的发展。

课堂教学的情趣性,往往通过创设情境实现。小学生年龄小,喜欢直观、形象、生动的情境,易受到情境的感染。小班化教

育,为情境的创设提供了有利条件,教师有较多的时间精心创设情境,有更多的空间资源将学生置于生动的情境中,学生、教师能在情境中更多地交往互动,每个学生能在情境中充分享受学习的情趣。

新课程倡导学生主动参与、乐于探究、勤于动手。学生对知识的建构和学习能力的发展,都是在实践活动中表现出来并得以实现的。小班化教育,能让每个学生较充分地参与实践,动手操作,并得到教师及时的指导。

(二)关注学生的主体性和差异性

现代教育学的理论与实践证明,课堂教学成功与否的关键,就在于对学习者学习主动性和差异性的关注。虽然中国古代教育家孔子早就提出因材施教的教学原则,但教师在班级教学中面对几十位个性迥异的学生,要真正做到因材施教确实是一件很困难的事情。对此,西方一些国家在班级教学改革方面进行了努力和探索,发现小班化课堂的分层教学、个别教学等,能充分关注学生的主体性和差异性,能更好地根据学生个性设计"挑战性"的活动,使每个学生在活动中发挥主体作用,个体潜力得到最大限度地发展。

(三)关注多元化、个性化教学评价,加强教学质量监控

如何开展健全的教学评价,加强对教育教学质量的监控,这也是近年来各个国家关注的改革重点。课堂教学评价,目的是鼓励学生学习的积极性,树立学生学习的信心,明确学习进程中的问题,总结有效的学习方法。人的发展是全面的,人的智能是多元的,人的发展是具有个性的。小班化教育,教师能针对学生的差异,敏锐地发现每个学生学习状态的变化,对每个学生的学习进行及时评价,发现并肯定学生某方面的优势,针对问题提出改进建议;教师能运用多种方式评价,或指导学生进行自评、他评,从而调控学习质量。

(四)建设开放的学习环境

传统意义上的课堂往往是封闭的,不仅表现为空间形式的封闭,而且体现为对学生心灵的压制。如何把一个僵化封闭的课堂转变为一个开放的、充满生机与活力的学习场所,也是各国教育学界关注的改革重点。小班化课堂,因班额小,更便于教师通过多种方式开启学生心灵,让学生在安全轻松的氛围中静心学习,让学生在自然的学习状态中敞开心扉,思维充满创意,情感展现出活力;更便于教师带领学生通过现代信息技术,通过互联网实现远程交流,了解大千世界;更便于教师带领学生走出教室,走入校园、社区,走入大自然,实现开放式教学。在开放的学习环境中,教师有较为充足的时间指导学生差异化发展。

第三节 小班化教学与教育公平

教育公平的观念源远流长,追求教育公平是现代教育的价值追求,也是教育民主精神的体现。教育公平包括教育权利平等和教育机会均等两方面内容,具体可分为三个层次:①确保人人都有受教育的权利和义务,这一点往往由国家以法律的形式加以确定;②提供相对平等的受教育的机会和条件;③教育成功机会和教育效果的相对均等,即每个学生接受同等水平的教育后能达到一个最基本的标准。[①] 这三个层次通常被概括为教育起点公平、教育过程公平和教育结果公平。起点上的公平是指每个人不受性别、种族、出身、经济地位、居住环境等条件的影响,均有开始其学习生涯的机会,即教育机会平等。过程公平是指教育在主客观两个方面以平等为基础的方式对待每一个人。结果公平即教育质量平等。

教育公平原则在教育教学过程中表现为公平地满足所有学

---

① 陈晓琴.教育公平之我见——公平的教育解读[J].内蒙古师范大学学报(教育科学版),2004(1).

生的发展需要,使每个学生都能获得充分的发展,即每个人都受到适合的(而不是完全一样的)教育,这种教育的进度和方法要适合个人的特点。小班化教育在教育过程中能更充分地体现教育公平精神,使每一个学生提高受教育的充分程度。在教育公平问题上,人们关注的大多是教育机会平等、教育结果公平,往往忽视了教育过程公平。实际上,教育过程公平是教育公平中最具实质性的内容,它以教育机会均等为基础,最终向教育结果公平发展。只有实现了教育过程公平才能体现教育公平的本质内涵。近年来,随着义务教育的基本普及,教育机会均等的目标基本实现,在努力实现入学机会、资源分配方面的公平之外,人们的注意力开始转向教育过程的公平,并尽量争取更积极的方式保证它的实现。小班化教育通过缩减班额规模,采取多样化、个性化的教学策略和方法,能够使学生获得更丰富的教育资源和更多的成功机会,使每一个学生能得到教师更多的关注,更能满足不同学生的教育需要。因此,小班化教育是实现教育过程公平的重要途径,能最大限度地提供课堂公平的基本保障。

一、小班化教学是实现教育公平的必然选择

近年来,教育公平问题日渐成为教育界备受关注的话题。一般认为,教育公平包含入学机会公平、教育过程公平和教育结果公平三个层面的内容,而由于人的天赋差异、所处环境差异、主观学习努力差异等原因,事实上并不能保证教育结果的公平。并且,在入学机会公平和教育过程公平之中,后者尤为重要——即使入学机会相当公平,如果学生在入学以后并不能得到公平的教育,那么最终仍将无法实现教育公平。因为诸如教育的普及、入学机会的均等等方面的实现并不直接促成教育公平的实现。教育起点的公平为教育过程的公平奠定基础,教育过程的公平才是教育公平实现的必要条件。教育公平实现本身是一个社会性的系统问题,涉及教育学、社会学、伦理学、法学等多重领域,是一个非常复杂的问题。因此,无论理论上对教育公平实现问题的探讨如何丰富,最终都要在实践中得到落实,那就必须抓住教育过程

公平这一关键环节。

具体而言,教育过程公平主要体现在主观和客观两个方面诸如师资配置、教育经费优化等,属于教育过程公平的客观方面,而教育公平的主观方面则主要体现在因材施教,就是让不同的学生能够得到不同的、对于个体而言是最优的教育。因材施教是与学生个体的差异性联系在一起的,如果每个人都是一个模子塑造出来的,那么整齐划一的教育就能达成公平。事实上,每个学生都不完全一样,教育必须要考虑到每个学生的不同需求,尊重学生的个性,才有可能实现真正的公平。个性化的教育是教育公平的核心理念。在教育实践中,首先需要考虑这样一个问题,教师在课堂教学中教学视野关注的覆盖范围一般有多大,国内外一项"视野与文化"的研究认为,一般不超过 25 名学生。一个班级的学生超过越多,教师就会顾此失彼超过越多,顾不到的学生也越多。从这个角度来看,传统的大班教学不可能完全实现个性化、差异性的教育,难以保证教育过程公平的实现,教育公平的最终实现也就无从谈起。而小班化教学的核心理念就是个性化教育,因此,它是实现教育公平的必然选择。

二、小班化教学为实现教育过程公平提供了较好的平台

具体而言,小班化教育在以下几个方面为实现教育过程公平提供了较好的平台。[①]

(一)实现平等对待

世界上不存在绝对的平等,更不可能存在结果的绝对平等。但是,现代社会总的进程却是一个不断追求平等的过程,对平等的追求是现代社会发展的基本动力之一。平等思想渗透于社会生活的各个领域,以多种方式影响着人们的行动。教育自身从没有停止过对平等的追求。当前的课程改革,提出的"为了每一个学生的发展"理念正是平等精神在教育实践的微观领域延伸的表

---

① 吕星宇.论教育过程公平[D].华东师范大学博士论文,2009.

现。小班化教育面对的学生人数少,在这样的情境中教师更容易实现平等对待所有的学生,顾及"每一个学生的发展",学生更容易产生积极的自我价值体验。

(二)实现教学组织形式的变革

教学组织是指在教师的指导下如何组织学生掌握教材的外部组织框架。[1] 在教学理论与实践中,教学组织处于真正接近实践的地位。教学内容、教学原则、教学过程等都最终综合、集结、具体落实到一定的组织形式中,以各种各样的结构组织来发挥其作用。教育过程公平要求教育实现不同于以往的功能,需要教师与学生之间建立不同于以往的相互作用的方式,必然通过教学组织形式的变革实现。

个别教学是古代教育的主要形式,学生可随时入学,学习程度不同,教学内容贫乏,教学效率低下。班级授课是在文艺复兴以后,在教育逐渐大众化的前提下,为了能同时指导大量学生而逐渐建立起来的。相对于个别教学而言,班级授课制经济实惠,能在时间和精力都比较经济的条件下,比较全面地实现教育任务,有利于推进和普及教育,有利于教师摆脱频繁的重复劳动,有利于教师改进教学。但是,学生不仅在掌握教材所需的时间上有个别差异,学习的品质、所掌握知识的内涵及其程度也有明显的个别差异,学生在完全掌握某一教材内容上的个别差异也是非常大的。尤其是大规模班级教学,这种差异更加明显。如何把这种个别差异控制在极小的幅度内波动,而使每个学生受到更为公平的教育,那么最简单的办法就是缩小班额规模,实行小班化教育组织。

(三)实现后进生援助

在目前教育公平日益受到重视的态势下,如何转化后进生再次进入大家的视野,成为学校教育关注的焦点。教育教学是为了

---

[1] [日]佐藤正夫著.教学原理[M].钟启泉译,北京:教育科学出版社,2001:369.

全体学生的发展,而不是少数优秀学生的发展。但是,在规模较大的班级里,教师有时也无法顾及每个学生,可能对一些后进生采取放任自流的态度。后进生大多都有强烈的自尊心,却做不到自重;有好胜心,却经不起挫折;有合理的要求,却得不到重视。这直接导致一些学生自暴自弃,产生厌学情绪。

在小班化教育中,教师有更多的时间和精力去实现对后进生的援助,并且在新的教育理念的指导下,教师能够充分尊重他们的人格,不会用尖酸刻薄的话语羞辱刺伤他们;能够正视他们的缺点与不足,用真诚的爱去感化他们,重新点燃他们追求进步的思想火花,唤起他们上进的决心和信心。在教育学生时能够善于发现和肯定学生的优点、成绩,教育他们正确地认识自己。在批评学生时能够充分考虑到学生的自尊心,精心组织语言,巧于批评,让他们既肯接受批评,认识到自己的错误,又能重新认识自我,增强自我更新的信心,引导他们走出心理"误区"。

(四)实现差异对待

教育中的差异对待意味着满足不同学生的学习需要。响应不同学生的不同的学习需要、让每个孩子都能接受最好的教育、能最大限度地发挥自己的特殊才能是教育过程公平的必然要求。只要存在有多种需求的学生,我们就应该对学生的不同需要做出响应,就应该强调教学的多样化。

小班化教育避免了传统大班额不能充分适应学生的个性差异,无法照顾每个学生的兴趣、爱好的弊端。在小班化教育中,人的主体性更能得到体现,人的素质和个性化发展更能得到充分的培养。小班化教育,随着时空的变化,教育途径、手段和方法也随之变化,因材施教或差异辅导成为可能。教师对每个学生的情况了解更深,在教学中可以根据每个学生的生理心理特点和学习基础、学习能力及接受水平,针对学生的个性差异进行差异教学,有的放矢地对不同学生进行分类分层指导。

小班化教育的教学策略形式多样。上海市在率先进行的"小班化教育"研究与实践中,总结出了小班化教育的十大教学策略:

参与教学策略、合作教学策略、分层教学策略、兴趣教学策略、自主教学策略、活动教学策略、互动教学策略、创意教学策略、评价教学策略、多媒体教学策略。这些教学策略充分利用了小班班级容量小、师生交往空间大的优势,保证了全体学生都能得到较充分的发展。

(五)实现城乡教学差异的缩小

当前,许多农村学校"被小班化",这为农村优质教育提供了基本前提条件。只要能够充分发挥小班化教育的优势,农村教育"被小班化"有望能够缩小城乡教育差别。

三、小班化教学有助于推动教育公平机制的建立

(一)小班化教学可以通过制定不同而可实现的学习目标,激发学习动力

动力是行动的前提,没有动力的学习是被动的、枯燥无味的。学生的学习缺乏动力,其中一个很重要的原因就是学校教育教学不能满足其个性的需求。小班化教学使得教师有更多的时间去研究每个学生不同的需求,进而为不同的学生制定不同的、可实现的学习目标,使每一个学生都能体验到学习的乐趣,提高学习的动力。学习动力提高了,学习成绩和能力素养就能得到较为稳定的提高,这无疑有利于实现教育公平。

(二)小班化教学立足"最近发展区",可以建立起现有能力和学习目标的联系

维果茨基的"最近发展区"至少包含两部分内容,一个是个体的已有水平,另一个则是个体的可能水平。每个学生都可能具有不同的水平,都可以达到不同的可能水平。在传统的大班教学中,教师不可能照顾到每一个学生的差异,制定的统一化的教育目标,对于有些学生来说,处于"最近发展区"之内,而对于另一些

学生而言,已超越其可能的水平之外,结果一部分人得到了较好的发展,而另一部分人实际上成为教育的"附属品"。统一化的教育目标对于很多学生来说是不公平的。例如,对于一些智力超常的学生,简单、统一的教育目标更可能是对其天才能力的极大打击。"最近发展区"的理论要求教师将学生现有的能力和学习目标建立起联系,以个性化教育为核心理念的小班化教学,为这种联系的实现提供了可能性。这种联系的建立保证了每个学生都能得到最适合于自己的、最大的发展,能够促进教育公平的实现。

(三)小班化教学针对不同的智能类型,促成每一位学生的成功体验

加德纳的多元智能理论认为,人类的智能表现在多个方面,新近的研究把原先的七种类型细化为九种类型:视觉空间型、语言文字型、数学逻辑型、肢体运动型、音乐旋律型、人际交往型、自我认知型、自然观察型和存在经验型。随着研究的不断深入,还可能会发现新的智能类型。每个学生占优势的智能可能是各不相同的,而且,这几种智能并不是不同等级的智能类型,只是不同的智能类型而已。有些学生数学逻辑智力很高,但是其音乐旋律智能可能就很低,有些人可能正好相反。这是很正常的,恰恰显示了人与人之间的差异。这也并不表明,音乐旋律型的学生就比数学逻辑型的差。学生不是一个模子塑出来的,每个人都有一定的性向和特长,这种性向和特长存在的只是差异性,而不是等级性。传统的大班教学往往更有利于语言文字和数学逻辑智力强的学生,而其他智力型的学生则相对处于劣势。这样,前者能够获得更多的成功体验,后者则缺乏成功体验,成功体验的多少又进一步影响学生学习的乐趣,进而可能造成好者越好、差者越差的局面,导致教育的不公。小班化教学使教师了解每一个学生不同的智力类型成为可能,教师可以针对学生不同的智力类型实行有差异的教学,使语言与数学智力并不见长的学生也能体验到成功的喜悦,获得学业的成功,促进教育公平的实现。

参考文献

[1]郝文武等.教育公平的本质与测评[M].北京:高等教育出版社,2016.

[2]王欣双.中国教育供给的公平与效率问题研究[M].大连:东北财经大学出版社,2016.

[3]封留才.理想与现实:当代中国基础教育资源公平配置研究[M].江苏:南京大学出版社,2015.

[4]刘精明.教育公平与社会分层[M].北京:中国人民大学出版社,2015.

[5]周洪宇.教育公平:维系社会公平正义的基石[M].北京:中国人民大学出版社,2014.

[6]邵光华,仲建维,李建平.优质公平视域下的小班化教育研究[M].杭州:浙江大学出版社,2013.

[7]吕星宇.教育过程公平:教育活动的内在品质[M].上海:华东师范大学出版社,2012.

[8]沈有禄.中国基础教育公平:基于区域资源配置的比较视角[M].北京:教育公平出版社,2011.

[9]郭雅娴.中国教育资源配置效率研究[M].北京:人民出版社,2012.

[10]鲍传友.教育公平与政府责任[M].北京:北京师范大学出版社,2011.

[11]李廉水等.和谐社会视野下高等教育公平的制度设计研究[M].北京:科学出版社,2010.

[12]周洪宇.教育公平论[M].北京:人民教育出版社,2010.

[13]华桦.教育公平新解——社会转型时期的教育公平理论和实践探究[M].上海:上海社会科学院出版社,2010.

[14]黄国泰.教育公平与教育改革创新研究[M].北京:中国

社会科学出版社,2010.

[15]高丽.教育公平与教育资源配置[M].北京:中国社会科学出版社,2009.

[16]赵笑梅,文莉.小班化教育课堂教学[M].成都:四川大学出版社,2009.

[17]史瑞杰等.从精英教育到大众教育——高等教育发展中的效率与公平问题研究[M].北京:高等教育出版社,2008.

[18]刘欣.基础教育政策与公平问题研究[M].武汉:华中师范大学出版社,2008.

[19]北京未来新世纪教育科学发展中心.教师如何实施个性化教育[M].呼和浩特:远方出版社,2008.

[20]转型期中国教育政策案例研究课题组.缩小差距——中国教育政策的重大命题[M].北京:人民教育出版社,2005.

[21]张雪珍.小学小班化教育教学指南[M].上海:上海科学技术文献出版社,1999.

[22]史瑞杰.效率与公平:社会哲学的分析[M].太原:山西教育出版社,1999.

[23]马和民,高旭平.教育社会学研究[M].上海:上海教育出版社,1998.

[24]世界银行.1997年世界发展报告:变革世界中的政府[M].北京:中国财政经济出版社,1997.

[25]瞿葆奎.教育学文集·日本教育改革[M].北京:人民教育出版社,1991.

[26][日]佐藤正夫.教学原理[M].钟启泉译,北京:教育科学出版社,2001.

[27][美]塞缪尔·亨廷顿.变革社会中的政治秩序[M].李盛平、杨玉生,译.北京:华夏出版社,1988.

[28][美]艾弗利特·M.罗吉斯等.乡村社会变迁[M].王晓毅等,译.杭州:浙江人民出版社,1998.

[29][德]马克思,恩格斯.马克思恩格斯选集(第3卷)[M].中共中央翻译局,译.北京:人民出版社,1995.

[30][美]奥肯.平等与效率[M].王奔洲,译.北京:华夏出版社,1987.

[31]刘正.我国高等教育财政投入政策的优化研究[D].中国财政科学研究院硕士论文,2015.

[32]秦雯."超级中学"现象研究[D].湖南师范大学硕士论文,2015.

[33]吕星宇.论教育过程公平[D].华东师范大学博士论文,2009.

[34]张然.新课程改革背景下的小班化教育研究[D].福建师范大学硕士论文,2005.

[35]杨莹.台湾地区教育扩展过程中不同家庭背景子女受教机会差异之研究[D].台湾师范大学博士论文,1988.

[36]梁正瀚,张旭.挑战与机遇:实现超级中学的蜕变[J].上海教育科研,2016(2).

[37]王丽霞.超级中学的类型、存在问题及治理[J].教学与管理,2016(19).

[38]李华明.高等教育资源浪费的根源及对策研究[J].品牌(下半月),2015(6).

[39]习勇生."超级中学":普通高中校际差距的催化剂[J].中国教育学刊,2014(6).

[40]王秉琦,邱必震.教育结果公平:大学提高教育质量的应然追求[J].国家教育行政学院学报,2013(8).

[41]杨春,刘蓓蓓.我国农村现代远程教育政策演变与实践模式研究[J].安徽农业科学,2011(31).

[42]顾娇妮.从教师访谈看小班化教育优势的实现[J].上海教育科研,2010(5).

[43]周全.小班化教学教育公平的一种实现方式[J].教育研究与评论(小学教育教学版),2009(9).

[44]王秉琦,贾鹏.教育结果公平:大学永恒的追求[J].中国高等教育,2009(23).

[45]钟云华,沈红.社会分层对高等教育公平影响的实证研

究[J].复旦教育论坛,2009(5).

[46]樊明成.我国高等教育入学机会的城乡差异研究[J].教育科学,2008(24).

[47][美]达瑞尔·刘易斯,哈利·丹达.发展中国家高等教育的公平效应:入学机会、选择权与就读持续性[J].谭敏,译.国际高等教育研究,2008(1).

[48]和学新.小班化教育:意义解读与推进策略[J].天津市教科院学报,2007(3).

[49]杨东平.高等教育入学机会:扩大之中的阶层差距[J].清华大学教育研究,2006(1).

[50]王敏.小班化教学与教育公平[J].辽宁教育,2005(5).

[51]周智慧.小班化教育——促进学生发展的有效形式[J].内蒙古师范大学学报(教育科学版),2005(2).

[52]王冠弱,张建新.小班化教育的必要性及其对大班教学的启示[J].湘潭师范学院学报,2005(6).

[53]陈晓琴.教育公平之我见——公平的教育解读[J].内蒙古师范大学学报(教育科学版),2004(1).

[54]傅禄建.实施小班化教育的理论思考[J].上海教育科研,1998(6).

[55]金辉.上海市小学实施"小班教育"的对策研究[J].上海高教研究,1998(3).

[56]步出高峰后优化教育资源及进行小班化教育的可行性研究课题组.上海市小学实施小班化教育的研究[J].上海教育科研,1998(6).

[57]李培林.另一只看不见的手:社会结构转型[J].中国社会科学,1992(5).

[58]国家中长期教育改革和发展规划纲要(2010—2020 年)[EB/OL]. http://www. moe. edu. cn/publicfiles/business/html-files/moe/moe_177/201008/93785. html,2010－07－29.

[59]Anderson,James. Public Policy－Making[M]. New York:Praeger Publishers,1976.

［60］C. O. Jones. An Introduction to the Study of Public Policy［M］. North Situate：Mass Duxbury Press，1977.

［61］D. Bridges，T. H. Mclaughlin. Education and the Market Place［M］. London：The Falmer Press，1994.

［62］Douglas W. Rae. Equalities，Cambridge，Mass［M］. Cambridge：Harvard University Press，1981，

［63］James S. Coleman. Equality and Achievement in Education［M］. Boulder：Westview Press，1990.

［64］James N. Johnstone. Indicators of Education Systems［M］. London：the Anchor Press，1981.

［65］James R. Rinehart and Jackson F. Lee. American Education and the Dynamics of Choice［M］. New York：Praeger Publishers，1991.

［66］Michael Fullan. The New Meaning of Educational Change［M］. New York：Teachers College Press，2001.

［67］Odden Allan R. Education Policy Implementation［M］. New York：State University of New York Press，1991.

［68］Thomas R. Dye. Understanding Public Policy［M］. Florida：Florida State University，2002.